KB232861

설화의 바다에서 퍼올린
한국드라마

설화의 바다에서 퍼올린
한국드라마

한 소 진 저

한국학술정보(주)

TV 속의 설화 찾아낸 '신화비평'

이승하(중앙대학교 예술대학 문예창작학과 교수)

프레이저에 의해 양적인 풍성함을, 노드럽 프라이에 의해 질적인 깊이를 온전히 갖추게 된 신화비평은 문학연구 방법론 중 가장 신선한 느낌을 준다. 20세기 후반에 들어 신화비평은 아주 인기 있는 비평방법으로서 서구에서는 심리주의와 형식주의 비평과 어깨를 나란히 할 수 있을 정도로 그 위상이 부상하였다.

그런데 이상하게도 국내에서는 이 비평 방법을 택한 비평서가 드물다. 서정주 시 연구 논문 중 신화비평의 잣대를 사용한 것이 있지만 그 편수는 그리 많지 않다. 아마도 큰 원인은 고전문학과 현대문학을 구분하려는 이분법적 사고방식 때문이 아닐까. 결코 바람직하다고 할 수 없는 이런 사고방식을 불식시키려는 시도를 한 저자가 시도했다. 이번에 『설화의 바다에서 퍼올린 한국드라마』는 온고지신(溫故知新)의 정신을 제대로 보여준 신화비평의 방법론을 원용해서 쓴 저서다.

저자는 구비문학의 한 갈래인 설화가 한국 텔레비전드라마에서 어떻게 하나의 원형 (archetype)으로 작용했는가를 분석하였다. 우선 수많은 설화 유형 중 '열(烈)설화' 나 '효부·효녀설화'가 여성에 대한 사회인식의 변화로 말미암아 점차 자취를 감추는 추세임을 파악하였다. 즉 여성이 가부장제의 권위에서 벗어나 스스로의 힘으로 금을 캐고 부자가 된다는 '여인발복설화'가 종종 하나의 원형으로 작용하는 드라마가 나온 것을 중시, 최근작 「위풍당당그녀」(MBC)를 텍스트로 삼아 면밀히 연구하였다. 「위풍당당 그녀」는 여인발복설화의 유형을 따르면서도 '계모설화' 및 진짜 가짜를 판별하는 '진가쟁주설화' 그리고 여성의 포용성을 그린 '대모설화'의 에피소드를 차용하고 있음을 밝혔다.

또 하나의 설화는 '영웅설화'이다. 큰 인기를 누렸던 「태조 왕건」(KBS)의 주요등장인물 궁예는 변모양상이 재미있다. 태생으로 보면 궁예는 민중영웅설화의 한 면모인 '아기장수 설화'를 따르지만 민중의 지지를 받아 영웅이 되는 과정에서는 '금척신화'의 성격을 갖는다. 하지만 말년에 들어 '패배한 영웅설화'의 길을 따른다. 이처럼 한 드라마에 여러 개의 설화 유형이 차례로 전개되는 과정은 흥미롭다.

저서가 지닌 가장 큰 문제점은 문학작품이 아니라 텔레비전 드라마에 대한 분석이라는 것이다. 물론 저자는 드라마 녹화테이프 보다는 대본을 갖고 주로 연구했지만, 방송대본을 문학작품으로 보긴 어렵다. 전파 매체를 텍스트로 택함으로써 그 한계는 명백하지만 구비문학이란 애당초 입에서 입으로 전해져 문자로 정착된 것임을 간과해서는 안 된다. 현대인의 꿈을 자본의 논리로 저울질하는 텔레비전 드라마도 어찌 보면 구비문학이 라고 할 수 있지 않을까. 고대의 현대화의 대화 및 환상과 현실과의 대화를 가능케 한 열쇠로 설화를 설정, 그

것을 하나의 원형으로 연구한 점에서 한소진의 저서는 21세기형 분석
서이다. 금세기에는 「반지의 제왕」과 「해리포터」 시리즈도 신화비평적
방법론으로 작품의 가치가 평가될 것이다.

서문(Introduction)

설화 없이는 드라마도 없다

"어느 날 한 왕자가 알에서 태어났다. 알에서 태어난 게 기분 나빴던 그의 아버지는 마침내 아이를 바다에 던져버렸다. 죽을 고비를 넘기고 정신을 차려보니 눈썹이 치켜 올라가 있는 한 사나운 여자가 그를 쳐다보고 있다. 계모라나. 순간 왕자는 여자의 몸으로 변신했고 이름은 콩쥐로 정해진다. 그런데 생전 처음 보는 아버지란 사람은 눈이 멀어있다. 계모와 눈먼 아버지의 학대로 바닷물에 다시 던져지게 되는 콩쥐. 무슨 운명이 이런가 싶어 깨어나길 거부하다가 눈을 뜨니 이걸 어째, 기억상실이란다. 그러나 그녀는 엄연히 한 나라의 국모가 되어 있었다. 맛있는 것 먹고 좋은 옷 입고 떵떵거리며 살지만 날이 갈수록 자신의 과거가 궁금해 견딜 수 없게 된다. 도대체 친엄마는 어디에 있나……내 출생의 비밀은 무엇인가……그렇게 심란한 나날을 보내던 어느 날, 난데없이 내가 진짜라며 주인공을 몰아내려는 여자 하나가 등장한다. 여러 가지로 자신이 진짜임을 증명하는 바람에 여간 궁궐이 시끄러운 게 아니다. 바보 왕은 우왕좌왕하다가 여우같은 가짜의 꼬임에 빠져 콩쥐를 쫓아낸다. 여자는 하염없이 울면서 깊은 산골로 들어서는데, 거기에서 거지 온달을 만나게 된다. 갈 데 없었던 여자는 이름을 평강으로 바꾸고 온달과 결혼한다. 총명하기 짝이 없는 평강은 명마를 고르고 남편을 늠름한 장군으로 만들어나간다. 아, 그러나 운명은 이들을 그냥 놔두지 않는다. 어느 날 잠에서 깨어나니 여자는 쥐로 변해있다. 아무리 울면서 남편을 불러보지만 남편은 사정없이 쥐새끼를 내리친다. 순간, 쥐새끼는 그만 인도국왕보살이 되어 승천하게 된다."

이미 독자들은 다 눈치챘을 것이다. 이 얼토당토 않는 이야기가 무엇을 말하고 있는지. 우리나라 드라마에 자주 등장하는 모티프들을 주섬주섬 모으고 웅얼웅얼 읊어본 것이다. 영웅설화, 계모설화, 효녀설화, 진가쟁주(眞假爭主)설화, 온달설화, 여인발복설화, 쥐 변신설화에 바리공주설화까지. 이제 질릴 때도 됐는데 아직까지 이 내용들만큼 시청률을 올리는 데 효자노릇을 하는 것도 없다. 그만큼 우리가 무심코 스치고 지나치는 수많은 드라마에는 민족의 집단 무의식을 형성해 왔던 갖가지 설화들이 익숙하고 보편적인 얼굴로 끊임없이 등장하고 있다는 얘기다. 말 그대로 입에서 입으로 전해져 인간사 자질구레한 이야기와 함께 울고 웃던 설화는 오늘 날 텔레비전 드라마의 서사구조에 큰 힘을 보태고 있다. 게다가 배우들의 입과 입을 통해 또다시 굽이굽이(口碑口碑) 전해진다. 수많은 사람들이 구비문학의 시대는 지났다고 하지만 오늘날 텔레비전 드라마는 옛날이야기를 해주던 할머니의 입담이 아닐 수 없다. 그러므로 앞으로도 시대에 맞게 재각색되기는 하나, 원형은 손상되지 않고 천파만파 퍼져나갈 것임은 틀림없는 사실이다. 설화의 세계야말로 우리 드라마의 원형을 찾아내고 미래를 꿈꾸는 일이기 때문이다.

 수십 년간 구비문학을 발굴, 채록하고 그 유형을 분석하며 우리의 뿌리를 찾아낸 수많은 선배님들의 노고에 감사를 드린다. 그러나 이들의 땀과 노력이 가득 배어 있는 구비문학은 지금 고전을 연구하는 한국학연구소나 각 대학의 서고에 먼지를 뒤집어 쓴 채 다량으로 쌓여져 있을 뿐이다. 이러한 현실 속에서, 어둠 안에 머물러 있는 구비문학에 생기를 불어넣자는 의견들이 부쩍 늘어나고 있는 가운데 그 자그마한 서곡으로 이 책이 만들어졌다. 지금부터라도 선배들의 노력이 다시금 햇빛을 봐야 할 것 같아 말이다

 이 책은 필자가 처음 주제를 잡았을 때, 과연 잘 할 수 있을까 하는 걱정부터 앞선 것도 사실이다. 선행연구가 없음은 물론이었으며 설화연구를 한 분들은 드라마를 몰랐고 드라마공부를 한 분들은 설화를 몰랐다. 하지만 모두들 좋은 책이 나올 것이라는 용기를 주셨고 슬럼프에 빠질 때마다 격려의 수위를 한층 높여주셨다. 결국은 설화의 세계가 너무나 방대하여 최근에 유행하고 있는 여성 드라마와 남성 드라마로 좁혀 논리를 전개하고야 말았다.

 아무리 인기있던 드라마도 한 달만 지나면 사람들에게 잊혀진다. 본 책에서 분석의 대상으로 삼은 「위풍당당 그녀」와 「태조 왕건」을 사람들은 이제 모두 잊었다. 하지만 그 후에 나온 어떤 인기드라마도

사람들에게 다 잊혀질 것이다. 시청자들은 잘 잊어야 한다. 그래야만 새로 시작한 드라마에 금세 몰두가 되기 때문이다. 그래야 작가들도 먹고 살 수 있기 때문이다. 그러므로 이 글을 읽는 분들은 분석대상이 어떤 드라마냐 하는 것이 중요한 것이 아니라 우리나라 드라마는 어떤 설화를 주로 차용하느냐에 주목해 주셨으면 한다. 그 유명했던 「허준」도, 「대장금」도 향후 몇 년 후에는 다 잊혀질 것이기에 그렇다.

이 책을 계기로 더 많은 이야기꾼들이 등장하길 바라고 그러면서 함께 새로운 드라마 시대를 열어갔으면 한다. 졸고를 21세기 형 글이라고 칭찬해주었던 스승들과 지인들에게 앞으로 이 분야의 바다에서 무궁무진한 보물들을 퍼 올릴 것이라는 다짐과 함께 송구스런 인사를 대신한다.

2005년 5월

한 소 진

| 차례 | c o n t e n t s

Part. I

머 리 글

설화, 가장 친근하고 보편적인 이야기
설화에서 찾아낸 방송 드라마의 서사구조

제1장

●

설화, 가장 친근하고 보편적인 이야기

신화를 모태로 한 구비문학은 말 그대로 입에서 입으로 전해져 신과 영웅의 욕망, 환상, 그리고 삶과 죽음의 사슬구조가 특화되어 드러난 이야기로서 오늘날까지 인간의 격정을 담은 다양한 양태의 문학적 소재에 적용되어 인류정신사에 큰 영향을 미쳐왔다.

구조주의 학자들의 견해에 따르면 '신화는 원시사회의 기본구조를 토대로 어느 종족의 것이든 관계없이 보편적으로 존재하는 이야기구조'라 할 수 있다. 즉 신화적인 이야기는 변덕스럽고 무의미하며 불합리하지만 그럼에도 그런 이야기들이 전 세계적으로 반복해 나타난다[1]는 것이다. 구체적으로 형상화할 수 없는 혼돈의 세계를 이야기로 만들어 이를 후대에 전승함으로써 인류발전의 모티브로 삼게 된 것이 바로 신화의 세계이고 보면, 신화에는 다양함 속에 공통적으로 존재하는 기본구조가 있음을 알 수 있다.

현대에 와서는 특히 전래동화와 만화 및 애니메이션 등을 통해 신화적 이야기 구조가 전승돼 오기도 했는데 이 이야기들은 언제나 일정한 전개방식을 따르는가 하면 인물유형이 정해져 있을 뿐 아니라 결론까지 완벽하게 유추해낼 수 있을 만큼 거의 똑같은 이야기 구조를 갖고 있다. 신화에 익숙한 대중들은 이미 그러한 이야기에 길들여져 있기 때문에 새로운 이야기를 오히려 낯설어 하기도 한다. 대부분의 창작자들은 신화의 기본적 구조를 토대로 '시대적 감각'을 덧칠해

---

1) 클로드 레비스트로스, 『신화와 의미』, 임옥희 옮김, 이끌리오, 2000, 32쪽.

나간다. 그러므로 본래 구조의 일부분이 덧붙여지거나 빠지기도 하고 어떤 부분은 윤색을 거치기도 하지만 신화의 엄격하고 정확한 기본 틀은 크게 손상되지 않는다 할 것이다.

이렇게 신화는 멀고 먼 시간을 달려와 현대에까지 대중성을 확보하며 이어지고 있다. 그 중에서도 가장 최첨단의 그릇에 신화를 담으려 애쓰는 것이 있다면 그것은 바로 매스미디어다. 과거, 밤마다 호롱불 앞에서 할머니가 들려주었던 옛날이야기의 기능을 오늘날의 매스미디어가 고스란히 물려받고 있기 때문이다.

구비전승문학은 신화에서 그 기본구조를 차용하고 있다. 신화의 시대가 지나면 신들의 위력은 영웅에게로 전승되고, 이어 영웅이 그 위력을 잃게 되면 지역과 고을의 특별한 사연으로 추락하여 인간 중심의 전설로 남게 된다. 전설은 또한 떠돌고 떠돌다가 '옛날이야기'류가 되어 민담이 되는 것이다. 비록 신화의 신성성은 시간의 저편으로 사라지고 말았지만 오늘날 신화는 여전히 인간들의 삶을 이야기로 꾸밀 수 있도록 화소(話素, motif)를 제공한다. 그러면서 마침내 신화를 포함한 민담과 전설은 모두 설화로 통칭되면서 과거를 품은 채 또다시 현재에서 미래로 구비되는 것이다.

이야기구조를 확연하게 갖고 있는 설화는 동화와 만화뿐 아니라 소설, 영화에 그 서사구조와 주제가 차용되어 맥을 잇기도 한다. 매스미디어 쪽에서는 텔레비전이 가장 큰 수용력을 갖고 있다. 오늘날 텔레비전은 흩어져 있는 대중을 새로운 형태의 공동체로 만든 강력한 원동력 중 하나이다. 활자매체가 제대로 영향을 미치기까지는 수백 년이 걸렸지만 텔레비전은 한 세대도 걸리지 않은 기간 내에 대중화되었으며 현대인의 일상적 삶에 절대적인 영향력을 행사하고 있기 때문이다. 그것은 바로 텔레비전이 보편화되어 있는 대중을 향해 매일

이야기를 쏟아내고 있음에 기인한다.

텔레비전 프로그램의 모든 내용은 이야기로 시작하여 이야기로 끝나고 있다. 뉴스를 비롯해, 다큐멘터리·토크쇼 등 수많은 장르에서 보이는 이야기는 '대중의 눈높이를 지향하고 대중이 좋아할 만한' 틀 안에서 이루어진다. 그러므로 실제로 일어나고 있는 일 중에서도 '대중에게 소구력 없는' 이야기는 소개되지 않는다. 텔레비전이 이야기를 자아내는 매체인 이상 재미있는 이야기와 관심이 가는 이야기, 사실보다 스펙터클하게 재구성된 이야기만이 살아서 움직이게 된다. 그러므로 텔레비전이 이야기를 지향하는 한 그 어떤 프로그램도 실재와 같다고 볼 수는 없다.

일례로 사실을 지향한다는 뉴스의 경우도 예외는 아니다. 텔레비전 뉴스는 사회갈등의 일면만을 전달할 뿐 과학적인 내용 분석에 의거하지 않고 예를 드는 데만 치우쳐 있다.[2] 또한 방송뉴스 기자들이 제시하는 것은 이야기로서의 가능성에 따른 '선택된 사건'일 뿐 사건에 대한 진실추적은 별로 없다. 그러므로 텔레비전 안에서는 뉴스조차 흥미 위주의 예를 드는 것에 지나지 않는다. 실재인 것처럼 꾸며서 보여줄 뿐 결코 실재 그 자체는 아니라는 것이다. 이렇게 볼 때 텔레비전의 모든 프로그램은 실재가 아니라는 점에서, 혹은 시청자의 흥미를 자극하고 이야기의 기승전결을 넘나들며 클라이맥스를 제공한다는 점에서 다분히 설화적 요소를 갖고 있다.

---

2) 앤드루 굿인·게리 훼널, 『텔레비전의 이해』, 하종원·김대호 옮김, 한나래, 1995, 71쪽. 1970년대 영국 노동운동에 영향을 미쳤던 글래스고 미디어 팀은 「정말로 나쁜 뉴스」라는 보고서에서 방송 뉴스의 편파성을 연구하고 텔레비전 뉴스가 사회적으로 지배적인 집단에 호의적이며 편파적이라는 가정을 검증하기도 하였으나 오히려 많은 사람들의 비판을 받기도 했다. 즉 뉴스라는 짧은 시간에 심층보도를 할 수 없으며 그러므로 한 가지만 정확히 알려야 한다는 이유 때문이었다.

그 중에서도 할머니의 옛날이야기를 형태만 바꾸어 매일 우리에게 새롭게 들려주고 있는 텔레비전 드라마(이하 TV 드라마)는 이야기꾼으로서의 기능이 가장 왕성하다. 사랑방에 모여 앉은 이들이 입담 좋은 이야기꾼의 옛날이야기에 심취해 왔듯이 오늘날 텔레비전은 안방에 앉아서 편안하게 즐길 수 있도록 고안된 편리한 장치를 통해 이야기를 전해준다. 수많은 프로그램 중에서도 드라마가 단연 사랑을 받는 가장 큰 이유는 다양한 삶을 체험하고 싶은 인간의 욕망 때문일 것이다.

그러므로 매일같이 이야기를 원하는 대중을 위해 텔레비전은 연속적으로 새로운 내용의 드라마를 제공해야 하는 부담을 갖기 시작한다. 그리하여 수천 년간 민중에게 익숙하고 친근한 설화에서 그 이야기구조를 차용, 현대적 감각에 맞게 변용시키는 일을 반복하기에 이른다. 이렇듯 TV 드라마는 수많은 설화를 만들어내기도 하고 이미 사회에 존재하고 있는 설화를 재구성해 우리에게 전달해주기도 한다. 또한 그 주제와 서사구조가 각 민족에게 뿌리 깊게 남아있는 집단 무의식의 틀로 이루어져있으므로 또 하나의 전승문학이 되기도 한다. 이렇게 TV 드라마가 신화의 차용·변용을 가장 활발하게 다루고 있음은 다음과 같은 두 가지의 이유 때문이다.

첫째, 산업사회 이후 대중의 등장은 신화적인 결집체를 갈구한다. 전통적 가치와 붕괴로 정신적 구심점을 잃은 현대인은 바닷가의 모래알처럼 원자화된 상태에서 자기 정체성의 상실에서 오는 자기 소외의식을 갖기 시작하고 구심점을 잃은 대중들은 때로는 독재자를 맹목적으로 추종하는 열정을 보이면서까지 공동체 의식에 대한 집념을 보인다. 산업사회의 성원인 대중은 가치기준의 붕괴와 정서적 유대의식의 상실을 지닌 채 능률과 생산성을 높이기 위해 극도로 분화된 역할을 반복적으로 수행하는 존재이다.3) 이에 따라 나타나는 긴장감을 일시적으로나마 풀기 위해 이들은 TV 드라마에 탐닉한다. 즉 수용이 쉽고 오락성이 높은 TV 드라마는 개개인으로 흩어져 있는 대중에게 특정 프로그램에 관해 일시적이나마 공동체적 정체성을 부여하고 비슷한 수준의 사고체계에서 안정감을 누리도록 해주는 수단이다.

둘째, 신화는 논증적이거나 분석적이지 않은 대신 서사적이며 환상적이고 감성놀이가 주를 이루며 주관성이 강하기 때문에 대중에게 쉽게 파고들 수 있다. 이는 고급문화·엘리트 문화와 대립되는 열등문화·대중문화로서 분류한다. 즉 신화적 지식은 과학적 지식에 선행하지만 인간의 정신사로 놓고 볼 때는 덜 성숙하며 유아기나 청년기적 상태에 묶여 있다고 볼 수 있다.4) 신화는 근대보다는 원시성이 강하고, 과학적 근거보다는 객관성이 적으며 고급문화를 지향하기보다 열등문화를 선호하는 대중취향에 가깝다.

신화는 오늘날에 와서 고급문화와 대립되는 개념의 대중문화를 일컫는 현상을 다분히 내포하고 있다. TV 드라마 역시 다수가 향유하는 문화현상의 하나이고 이에 의해 전파되는 문화는 전통적으로 고급문화를 포함하지 않은 문화요소로 구성된다. 이로써 드라마는 매일 온갖 첨단기술이 제공하는 일련의 상징 속에서 신화로 굳어져 가고 있다. 그 속에서 우리는 현대의 대중적 산업문명 시대에서 원시사회와 하등 다를 바 없는 신화형성 과정을 인식할 수 있다.

각 원시사회의 신화는 내용적 다양성을 지니고 있는 것처럼 보이지만 실제 그 내용이 기대고 있는 기본구조는 이항대립(binary opposition)이다. 대부분의 원시사회 신화는 대립되는 두 쌍을 기본 구

---

3) 최정호 외, 『매스미디어와 사회』, 나남, 1990, 297~298쪽.
4) 지안니 바티모, 『미디어사회의 투명성』, 김승현 옮김, 한울아카데미, 41~42쪽.

조로 하여 진행된다는 것이다. 일테면, '우리(us)편' 대 '상대편(them)', '인간다운 대 비인간적인', '감성적인 대 냉혈적인', '문명적인 대 야만적인' 등의 대립으로 이어지게 된다. 이와 같은 논리는 텔레비전 드라마의 구성에 수없이 적용되고 있다.

TV 드라마는 대립하는 인간관계를 그 기본구조로 활용하는 경우가 많고 대립되는 두 가족으로 인해 고민하는 청춘남녀, 한 애정대상을 두고 대립하는 서로 다른 성격의 두 주인공, 피를 나눈 형제지만 서로 다른 배경에서 자라난 탓으로 결코 화해할 수 없는 경우 등 대립되는 인간 쌍을 중심으로 진행된다.5) 이렇듯 TV 드라마는 원시사회의 신화와 비슷한 기본 구조를 지닌다.

본고는 신화가 영웅시대를 거쳐 인간들의 이야기인 설화에 영향을 미쳤으며 설화는 다시 현대의 TV 드라마에서 그 반복과 재형성에 큰 기여를 하고 있다는 점에 착안, 우리나라 TV 드라마가 주로 차용하는 설화의 유형을 살펴보고 시대상에 맞춰 어떻게 변용되어 왔는지 분석코자 한다.

---

5) 원용진, 『텔레비전 비평론』, 한울아카데미, 2000, 150쪽.

제2장

●

설화에서 찾아낸 방송 드라마의 서사구조

▋말로 된 문학, 대중을 위한 문학

TV 드라마는 구전설화의 줄거리에 현대적 의미를 부여하기도 하고 에피소드를 차용하기도 한다. 또한 주제와 에피소드를 빌려온 채로 서사구조 자체를 변모시켜 전혀 이질적인 이야기를 만들어낸다. 한국 방송 드라마 40여 년 동안 방영된 수많은 드라마들은 민족의 동질성을 이루는데 크게 기여한 바 있는 구비문학을 다양하게 응용함으로써 새로운 전승문학의 장르로 발전해왔다.

구전설화에 관한 학문적 연구는 서구에서는 19세기 이래 folklore[6]라는 용어가 사용되면서 그 연구가 계속되어 왔고, 한국에서도 1930년대 송석하·손진태 등이 민속학이라는 이름의 학문을 시작하면서 학적 연구의 대상으로 등장, 오늘에 이르렀다. 설화는 일정한 구조를 갖고 꾸며낸 이야기이기 때문에 사실을 가장하는 이야기는 얼마든지 있으나 꾸며낸 이야기라는 점에서 서사민요·서사무가·판소리·소설 등을 포함한 모든 서사문학의 장르와 일치하기도 한다.[7]

또한 구비문학에 담긴 다양한 경험과 꿈, 사상과 정서는 기본적으로 '남의 것'이 아닌 '나의 것', '우리의 것'으로서의 성격을 갖고 있다.[8] 드

---

6) 1846년 영국의 윌리암 토마스가 처음 사용했다.
7) 장덕순 외, 『구비문학개설』, 일조각, 1970, 10~11쪽.
8) 신동흔, 「삶, 구비문학, 구비문학연구」, 『구비문학연구』 제1집, 한국구비문학회, 1994, 160쪽.

라마 역시 시청자와 브라운관의 거리가 짧은 만큼 '내 이야기', '우리 집에서 흔히 볼 수 있는 이야기', '누구나 당할 수 있는 이야기'를 소재로 삼아 시청자에게 보다 쉬운 감정이입을 불러일으키고 있으므로 설화의 속성을 매우 강하게 갖는다고 할 것이다.

설화의 전승과 발전은 '구전된다'는 데에서 비롯된다. 설화는 보통의 말로 이루어지며, 이야기의 구조에 힘입어 가능하게 되므로 구전에 적합하도록 단순하면서 잘 짜여진 구조를 갖고 있다. TV 드라마 역시 대중을 위해 단순보편을 지향하면서 구성의 치밀함을 지닌다.

그러나 TV 드라마의 경우 작가의 창작과정에는 '기록'의 요소가 큰 역할을 한다고 할 수 있어 순수하게 '말로 된 문학'이라 하기는 힘들다. 그렇지만 전반적으로 볼 때 '글로 된 문학'보다는 '말로 된 문학'에 가깝다. 드라마의 대본은 기록문학과는 달리 완전히 대사체로 되어 있고 그것은 배우의 입을 통해 일상적이고 보편적인 언어로 고스란히 전달되기 때문이다. 맞춤법과 띄어쓰기 등 기록문학이 갖춰야 할 기본적 문법조차 무시한 채 대본작성이 이루어지는 경우도 비일비재하므로 기록문학이라기보다는 시청자들에게 매양 우리가 주고받는 말의 연장선상에서 스토리를 이해하도록 하는 데 더 주안점을 두고 있는 것도 그 특징 중 하나라 하겠다. 특히 종영 프로그램은 입에서 입으로만 전해질 뿐 그 대본은 먼지 쌓인 방송국 도서관에나 일부분 비치되어 널리 읽히지 않고 있으며 최근 방송국 인터넷 사이트에 '종영 프로그램 보기'라는 코너가 있기는 하지만 몇 달을 넘기지 못하고 삭제된다는 점에서도 드라마가 얼마나 일회적인 '구술성'에 가까운 장르인가 하는 점을 상기시켜준다.

그러나 TV 드라마는 '구전된다'는 형식상의 문제보다는 드라마를 수용하는 전 계층에게 골고루 공감대를 형성해 온 '내용상의 면'이 더 중요하다 하겠다. 이는 바로 수천 년 동안 설화가 민족의 집단적 무의식 속에 정형화된 이야기로 전승되었음을 의미한다. 또한 드라마가 '창작자'보다는 이를 받아들이는 대중, 즉 '수용자'에게 더욱더 큰 영향을 미쳐 온 점으로 미루어볼 때 창작자로서의 방송드라마 작가가 채택해 온 주제와 소재, 스토리 및 글쓰기 작업은 당연히 대중의 눈높이를 의식해 왔음을 알 수 있다.

▌드라마 주제의 변천사

TV 드라마의 유형이 시대에 따라 조금씩 다르게 표출되어 온 점은 부인할 수 없는 일이다. 그러나 그 서사구조와 등장인물의 유형은 시대가 변해도 별 차이를 보이지 않고 있다. 즉 1962년 KBS의 개국과 함께 처음 선보인 후 최근까지 방영되어 온 TV 드라마는 현대극과 사극을 오가며 수많은 드라마를 제작해 왔으나 그 내용적인 면에서는 큰 진전을 보이지 못한 채 고만고만한 이야기들을 양산해 왔다. 하지만 40여년 브라운관의 총아로 명성을 쌓아왔던 한국의 TV 드라마는 많은 연구자들에 의해 다양하게 그 변천사가 연구되기도 했고 앞으로도 연구될 전망이다.

한국 TV 드라마의 변천사를 간단히 요약해 보면 이렇다. 1960년대에는 연속극과 주간극의 형태에 애정·추리·형사·반공물이 주를 이루었고 70년대에는 TV 드라마의 전성기로 여주인공을 주축으로 하는 가족드라마와 역사드라마가 인기를 끌었다. 이 시기에는 대부분 한국의 전형적인 여성상을 그렸다 할 수 있다. 80년대에는 방송사 간의 과당 경쟁과 선정성으로 인한 문공부의 제재와 공영방송체제의 가동으로 드라마 역시 다소 경직된 중에도 제2의 전성기를 맞게 되는데 이즈음에는 어머니상과 여성상에 변화가 생기기 시작, 남성과 당당히 맞서는 모습을 보여준다. 형사물과 반공물도 그 면모를 일신한 가운데 문학 작품을 영상화한 대형 드라마들이 선보였으며 사이코드라마 캠페인 드라마청소년 드라마논픽션 드라마법정 드라마 등이 선보여 높아져 가는 인권에의 관심을 표명하였다. 90년대에는 수치상으로의 시청률 경쟁이 치열해지면서 드라마도 한층 다양성을 더해가는 가운데 대형 기획드라마가 제작되는 한편, 복고풍의 경향도 보였다. 드라마 내용도 전반적으로 감각적이고 가벼운 경향을 띠게 되었으며 다양함을 원하는 시청자의 욕구로 여권신장과 부권약화 등도 자주 오르내린 드라마의 주제였다.[9]

▌설화의 전승과 재창조

이러한 배경 하에 본 연구를 시작하면서 수많은 문헌을 살펴본 결과, TV 드라마에 대한 연구로 '개인과 사회의 변화 혹은 시대상으로 살펴 본 드라마의 서사구조 연구'는 꽤 성과를 거두고 있지만 신화로부터 시작된 구비설화가 집단무의식을 어떻게 발현시켜왔고 어떤 양상으로 전승과 재창조를 거치며 현재의 텔레비전에 정착하게 되었는가 하는 연구 작업은 거의 찾아볼 수 없었다.

또한 우리나라 구비문학 역시 수십 년 동안 국문학 분야에서 깊이 있는 연구가 이루어져 많은 결실을 얻어내었으나 두 분야, 즉 설화와 TV 드라마를 연계하여 상호 간의 관계를 파악하고 그 의미구조를 찾아 우리나라 TV 드라마의 현실과 미래를 찾아보는 일은 전무한 실정이다. 그러므로 본고는 드라마에서 설화적 요소를 찾아내고 설화의

---

9) 박복만, 「TV 드라마에 반영된 시대상과 장르의 변화에 대한 연구」, 한양대 석사논문, 1997, 2~3쪽.

제유형이 시대를 대변하는 서사와 인물창조에 얼마나 큰 영향을 끼쳐 왔는지 알아보고 향후 드라마의 창작과 발전의 또 다른 가능성을 찾아보기로 한다. 이는 비슷한 유형의 서사구조가 전 세계적으로 비슷하게 분포되어 있어 우리나라뿐 아니라 세계적인 전승으로 설화가 재창조되고 있음을 감안할 때, 어느 정도 의미 있는 작업이 될 수 있을 것이다.

TV 드라마는 보통사람들의 이야기를 다루면서도 평범한 이야기가 아니며, 매일 반복되는 이야기 속에서도 그 안에는 반드시 영웅의 일생이 그려지고 있다. 영웅의 삶은 여성중심의 멜로드라마나 남성중심의 사회드라마 모두 똑같이 등장하며 여기에는 드라마에서 대리충족을 느끼고 싶어 하는 시청자들의 욕망이 반영되어 있다 하겠다.

본고는 먼저 1960년대 초 처음 시작된 우리나라 TV 드라마에 구전설화의 유형별 특성이 어떻게 적용되었으며 특히 구전설화의 인물들이 현대 한국 드라마에 어떻게 조명되어 변화발전되어 왔는지에 주목키로 한다. 그리고 현대의 사회적 욕망과 페미니즘을 동인삼아 여성의 부와 명예, 신분상승욕구를 적극 차용한 여성드라마를 '여인발복'의 관점에서 분석하고, 동시에 이데올로기가 사라진 시대에 정치사회적 상관관계와 통치이데올로기의 표상으로 적극 차용된 '영웅설화'의 드라마적 수용에 대해 알아보기로 하겠다.

그간 수많은 드라마들이 시청자들의 사랑을 받아 왔다. 물론 설화로 분석이 가능한 것도 있고 그렇지 않은 것도 있겠지만 작품성이 있거나 지금까지 인구에 회자되는 드라마들의 면면을 살펴보면 모두 시대를 초월하여 대중들에게 익숙하고 친근한 이야기들이었음을 알 수 있다.

특히 '발복' 이야기는 세계적인 광포설화로서 1990년대 후반의 사회상과 관련되어 등장하고 있는 유형으로 1970년대부터 시작된 우리나라 여성운동의 영향과 1990년대 후반부터 비롯된 경기침체현상이 함께 맞물려 있다. 한 마디로 '발복'은 가부장의 권위를 거부한 여인이 자신의 능력으로 신분상승과 부를 이룬다는 이야기이다. 그러므로 '내복에 산다'계 설화를 포함하면서 2000년대의 트렌디드라마를 대표하여 '여성의 영웅화'를 단적으로 보여준다.

또한 최근 들어 부쩍 유행하고 있는 사극 역시 트렌디드라마의 차원에서 하나의 열풍으로 여겨질 정도로 시청자들의 사랑을 받고 있다. 사극은 종전의 인식과는 달리, '퓨전 사극'이라는 신조어까지 얻고 있는데, 트렌디로서의 퓨전 사극에서는 전형적인 '영웅형' 인물이 핵심을 이루고 있다. 그러므로 사극은 최근의 시대상을 반영하며 등장한 또 하나의 트렌디드라마로서 영웅형 주인공이 대중과 사회에 끼치는 영향력은 대단하다 할 것이다. 이렇게 볼 때, '발복'과 '영웅설화'는 이 시대의 대표적인 신화적 인물형임을 유추해낼 수 있다.

그러므로 이 연구에서는 2000년대의 가치관을 반영하는 신세대 트렌디드라마 MBC「위풍당당 그녀」10)에서 발복적 서사 및 인물유형을 살펴보는 한 편, KBS 드라마「태조 왕건」11)의 궁예를 집중 분석, '영웅형' 인물이 대중의 욕구를 어떻게 반영하고 있는지 살펴보고자 한

---

10) mbcinfo.imbc.com, 목요통신에 의하면「위풍당당 그녀」는 '닐슨 미디어리서치'의 조사 결과 2003년 4월 9일 현재 20.2%의 시청률을 보였다. 이 드라마의 의의는 시청률보다는 젊은 여성이 힘겨운 세파를 이겨내고 성공하여 가족뿐 아니라 배우자에게까지 큰 영향을 미친다는 발복형 서사구조에 가장 충실한 드라마라는 것이며 이러한 풍의 드라마는 시대가 바뀌고 있음을 보여주는 좋은 예라할 것이다.
11) 문화일보 2002. 12. 16, 30면에 따르면 시청률 조사기관인 TNS 미디어코리아의 시청률 집계 결과, 2002 한 해 동안 KBS 1TV「태조 왕건」이 1위를 차지했다고 전해진다. 시청률뿐 아니라「태조 왕건」은 영웅설화의 전형성을 가지면서 나약해지고 있는 현대 남성의 가치를 제고하는 데 강력한 힘을 발휘한 드라마라 할 수 있다.

다. 특히 이들 드라마는 '발복'과 '영웅' 이외에도 '콩쥐팥쥐'를 연상케 하는 '계모형'을 비롯, '진가쟁주형(眞假爭主型)', '대모형(大母形)', '아기장수', '금척', '민중영웅', '패배한 영웅' 등의 다양한 설화들을 에피소드로 차용하고 있다. 이는 우리 민족이 즐겨 되풀이 전승해 왔던 이들 설화들의 면면이 21세기에 어떻게 변용되고 있는지 알 수 있는 계기를 마련해 줄 것이다.

Part. II

현대 드라마의 여주인공은
복을 불러온다
-〈여인발복설화〉의 드라마적 전개

여성상의 왜곡사와 발전사
설화로 본 드라마의 여성상
21세기 드라마 「위풍당당 그녀」와
　　　최근작에 보이는 위풍당당 그녀들
〈여인발복〉드라마의 의의

제1장

●

여성상의 왜곡사와 발전사

▍드라마산업의 활화산, 여성드라마

한국의 TV 드라마는 '저속하다'는 평가와 함께 무수히 쏟아지는 비판에도 불구하고 시청자의 끊임없는 시청과 기대 속에 텔레비전의 꽃으로 굳건한 권좌를 지켜왔다. 잘 만든 드라마 한편이 사세(社勢)를 좌우한다는 것이 방송 자본주의의 논리가 되어 가고 있는 것이다.

이처럼 드라마가 방송의 핵으로서 그 위세를 행사하는 데는 시청자들의 힘이 크고, 시청자들 중에서도 주요 시청자의 입지를 굳히고 있는 여성들에게 그 공을 돌릴 수밖에 없다. 그간 한국 TV 드라마의 주시청자는 단연 여성이었다. 텔레비전 방송 시작부터 지금까지 눈물샘을 자극하는 멜로드라마의 과잉제작은 한국 여성들에 대한 숨 막히는 사회적 인습의 억압을 특수한 한국적 멜로로 변형시켜 '공감'과 '동질성'을 획득하는 데 큰 역할을 해왔던 것이다.

그러나 생활패턴이 바뀌고 텔레비전의 비중이 점점 커진 지금에 와서는 반드시 여성만이 주시청자라 할 수 없을 것이다. TV 드라마의 여주인공은 드라마의 상업적 속성상 남성 시청자를 매혹시키는 '성적' 또는 '모성적' 내면화로 남성 시청자를 흡인하는 또 하나의 요인이 되어 상당부분 남성들까지 끌어들이고 있다고 봐도 좋을 것이다. 그러므로 TV 드라마는 초기부터 여성들의 일상적 삶과 가족 간의 갈등을 주된 소재로 하여 여성뿐 아니라 남성들에게까지 관심을 불러일으키면서 서민들의 유일한 오락으로써 끊임없이 그 전형적 소재를 되풀이해 왔다.

미국의 대표적인 대중문화 현상인 소우프 오페라(soap opera)를 예로 빌려와서 설명하는 것이 이해가 빠를 것이다.[1] 우리나라 드라마도 소우프 오페라에서 주로 차용한 소재들을 한국식으로 변용, 꾸준히 양산해 왔으며 여성 시청자들의 인기를 독차지하기도 했다. 이 소우프 오페라에서 유추할 수 있는 소재의 상투적 공통요소는 다음과 같다.

1. 극중 인물 가운데 하나가 주인공의 혼외 자식임이 판명된다.
2. 누구인지는 모르나 극중 인물 가운데 한 사람이 주인공의 오래 잊고 있던 형제나 이복동생임이 밝혀진다.
3. 누군가가 자기 남편이나 애인과 전혀 관계없는 아이를 갖는다.
4. 누군가가 창녀라는 전력으로 인해서 위협을 받고 시달리게 된다.
5. 20년 정도 계속돼 온 결혼이 어느 한쪽의 지병이나 바람, 의심으로 파경의 위기를 맞이한다.
6. 불량배들이나 범죄조직으로부터 등장인물들이 괴롭힘을 당한다.
7. 누군가가 잘 진행되고 있는 혼사를 방해한다.
8. 누군가가 자기 아닌 다른 사람을 사랑하고 있는 사람과 결혼한다.
9. 누군가가 자기 자식을 동네 사람에게 입양시키고 뒷날 후회하게 된다.

---

1) 김우룡, 『방송학 강의』, 나남, 1987, 263쪽. 소우프 오페라는 1920년대 말에서 1930년대 초, 낮 시간에 방송되는 라디오 연속극을 가리키는 말로 아침나절, 집안에 있는 주부와 가정부를 대상으로 방송되던 연속극이다. 비누 제조 회사나 가정 청소용품 따위를 만드는 회사가 스폰서를 했기 때문에 '소우프 오페라', 즉 비누 드라마라는 별명이 생겼다. 혹자는 비누거품처럼 별 내용 없이 가볍게 들을 수 있는 소비적인 드라마라고 해서 그렇게 부르게 됐다고도 한다.

10. 누군지는 모르지만 연하의 젊은 남자를 사랑하는 늙은 부인이 나온다.

11. 젊은 여자와 연애하는 늙은 남자도 등장한다.

12. 모두에게 골치 덩어리인 청소년이 하나쯤 설정된다.

13. 누군가가 임신하게 되나 그 자신은 아이를 원하지도 않거니와 양육할 능력도 없다.

14. 누군가가 원래 자기 애인은 죽었을 것이라고 생각하며 다른 사람과 결혼하게 된다. 그러나 옛 애인을 죽지 않았다.

15. 어린이 양육권을 둘러싸고 소송이 벌어지든지 계략을 꾸미게 된다.[2]

이러한 소우프 오페라의 전형성은 그 내용이 한국화 되는 과정에서 유교문화와 자연스럽게 접목, 과거지향적이고 통속적인 인간상을 구축해왔다는 비판을 감수해야만 했다. 특히 이미지가 지배하는 현대에서 여성들은 대중문화에 재현된 모순 되고 실망스러운 이미지로 여성주의 문화이론을 발전시키는 데 걸림돌이 되어왔던 것[3]도 사실이다. 그러나 드라마를 받아들이는 시청자들이 익숙하지 않거나 어려운 소재, 과도하게 수준이 높은 드라마를 외면하는 경향이 있으므로 늘 고만고만한 소재의 드라마들이 안방을 찾아갈 수밖에 없었다. 이러한 방송의 속성으로 인해 드라마는 '여성용 드라마=통속극'이라는 폄하된 평가를 받아 왔다. 또한 소우프 오페라가 전세계 드라마의 전형이 되면서부터 이 역시 신화에서 차용되어 현대적 변용을 거친 것이라는 평가를 받기에 이른다.

---

2) 김우룡, 위의 책, 261쪽.

3) 수잔나 D. 월터스, 『이미지와 현실사이의 여성들』, 또 하나의 문화, 김현미 외 옮김, 1999, 35쪽.

▌가부장 이데올로기와 여성상 왜곡사

소우프 오페라는 가부장적인 그리스 신화에서 많은 소재를 차용했다고 볼 수 있다. 그리스 신화에서 결혼한 여신들은 대부분 여성의 부정적인 측면을 극명하게 보여준다.[4] 소우프 오페라에서도 여성은 정숙한 아내의 모습과 남자를 유혹하는 창녀의 모습으로 나타나며 이들 여성과의 관계를 기반으로 불륜과 외도가 빚어지고 혼외 자식과의 갈등이 야기되는 것이다. 여기서 중요한 것은 대부분의 남성이 외도의 책임을 자기 자신에게 돌리기보다는 자신을 유혹한 상대방 여자에게 돌리게 되는데 가부장제 사회에서 드라마는 남자와 여자의 직접적인 대립 구도는 가급적 피하면서 여자와 여자 간 갈등의 심화를 무비판적으로 그려내고 있다. 이처럼 고대 신화로부터 이어져 내려오는 여성에 대한 왜곡된 이데올로기는 현대까지 끊임없이 이어진다.

사실 1970년대 이후 서구에서 일어난 페미니즘의 새로운 시각은 여성의 삶 속에 파고들어가 여성들의 문화적 욕구, 표현, 그리고 통제가 어떻게 이루어지고 있는가에 대한 관심을 증폭시켜 왔다. 남성의 편견이나 지배적 관점에서 벗어나려는 의식이 심화되기 시작한 후부터는 고정관념에 젖어 있는 대중매체에 대한 반론도 끊임없이 제기되었던 것이다.

그러나 TV 드라마는 가부장 이데올로기의 충실한 매체로서 개개인의 삶 에 가부장 이데올로기에 대한 이념을 유포하는 일에 가장 큰

---

4) 장영란, 『신화 속의 여성, 여성 속의 신화』, 문예출판사, 2001, 32쪽. 헤라의 경우는 최고신 제우스의 아내로서 가장 큰 권력을 휘두르며 다른 여성들을 괴롭히는 것이 유일한 낙인 것처럼 보인다. 사실 헤라는 제우스의 아내이기 이전 고대 그리스인들이 숭배하는 대지모신의 특성을 가지고 있었지만 그리스에 가부장제 문화가 유입되면서 헤라는 왜곡되고 변형된 형태로 신화 속에 등장하게 된다. 그녀는 처절하리만큼 제우스의 연인들과 그 자식들에게 집착한다.

기여를 했다고 볼 수 있다. 드라마가 곧 현실이 되어 남성과 여성 간의 관계를 수직관계로 결정지었을 뿐 아니라, 시청자들에게 드라마 속의 남성과 여성의 관계를 무의식적으로 현실화시켰으며 그러한 불평등한 관계를 당연한 것으로 받아들인다거나 혹은 드라마에 상정된 관계를 자신의 의사와는 상관없이 수용하게 하는 결과를 가져왔던 것이다. 더욱이 드라마에서 여성과 여성 간의 갈등이 남성과 남성 간의 갈등보다 많다는 것은 여성의 사회성을 축소시키고 남성의 지배이데올로기를 더욱 공고히 하는 결과를 낳기도 한다.

그러므로 TV 드라마에서 보이는 여성상은 대체로 남성보다 열등한 존재, 직업에 있어서 남성보다 열등한 위치, 문제해결의식의 부족, 수동적이며 남성 의존적이며 야망이 없는 정서적인 인물로 그려지는 경우가 많다. 또한 남성은 강하고 합리적이며 야망에 찬 성공을 추구하는 인물로서 대체로 지적수준도 높은 것으로 묘사되어 왔다. 이렇게 볼 때 텔레비전이라는 매체가 우리의 일상생활에 깊이 관여하면 할수록 여성의 자각은 답보상태에 머물 수밖에 없음을 알 수 있다.

최근 텔레비전의 이야기구조에 대한 연구로 비교적 활발하게 원용되고 있는 신화비평 분야에서는 텔레비전이 사회 내 지배세력과 은밀한 공조체제를 갖추고 있으며 지배세력의 이념을 유포하는 존재로 파악하기도 한다. 텔레비전은 그 은밀한 공조체제를 드러내기보다는 교묘하게 숨기면서도 지배세력의 이념을 이야기처럼 꾸며 자연스럽게 전달해주는 제도로 인식되는 것이다. 여기서 지배세력이라고 하는 것은 계급적인 측면에서의 지배세력만을 의미하지 않는다. 지배세력은 여러 영역에 걸쳐 존재한다. 성별·연령별·지역별·학연별·지연별·계급별 등등에 걸쳐 다양하게 존재하며 그 지배세력에 의해 가부장제·연장자주의·지역주의 등등이 유포되는데 텔레비전은 이에 대해 마치 중립을

취하는 것 같은 외양을 가지면서도 실제로는 지배세력에 유리하도록
이야기를 꾸미고 있는 것이다. 텔레비전은 이야기를 재미있게, 자연
스럽게, 의미가 생기도록 꾸며 놓고 있기 때문에 한 눈에 그 은밀함
이 포착되지 않는다.[5]

이처럼 이 나라 TV 드라마는 방송 40여 년 동안 이 같은 지배이데
올로기를 공고히 하면서 특히 남녀관계의 설정에 있어 대중들의 의식
구조를 상투적인 범위에 머물게 하였다. 시청자들은 자신도 모르는
사이에 체질화되고 육화되어 온 가부장제 신화에 익숙해져 있기 때문
에 여성과 여성의 대립과 다툼 속에서도 남성의 횡포에는 눈물과 한
숨으로 대응하거나 주어진 삶을 운명으로 여기며 체념과 한의 미학을
그려내는 TV 드라마를 무비판적으로 받아들이게 되었을 뿐 아니라
흥미와 관심을 넘어 절대적인 수용에까지 이르게 되었다.

▌여성상 왜곡은 웅녀로부터 시작됐다

최근 들어 텔레비전에 대한 비판론 못지않게 긍정론도 부상하기 시
작했음은 주목할 만한 현상이다. 텔레비전의 영향력이 지대해진 만큼
언제까지고 비판만 할 수는 없기 때문에 텔레비전을 옹호하는 사람들
은 텔레비전을 다음과 같이 옹호하기도 한다.

> "비판론이란 교양 있는 사람의 교양 없는 사람에 대한 공격이요, 교
> 육을 많이 받은 사람의 교육을 받지 못한 사람들에 대한 공격이며, 아
> 주 세련된 사람의 세련되지 못한 사람들에 대해 가하는 공격이요, 문화
> 적으로 부유한 사람들의 부유하지 못한 사람들에 대한 공격이고, 문화
> 예술의 전문가가 문화예술의 비전문가에 대해 가해지는 공격이다"[6]

---

5) 원용진, 『텔레비전 비평론』, 한울아카데미, 2000, 146~147쪽.

이는 텔레비전의 위상을 다수 대중들의 편에서 분석하는 한 현상이라 할 수 있다. 보다 높은 교양과 사고는 고급문화에 맡기고 불특정 다수의 대중의 눈높이를 위해 TV 드라마는 낯설지 않은 인물들을 양산할 수밖에 없다는 논리가 바로 그것이다. 이는 일상의 연계선상 속에서 수천 년간 인류에게 흥미를 주었던 설화 속의 그 인물들이다.

이러한 여러 관점을 통해 본 드라마의 대중성과 통속성은 가부장제 신화와 함께 한 민족이 갖고 있는 세계관의 한 형태로도 볼 수 있다. 설화를 집단적 무의식의 반영이라는 측면으로 놓고 볼 때, 유독 남녀 관계를 상하관계로, 혹은 우열관계로 설정하는 데에는 그 민족만의 의식구조가 큰 역할을 해 왔음은 자명한 일이다. 이러한 맥락 하에서 우리나라 신화에 존재하는 이야기 속에서 여성은 과연 어떠한 존재로 드러나 있는지 살펴보고 신화시대를 거쳐 설화의 여주인공들을 드라마는 어떻게 차용해왔는지 살펴보기로 한다.

---

6) 최정호 외, 『매스미디어와 사회』, 나남, 1990, 322쪽.

제2장

●

설화로 본 드라마의 여성상

엥겔스는 사유 재산제의 확립과 함께 일부일처제가 확립되었고 따라서 여성의 성적 욕망은 당연히 억압될 수밖에 없었으며 이 억압의 논리는 가부장 제도가 확립된 이후 지속적으로 영향력을 발휘했다[7]고 주장한다. 래디컬 페미니스트들 역시 남성은 여성을 희생시킴으로써 심리적인 안정을 찾으려 하는 경향이 있는데 이러한 현상의 기원이 선사시대로부터 뿌리깊이 작용하고 있다[8]고 설명한다.

여성의 희생을 바탕으로 한 가부장제의 뿌리를 선사시대로부터 찾는다면 우리에게 통념화 되어 온 한국여인의 일생은 '단군신화'나 '주몽신화'에서 보이는 웅녀와 유화의 서사구조에서 찾아볼 수 있다. 신화의 주인공은 남성이지만 그 남성을 존재하게 한 '대모(大母)'로서 반드시 여성이 등장하게 마련이며 그 여성은 파란만장한 삶을 통해 신화의 주인공을 생산하게 되므로 상당히 비중 있는 역할을 담당하고 있다. 그러므로 신화 속의 여성은 '대지의 어머니'로서 추앙받아야 마땅하다 할 것이다.

그러나 우리나라 신화 속에 등장하는 여성은 언제나 소극적인 양태로 그려지고 있다. 우리에게 익숙한 단군신화에는 곰의 변신인 웅녀라는 여성이 있었고, 주몽신화에는 한 많은 여인인 유화가 있었다. 하지만 단군신화는 그 이름처럼 단군과 환웅, 그리고 환인의 신화이

---

7) 장영란, 앞의 책, 2001, 336쪽.
8) 조세핀 도너번, 『페미니즘 이론』, 김익두·이월영 옮김, 문예출판사, 1993, 280쪽.

지 웅녀의 신화가 아니었다. 환웅이 신단수에 하강할 때에도 웅녀는 거기 없었고 그녀의 위상은 오로지 단군을 낳은 존재로만 부각되며 단군을 낳자마자 단군신화에서 사라지는 것으로 그려진다. 즉, 웅녀는 자기의 이야기를 잃어버린 존재, 환웅이나 단군과의 관계 속에서만 의미를 부여받는 존재가 되고 만다. 또한 압록강의 수신 하백의 딸인 유화 역시 천제-해모수-주몽으로 이어지는 남성들의 계보에 모습을 비추고는 곧 사라지고 만다. 즉 웅녀의 위상은 웅녀가 단군신화에서 소외된 존재, 즉 타자화 된 존재라는 사실을 시사하고 있으며 유화는 강간과 추방, 유폐라는 실제적 폭력까지 겪는데 이 폭력은 모두 남성들에게서 오고 있다.[9]

이처럼 우리의 몇 안 되는 신화 속에 나타나고 있는 여성은 남성의 계보에 의해 철저히 무시되거나 잊혀지고 있다. 여신의 삶이 풍부하게 그려져 있는 그리스 신화와는 비교가 되지 않을 정도다. 그리스 신화에는 대지의 여신 가이아(Gaia)를 비롯, 헤라, 아프로디테, 아르테미스, 아테나 등 수많은 여신들에게 캐릭터를 부여하고 있다.[10] 비록 그리스 신화의 여신 역시 가부장제 이데올로기로 빚어진 존재들이라는 평가에서 자유롭지 못하지만 성격만은 뚜렷하게 그려져 있어 다

---

9) 조현설, 「웅녀·유화 신화의 행방과 사회적 차별의 세계」, 『구비문학과 여성』, 한국구비문학회 편, 도서출판 박이정, 2000, 1~9쪽.
10) 장영란, 앞의 책, 221~234쪽. 대지의 여신 가이아는 하늘의 신 우라노스의 아내로서 우주창조 신화에서 독자적인 역할을 하고 있다. 가이아는 카오스로부터 나와 바람을 일으켜 뱀을 만든 후에 임신하여 우주의 알을 낳았는데, 여기서 우주에 존재하는 모든 것들이 나왔다고 한다. 가이아는 우주 생산자로서 자신의 강력한 힘을 남편과 자식들 및 손자들에게 모두 나눠주기도 한다. 그 후, 자식인 제우스 시대로부터 수많은 여신들이 등장하는데 이들은 제우스의 아내인 헤라를 비롯, 사랑의 여신 아프로디테, 제우스의 딸이자 달의 여신 아르테미스와 뱀의 여신 아테나, 대지의 여신인 데메테르, 페르세포네 등이다. 이들은 서로 간의 갈등을 겪고 고통과 행복을 느낄 만큼 고유의 성격을 지니고 있다.

양한 삶의 면면을 살펴볼 수 있게 한다. 그러나 신화 자체가 미비한 우리에게 특히 여성의 존재는 성격을 갖지 못한 채 남성중심의 구도에서 사라져버린 존재로 그려져 있다. 그것은 바로 '비켜나 있는 인생으로, 숨어 지내며 모습을 드러내지 않는 존재로, 남성을 위한 그림자'로서 여성의 모습이다.

신화시대를 지나서 전설과 민담 등 설화 속에 등장하는 여성은 이야기를 끌고 가는 주 인물로 등장하기도 한다. 그러나 여기에서도 여성은 남성중심의 세계관에서 부수적인 존재 혹은 남성의 세계를 구축하기 위한 희생적 존재로 내면화되어 있음은 물론이다. 즉 여성의 운명과 삶을 담은 설화는 남성의 세계관을 공고히 하고 남성위주의 질서에 편입되기 위해 전력 질주하는 것으로 그려짐으로써 수난과 질곡이 남성보다 훨씬 더 심하게 그려지게 되는 것이다.

여성의 생애를 담은 설화는 구비전승을 통해 긍정적인 형태와 부정적인 형태로 나뉘어져 발전하게 되는데 긍정적인 형태의 설화로는 '열(烈)설화'와 '효녀·효부설화', '여인발복설화' 등이 있고 여성의 부정적인 형태를 그린 것으로는 '콩쥐팥쥐형'·'손 없는 색시형'·죽음으로써 한을 푸는 '원귀(冤鬼)형' 등의 '계모설화'를 들 수 있다. 이 중 '여인발복설화'를 제외한 모든 설화가 남성중심의 사회에서 가부장제의 권위에 절대적으로 순종하는 여성상과 그 권력구도 안에 들어가기 위해 여자와 여자가 목숨 걸고 대결하는 이야기로써 충격적인 내용으로 가득 차 있다.

고대로부터 구전되어 오던 이러한 설화들은 근대의 유교적 담론과 결합해 모양새가 더욱 비극적으로 다듬어져 현대로 넘어 왔으며, 마침내 현대의 문명을 대표하는 텔레비전에서 드라마의 소재로 전승되어 이야기 구성·인물 창조 등에 철저히 기여하게 된다. 그리고는 겉모습만 현대인의 옷을 입은 안방 여성시청자들의 눈물샘을 자극하며 부동의 위세를 떨쳐왔다.

그 중 한 예로 '열설화'는 각양각색의 내용으로 브라운관에 선보인 소재라 할 수 있다. 충과 효가 남녀 모두에게 보편적으로 부여되는 덕목이라면 열은 남녀관계에서 여성에게만 부과되는 것이다. 중세 이념으로서의 열은 조선시대 양반 사대부 계층의 남성이 창안하여 여성에게 부여한 윤리규범인 바, 우리가 주로 접하게 되는 열 관련 자료는 대개 이런 남성적 사고의 결과물이라고 할 수 있다. 이런 까닭에 열녀 이야기는 흔히 남성의 시각으로 바라본 열녀의 행적을 피상적으로 보여줄 뿐 정작 열 이념을 실현한 여성의 내면세계는 담아내지 못한 경우가 대부분이다. 그러므로 열녀전승은 한국 남성들이 지닌 여성관을 그대로 나타내고 있다고 봐야 할 것이다.[11]

따라서 열은 남녀 간의 애정을 바탕으로 한 신의(信義)라는 보편적 가치와 남존여비라는 중세적 가치관을 이중적으로 내포하고 있다는 점에서 근대적 가치의 부합과 충돌이라는 양면성을 지니는 설화유형이라 할 수 있다.[12] 현대사회에 있어 신의는 남녀 모두에게 소중한 가치로 부각되어 왔지만, 남존여비관(觀)으로만 일관되어 온 열 개념이야말로 청산되어야 할 유산으로 지적되어 비판이 대상이 되기도 했다.

그러나 1970년대, 이와 같은 열 이념을 전통적인 것으로 계승할 것인가에 대한 심각한 고민에 빠져 있을 무렵에도 TV 드라마는 임희재 극본·고성원 연출의 「아씨」(TBC, 1972)와 이남섭 극본·연출의 「여로」(KBS, 1972)로 큰 성공을 거두기도 했다. 이를 필두로 시대와 상황에

---

11) 강진옥, 「열녀전승의 역사적 전개를 통해 본 여성적 대응양상과 그 의미」, 『여성학논집』 12, 이화여대 한국여성연구원, 1995, 64쪽.
12) 이진경, 「구비 '열(烈)설화' 연구」, 이화여대 박사논문, 1999, 3쪽.

맞게 재각색된 열녀들이 대가족 중심의 드라마에서 가족을 위해 희생하는 희생양으로 확대 해석되어 1983년 「보통사람들」(KBS), 1996년 「바람은 불어도」(KBS), 「정 때문에」(KBS), 그리고 1998년 「내 사랑 내 곁에」(KBS) 등으로 이어지게 된다. 즉 핵가족화와 개인주의가 보편화되어 있는 우리 사회에 가족의 정을 보여주고자 기획된 대가족 중심 드라마들이 1990년대 말까지 지속적으로 제작되어 왔다. 여기에는 맏며느리라는 한 여성의 절대적 희생을 필요로 하며 가족을 위해서라면 그 어떤 고난도 감수할 수 있다는 의지를 보여줌으로써 또 다른 현대판 '열설화'를 만들어냈던 것이다. 기존의 '열'이 남편을 절대적인 존재로 추앙하고 흠모한다면 TV 드라마에서는 한 남자와의 결합을 통해 가족 전체에 봉사하는 여성의 삶이 그려지게 되었다.

그러나 1990년대 초반부터 드라마가 다소 달라지는 기미를 나타내기도 한다. 기존의 여성왜곡 등의 무절제한 소재를 극복하려는 노력이 엿보이기도 하고 남성의 권위주의적인 횡포에 대항이라도 하듯이 '젊은 얼굴'로 안방에 찾아온 드라마는 다름 아닌 젊은이들을 주 시청 대상으로 한, 젊은 취향의 '트렌디(trendy) 드라마'이다. 트렌디드라마는 기존의 눈물과 한, 체념의 설화적 구조를 가진 드라마와는 완전히 다른 모습으로 첫 선을 보였고 이는 젊은 층의 인기를 얻으며 십년 이상 브라운관에 신세대 열풍을 불러일으켰다.

1) 트렌디드라마에 나타난 설화적 특성

드라마의 주 시청대상을 여성에만 국한시켜 왔던 그간의 드라마가 시청층 확대를 꾀하기 시작한 것은 1990년대 초기부터 트렌디드라마가 대대적으로 브라운관을 강타하기 시작하면서부터이다. 「질투」(MBC, 1992)는 '트렌디드라마의 효시'라고 일컬어지는 드라마이며, 이후 화제작 「사랑을 그대 품안에」(MBC, 1994), 「별은 내 가슴에」(MBC, 1997), 「신데렐라」(MBC, 1997), 「토마토」(SBS, 1999), 「햇빛 속으로」(MBC, 1999), 「진실」(MBC, 2000), 「이브의 모든 것」(MBC, 2000), 「비밀」(MBC, 2000)[13] 및 2000년대 이후 「명랑소녀 성공기」(SBS, 2002), 「유리구두」(SBS, 2002), 「위풍당당 그녀」(MBC, 2003) 등이 바로 그 작품들이다.

이러한 트렌디드라마의 등장은 통속으로 흐르는 드라마의 내용들을 수정하고 나름대로 현대적 의미를 부여하기 위한 것이었다. 즉 지금까지 여성시청자들을 대상으로 주로 가족 내의 갈등과 삼각 멜로를 소재로 하여 드라마를 만들어 왔다면 여성과 남성 혹은 성별을 막론하고 십대와 이십대 등 신세대까지 유인할 수 있는 유형의 소재들을 발굴하겠다는 것이 트렌디드라마가 표방하는 목표였다.

십대와 이십대 초반의 시선을 끌며 등장한 트렌디드라마는 여성의 가족관계와 가족 내의 역할 분담도 대폭 축소되어 등장한다. 젊은이들의 사랑을 주로 그려내어 스토리텔링보다는 정교한 카메라 워크와 호화로운 드라마 세계의 영상 매력을 통해 어필하는 이런 드라마들에서 눈에 띄는 현상은 여성에 대한 왜곡현상을 지우려는 듯 가족이 거의

---

13) 남영숙, 「TV신데렐라 드라마 장르연구」, 이화여대 석사논문, 2002, 2쪽.

등장하지 않는다는 점이다. 가족이 부차적으로 등장하는 경우도 있으나 등장하는 가족은 부모가 아닌 형제자매가 대부분이고 주인공의 인생이나 스토리의 전개에 전혀 영향을 미칠 수 없는 미미한 존재일 뿐이다. 가족의 관계가 약화되었다는 것은 드라마 속 여성의 정체성 확립이 가족 내 여성역할 분담에 의지하지 않는다는 것을 의미한다.[14]

그러므로 트렌디드라마에서 '열설화'라든지 '효녀·효부설화'는 하나의 작은 에피소드에 지나지 않는다. 가족의 등장이 거의 없다는 것이 이를 대변하고 있다. 여주인공과 남주인공은 고아이거나 혼자 살면서 가족들 때문에 갈등하기보다는 일과 사랑 때문에 고민한다. 이러한 설정으로 인해 이들 트렌디드라마는 드라마의 여왕으로 군림하면서 차츰 정통 가족 드라마로 불리는 매일연속극, 주말연속극 등에까지 영향을 미친다. 이렇게, 가족에 대한 연대감 대신 개인적 물신화가 가장 큰 초점이 되고 있는 트렌디드라마는 소비패턴의 변화라는 경제 원칙을 등에 업고 더욱더 가속화되기 시작한다. 사실 1990년대에 트렌디드라마가 유행하고 있는 가장 큰 이유 중 하나는 이들 드라마의 주시청자인 십대가 주요 상품구매자로 떠오르고 있었기 때문이다. 극중의 여주인공이 입은 옷, 액세서리 등은 십대들의 소비를 자극하고 십대들의 패션을 주도하기도 했다.

원래 '트렌디'는 일본의 신조어로, 일본에서는 1980년대 중반 경제적인 풍요가 최고조에 달했을 때 젊은층을 대상으로 제작되어 높은 대중성을 유지하며 유행처럼 번졌던 드라마들을 통칭하던 말이다.[15] 한국에서도 트렌디드라마는 이 시기 제작자와 시청자 간의 무언의 결

---

14) 홍석경, 「텔레비전 드라마가 재현하는 가족관계 속의 여성」, 『방송연구』, 방송위원회, 1999, 7쪽.
15) 남영숙, 앞의 논문, 8쪽.

탁·협상이 이루어졌다. 그것은 바로 십대들을 겨냥한 쉽고, 화려하고, 단순한 내용의 드라마를 제작하는 일이다.

미국에서도 십대는 매우 중요한 소비자로 떠올랐다. 『뉴욕타임즈』 지는 '할리우드에서 십대들의 돌풍이 일기 시작한 계기'를 흔히 레오나르도 디카프리오가 출연한 영화 「로미오와 줄리엣」의 선풍적인 흥행을 꼽고 있다.[16] 이 신문은 "할리우드는 언제나 젊은이들의 취향에 맞춘 작품들을 만들어 왔다. 그러나 90년대 후반의 십대 돌풍은 사상 유례가 없을 정도로 강력하다. 십대 소녀들을 선봉으로 한 청소년들은 주연 배우들이 자신들과 같은 십대처럼 보이기만 한다면 무슨 작품이든 기꺼이 볼 태세를 갖추고 있다"면서 "이제 매니지먼트 회사들은 22세 이상의 배우지망생들과는 아예 계약을 하고 싶어 하지 않는 지경에 이르렀다"고 전하고 있다.

이 같은 일은 텔레비전에서도 똑같이 일어나는 현상이다. 텔레비전 방송국들은 광고주가 십대 시청자들을 끌 수 있는 프로그램을 선호하기 때문에 십대들을 대단히 중요한 시청자계층으로 보고 있다는 것이다. 이처럼 트렌디드라마는 기존 드라마의 주시청자였던 여성으로부터 그 기득권을 남성과 차세대까지 나누어 갖도록 하는 데 큰 역할을 하기에 이른다.

그렇다면 1990년대 초반부터 최근에 이르기까지 트렌디드라마는 과연 어떤 소재를 갖고 등장하게 되었을까. 어렵고 난해한 것을 싫어하는 십대의 취향을 겨냥하다 보니 여기서도 단연 설화적 소재가 압도적이라 할 수 있다. 그 중에서도 선악의 대결구도가 뚜렷한 '계모설화'는 무조건적인 지지를 받았다. 특히 우리에게 친숙한 '콩쥐팥쥐형'은 '신데렐라 유형의 드라마'라고 명명되면서 트렌디드라마의 첫 출발

---

16) 「10대 열풍, 할리우드 뒤흔든다」, 동아일보, 1999. 9. 19, B9면.

부터 현재까지 쉼 없이 계속되고 있는 소재로 애용되었다.

트렌디드라마의 단골소재인 '콩쥐팥쥐형' 소재, 즉 신데렐라 드라마는 고효율의 상품이다. 기본적으로 이런 유형의 드라마는 변신 모티프 '불우한 여주인공의 성공담'이다. 여기서는 중하류층 여성이 신분상승을 하는 이야기가 거의 대부분이다. 고아나 계모에게서 자란 불우한 여성이 상류층 남자주인공의 눈에 띄나 그들의 사랑을 방해하는 팥쥐와 팥쥐엄마의 틈새에서 고난을 겪다가 마침내 결혼하게 된다는 것이 주된 내용이다. 백마 탄 왕자에게 여성이 제 운명을 맡겨 하루아침에 상류층으로 진입한다는 이야기는 시청자들에게 대리만족을 준다. 이는 남자주인공을 사이에 둔 삼각관계 또는 선악대결의 구도로써 우리에게 오래 전부터 눈에 익고 귀에 익은 쉽고 단순한 설화인 것이다.

그러나 트렌디드라마는 날이 갈수록 소재발굴보다는 시대의 흐름에만 편승하여 드라마가 주는 감동 대신 화려한 스타 캐스팅과 함께 최첨단 패션·인테리어·유망 직종 등을 소개하는 드라마 외의 역할을 도맡기 시작한다. 그러면서 텔레비전의 상업성을 최대치로 드높이는 데 주력하게 된다. 하지만 시청자들은 신세대 스타와 화려함에 매료되어 점차 비판력을 상실해 가게 되고 마침내 '콩쥐팥쥐'의 신기루를 동경하기에 이른다.

이에 텔레비전 비평가들은 "방송은 이러한 유형의 신화를 활용해 신화를 재생산해낸다. 여성에 대한 신화를 활용해 재미를 주고, 그 신화는 다시 텔레비전 드라마를 통해 사회에 환원된다."[17]면서 남녀 간의 차별 자체가 이상하지 않고 당연한 것으로 받아들여지도록 작용하는 것이 텔레비전이라는 신종신화임을 트렌디드라마를 통해 다시금 환기시켰다.

---

17) 원용진, 앞의 책, 157쪽.

즉 트렌디드라마는 그간의 드라마에 활기를 불어 넣겠다는 초기의 의지가 점점 퇴색하여 다시금 '통속극'의 전형화를 면치 못하고 있다는 비난을 받게 이른 것이다. 그러나 역설적으로 트렌디드라마의 선악구도는 더욱더 강해지고 여주인공은 더욱더 나약하게 그려져 백마 탄 왕자님을 기다리며 신분상승을 꿈꾸는 캐릭터는 신세대 시청자들의 당연한 선망으로 자리 잡는다.

그러나 2000년대 들어 트렌디드라마는 변하기 시작한다. 즉 1980년대 말부터 시작된 이른바 거품경제와 함께 만개했던 우리 사회의 문화담론은 1997년 후반부터 시작된 경제 위기와 더불어 하루아침 그 절정의 막을 내리고 만다. 이러한 급변을 입증이나 하듯 1998년 초부터는 그동안 맹위를 떨치던 많은 포스트모더니즘, 또는 신세대문화 담론들이 일거에 사라지고 문화보다는 역시 '경제'라는 상대논리가 빈 자리를 대신하기도 하였다. 이와 더불어 정치·경제·사회·문화·교육 등과 관련된 모든 사회제도들에 구조조정이라는 초담론적 개혁의 철퇴가 내려지고 우리의 텔레비전 문화 또한 그러한 사회적 요구로부터 예외일 수 없게 된다. 특히 타격을 받은 방송 프로그램들에는 주로 신세대 또는 영상 세대 등으로 통칭되곤 하는 젊은 수용자 계층을 대상으로 기획된 프로그램들이 많았다.[18)

예를 들어 십대 청소년을 대상으로 한 대형 쇼 프로그램들과 이십대 전후의 젊은 수용자층을 겨냥한 트렌디드라마풍의 작품들이 과소비와 향락주의를 부추겨왔다는 이유로 각 방송사의 프로그램 편성에서 제외되거나 대폭 개선된다. 특히 향락주의와 소비지향주의 등을 통해 사회적 위화감을 조성하였다고 비판받았던 트렌디드라마들은 점

---

18) 황인성, 「트렌디드라마'의 서사구조적 특징과 텍스트의 즐거움에 관한 이론적 고찰」, 『한국언론학보』 제43-5호, 한국언론학회, 1999. 가을, 221쪽.

차 복고풍 드라마에 그 자리를 내주기 시작하게 된 것이다.

트렌디 드라마들이 사라진 자리에는 KBS「TV소설－모정의 강」, 「정 때문에」, 「살다 보면」, MBC의「육남매」, 「그대 그리고 나」, 「국희」, SBS의「덕이」등 1960년대, 70년대 경제성장기 배경의 복고풍 드라마나 평범한 가정의 애환을 다루는 전통적인 가족주의 드라마들이 대신 들어서게 된 것이다.[19]

그러나 복고풍의 문화가 언제까지나 세상을 리드할 수는 없는 것이어서 복고풍 문화는 잠시 '경제 위기'의 한국에서 여러 모로 지쳐 있는 사람들의 마음을 어루만져주는 데 그쳤을 뿐 문화가 역류를 할 수 없다는 논리에 따라 2000년대 들어와서 서서히 사라지고 만다. 한바탕의 복고풍 드라마가 휩쓸고 지나간 자리에 재등장한 트렌디드라마는 종전의 경향과 분명히 다른 색깔의 소재와 주제를 가질 수밖에 없게 되었다. 때문에 트렌디드라마는 2000년대의 욕구를 반영하면서 새롭게 또 다른 신화를 찾기에 이른다. 이때 등장한 것이 '여인발복설화'이다.

---

19) 황인성, 위의 글, 222쪽.

2) 〈여인발복설화〉의 도입배경

▌탐구여행을 시도하는 용감한 신데렐라 등장

2000년 초반, 드라마 속의 여성들은 남성의 부속물이 아닌 독립된 개체로 인정받고 싶어 하기 시작하여 남성에 의존하기보다는 자신의 힘을 기른다. 그리고 마침내 직업인으로서의 자아를 계발하는 인물로 성장한다. 이에 따라 '콩쥐팥쥐형'의 설화 대신 '여인발복형'이 그 자리를 메꾸게 된다. '여인발복설화'는 공주라는 신분을 버리고 제 힘으로 남편과 집안을 성공적으로 이끌어가는 '온달형'과 '서동설화형', 아버지나 남편에게 버림받고 숯구이 총각을 만나 마침내 황금밭에서 부를 거머쥐는 '내 복에 산다'계의 여러 민담 등 다양한 설화유형을 포함하고 있다. 이는 최근의 드라마에서 흔히 볼 수 있는 소재라 할 수 있다.

말하자면 최근 한국의 TV 드라마를 이끌어가는 트렌디드라마는 속수무책으로 백마 탄 왕자를 기다리는 소극적인 신데렐라보다는 당당하게 제 몫을 챙기고 비록 신분상승의 기회가 주어진다 하더라도 남자보다는 과감하게 자기의 '일'을 선택하는 여성으로 표현되기 시작한 것이다. 또한 중하류층의 여성보다는 고귀한 가문 출신이 많이 등장하고 있다. 비록 태생은 고귀하나 남의 손에 잘못 맡겨져 잃어버린 가계를 찾아나서는 신화적 소재가 다반사로 그려진다. 남성의 전유물로만 생각되던 '영웅의 서사구조'를 그대로 답습하는 듯 보이기도 하고 또 하나의 '영웅화된 여성 설화'까지도 계획하고 있는 것이다.

여기에는 IMF 구제금융을 겪은 후에 뒤따른 사회적·경제적인 욕망이 짙게 배어 있다. 이러한 욕망들은 '당의정 이론'처럼 여성이라는 나약한 인물을 빌어 신분상승과 부(富)에 대한 적극적 의지를 고스란히 표현하고 있는 것이다. 이는 남성중심의 신화에서 찾아볼 수 있었던 '탐색담'을 여성에게도 부여하고 있음을 의미한다. 남성주도의 사회에서 남성이 경제적으로 점차 불리한 위치로 추락하게 되자 지금까지 남성의 그림자에 가려있던 여성에게서 경제적 능력을 찾는 일이 당연시 된 것이다. 그런 연유로 영웅의 '탐색담'을 여성의 삶 속에 투영하게 된 것인데, 의외로 시청자들의 큰 호응을 얻는다.

'탐색담'은 '가정담'과 함께 오늘날 서사양식의 대표적 장르라 할 수 있는 소설에 이르기까지 이야기 예술의 양대 지류를 이룬다. 이들 두 가지 부류를 통해 이야기는 시공을 넘나드는 범세계적 전통과 보편성을 획득하고 있다. '가정담'과 '탐색담'은 각각 모태, 모성, 집(home)으로 상징되는 생명의 근원에 머물고자 하는 강렬한 구심력과 그것으로부터 탈출하여 독자적인 삶의 뿌리를 구축코자 하는 또 다른 강한 원심력의 대립적 양상이라 할 수 있다.[20]

즉 '가정담'은 인간의 회귀본능을 가장 잘 표현해주고 있는 '집안'에서의 결여된 삶으로부터 자아를 찾아가고 있다는 면에서 다소 보수적인 여성화 경향이 있다면 '탐색담'은 독립적이며 개척적인 남성적 특성을 따른다. 그러므로 '가정담'은 형태의 특성상 여성이 주인공이 되는 데 알맞은 구조이며 오늘날의 홈드라마도 가정담의 연속선상에서 고려될 수 있다 하겠다.

한국의 대표적 전래 민담인 「콩쥐팥쥐」는 이야기의 전체적 진행이나 구도로 보아 「손 없는 색시」[21]와 더불어 가정담에 속한다고 볼 수 있

---

20) 주종연, 「한국의 전래민담과 독일 Grimm동화와의 비교연구 2」, 『국민대 어문논총』 12, 1993, 17쪽.
21) 조희웅, 「손 없는 색시」, 『개정증보판-한국설화의 유형연구』, 일조각, 1996, 279~293쪽. '손 없는 색시'는 계모의 음모와 함께 두 손이 잘려 나간 채로 쫓겨

다. 비록 「콩쥐팥쥐」의 꽃신 임자 찾기, 「손 없는 색시」의 집 나간 아내 찾기 등도 탐색의 요인일 수 있으나 그것은 이야기 속의 한 부분이자 에피소드일 뿐 주인공의 주체적 입장이나 능동적 행위가 아니며 이야기 전반에 깔린 주제는 더더욱 아니다. 이들 양편 모두가 일찍이 어머니를 여읜다는 어머니의 부재를 전제하며 이에 따르는 계모와 전실 소생과의 갈등 이야기가 주축을 이루면서[22] 모성과 모태에 대한 회귀를 주제로 하고 있다.

나는 '계모와 의붓딸' 이야기이다. 이 '손 없는 색시' 설화는 가족구성원 간의 갈등을 중심으로 우리나라에서는 1980년대에 이르러 이 설화 유형의 몇 개 각편이 채록 또는 보고 되었다. 이 유형은 기록과 구전을 통해 세계 각처에서 매우 폭넓게 전승되어 온 것으로 알려지고 있는데 이야기의 화소는 다음과 같다.

 a. 계모가 전처의 딸을 미워하여 해하려 한다.
 b. 계모가 껍질 벗긴 쥐를 의붓딸의 이불 속에 넣고 처녀가 낙태했다고 모함한다.
 c. 계모의 강청으로 친부(親父)가 딸의 양손을 자른다.
 d. 잘려진 손이 어디론가 날아버린다.
 e. 손 잘린 의붓누이를 아들(繼子)로 하여금 강물 속에 넣게 하나 그는 차마 넣지 못하고 누이를 떠나보낸다.
 f. 주인공이 주림을 못 이겨 부잣집 감(배)나무 위로 올라가 감을 따 먹는다.
 g. 부잣집 아들이 그녀를 숨긴다. 수상히 여긴 식구들이 아들 방을 감시하자, 그는 사실
 h. 이야기하고는 처녀와 결혼한다.
 i. 남편이 과거를 보러 떠난 뒤 색시가 아들을 낳는다.
 j. 소식을 가져가던 심부름꾼이 우연히 계모 집에 유숙하게 되자, 계모는 편지의 내용을 '괴물을 낳았으니 쫓아 버리자'로 고쳤다.
 k. 시부모가 할 수 없이 며느리에게 아이를 업혀 내쫓았다.
 l. 정처 없이 길을 가던 색시가 목이 말라 샘물에 엎드려 물을 마시려 했다.
 m. 떨어지려는 아이를 잡으려는 순간 양손이 재생하였다.
 n. 모자가 어떤 사람(노파)의 집에 이르러 기식하게 되었다.
 o. 귀가한 남편이 색시를 찾아 나섰다.
 p. 남편이 우연히 어떤 곳에 이르러 자신을 아버지라 하는 아이를 만났고 부부가 다시 해후하게 되었다.
 q. 계모를 처벌하고 잘 살았다.
22) 주종연, 앞의 글, 20쪽.

이에 반해 '탐색담'은 결여에 따른 적극적인 의지가 작용한다. 결여로 인한 고통의 극복과정이 '집'으로의 회귀로 결론지어지는 '가정담'과는 달리 '탐색담'은 밖으로의 여행을 통한 자아의 회복이라는 대명제를 처음부터 짊어진다.

탐색 여행은 탐색의 주체가 영웅으로서의 자격을 획득하기 위한 통과제의적인 의미를 지니게 되어 탐색 주체가 여행 도중에 겪게 되는 시련이 크면 클수록 탐색 주체의 영웅성은 더욱 부각된다. 남성이 주체로 등장하는 '탐색담'에서는 영웅의 일생이라는 구조하에 남성의 영웅적 면모가 확인되는데[23] 즉 '주몽신화', '탈해신화' 등의 건국신화에서부터 신라 말 '궁예설화', '견훤설화' 등이 조선후기 영웅소설인 「홍길동전」에 영향을 미치며 '영웅의 일대기'라는 구조를 지니고 남성 영웅의 활약상을 부각시킨다.

우리나라 설화의 탐색 모티프에 관한 관심은 조희웅에서 비롯되었다고 할 수 있다. 조희웅은 탐색 모티프를 설화의 핵심으로 보고 W. H. 오든이 「탐색영웅」이라는 논문에서 밝히고 있는 탐색담의 필수요소[24]를 들어 우리나라 탐색담을 '영웅이 – 결실물을 찾아 – 여행하는

---

23) 진은진, 「여성탐색담의 서사적 전통 연구」, 경희대 박사논문, 2002, 10쪽.
24) W. H. 오든이 제시한 탐색담의 탐색과정은 다음과 같다.
  1. 귀중한 물건이나 인물: 찾아내어 소유하거나 결혼하게 된다.
  2. 여행: 이들의 행방이 탐색자에게는 알려져 있지 않기 때문에, 그것을 찾기 위한 기나긴 여행을 한다.
  3. 영웅: 귀중한 사물은 아무나 찾을 수 있는 것이 아니라, 올바른 품행과 성품을 갖춘 자만이 찾아낼 수 있는 것이다.
  4. 시련: 하찮은 것이 가려지고, 영웅이 드러나게 되는 하나 또는 일련의 시련을 겪는다.
  5. 파수꾼: 물건을 손에 넣기 전에 물리쳐야 할 그 물건의 파수꾼들, 그들은 다만 영웅의 능력을 시험하기 위한 가일층의 시련일 수도 있고, 혹은 그들 자체가 악의적일 수도 있다.
  6. 원조자들: 지식과 초자연적인 힘으로 영웅을 돕는 원조자들, 그들이 없었다

도중-시련을 겪게 되나-원조자의 도움으로 결국은 성공하는 것'으로 진행된다고 소개한다.[25]

본 연구에서 분석코자 하는 '여성발복' 역시 '탐색담''을 모티프로 한 '영웅의 일생'이라는 구조를 지닌다고 할 수 있다. 즉 '가정담' 안에서의 여자 주인공은 모태에 대한 결여를 소극적 형태로 극복하고 있지만 '탐색담'에서의 여주인공은 회귀를 거부하고 '영웅의 일생'에 편입되려는 경향을 보이기 때문이다. 2000년대 사회에서 여성은 이제 '가정담'보다는 '탐색담'의 주체가 되기 시작했다고 봐도 무방할 것이다.

그러나 여성 탐색담의 유형은 남성의 그것과는 사뭇 다르다 할 수 있다. 남성이 찾고자 하는 궁극적 지향점이 건국민중구제 등으로 가정으로의 회귀본능을 완전히 접고 또 다른 이상향을 구축하는 것이라면, 여성의 탐색은 태생의 근원인 '아비 찾기'나 자신의 반려를 희구하는 '남편 찾기'를 통해 마침내 '자아 찾기'에 도달하는 것으로 볼 수 있다. 이를테면 '가정담'의 기존 범주를 완전히 벗어나지는 못하는 것으로 여겨진다. 그러므로 여성탐색담은 궁극적으로 '영웅의 일생'과는 그 서사구조에 있어서 유사성만이 발견될 뿐, 말하고자 하는 주제와 스케일이 확연히 다르다 할 것이다. 하지만 비록 남성이 추구하는 방식과는 다르나 설화 속의 '여성 탐색담'에 있어서 무엇보다 중요한 가치로 여기는 것이 '자아 찾기'이고 보면, 수많은 설화 속에서 보아 온 소극적인 '여성의 일생' 유형에 견주어 볼 때 주목할 만한 일이 아닐까 한다.

면 영웅은 결코 성공할 수 없다. 그들은 인간 또는 동물의 형태로 나타난다.
[25] 조희웅, 「설화와 탐색 모티프」, 『설화학 강요』, 새문사, 1989, 120~121쪽. 진은진, 앞의 논문, 11쪽에서 재인용.

▌60~80년대, TV 드라마를 부유하던 순종적인 여인들

최근 트렌디드라마에 자주 등장하는 '발복'의 서사구조가 도래하기까지 TV 드라마의 여인상은 매우 길고 긴 여정을 거쳐야 했다. TV 드라마에 대한 대표적 여성연구를 살펴보면, 남명자는 1960년대 후부터 1980년대까지의 인기 텔레비전 드라마 11편을 분석한 결과 여성이 순종적이며 희생적인 현모양처로 묘사되고 있음을 발견한다. 고찬희는 드라마에 등장하는 여성의 직업이 전업주부, 사무직, 판매직 순으로 주로 여성적인 직종에 종사하고 있다는 사실과, 드라마에서 묘사되는 행동력(능동력·지배력·호전성·전문성)은 남성에게 주로 나타나고, 감성적 성향(수동성 감정·연약성·정서)은 여성에게 주로 나타나고 있음을 밝혀낸다. 1984년에 방영된 7편의 현대 드라마를 분석한 송유재역시 남성은 직업을 가지고 가족 부양을 담당하고, 여성은 가정을 지키는 전통적인 남녀의 역할 분담이 나타난다고 밝히고 있다. 남성에 비해 여성이 직업을 가지는 경우는 현저히 적을 뿐만 아니라 주로 전통적인 여성 직종에 편중되어 있었다. 한동신은 드라마에 재현되는 여성은 주로 21~30세의 젊은 여성으로서 전통적인 여성의 일에 주로 종사하는 반면, 전문직에는 소수만이 종사한다고 지적하였다. 1990년대 초반에 발표된 여성 이미지 연구에서도 1980년대와 유사한 결론에 도달하고 있음을 볼 수 있다. 오혜란은 17편의 드라마 분석을 통해여성은 전통적인 가사역할 수행자가 대부분이고 직업 유무에 관계없이 여성에게는 개인 문제·가정 문제가 주요 관심사로 나타난다. 그리고 남성에 비해 여성은 의존적·순종적·비야심적·추종적 성향이 두드러지며, 소극적·낭만적·인내심·용감하지 못한 성향을 가지고 있는 것으로 묘사된다고 지적한다. 이은진은 「전원일기」, 「가족」의 분석에서 여성은 문제를 일으키는 등장인물로, 또는 극중에서 잘못을 저지르고 지도받는 유아적인 모습으로 그려지는 것을 발견한다.[26] 이는 바로 1980년대의 연구결과이다.

■90년대, 마침내 직업을 가진 '콩쥐' 등장

그 후, 1990년대 들어 설화를 차용한 트렌디드라마가 등장, 어느 정도 자신의 직업도 지녔고 가정과의 결부는 소원하면서 문제를 일으키는 일도 별로 찾아볼 수 없는 착하고도 소극적인 '콩쥐'가 전면에 부각되기에 이른다. 그러나 이러한 설화적 캐릭터에 식상하던 참에 '내 복에 산다'는 것의 의미에 새로운 눈을 뜨기 시작했던 것이다.

1990년대 말 복고풍 드라마로는 시대극인 「국희」(MBC, 1999), 「덕이」(SBS, 2000) 등이 여성의 일생을 그린 것으로는 가장 대표적인 작품이라 할 수 있는데 드라마의 제목처럼 이들은 드라마를 이끌어가는 주 인물이자 모든 시련을 이기고 끝내는 자기 힘으로 당당히 서는 여성으로 설정된다. 과거의 드라마들이 순종과 인내를 미덕삼아 끝내는 삼종지도로서 마감하고 있다면 이들 드라마는 태생과 신분에 굴하지 않고 끊임없는 노력으로 마침내 사회를 리드하고 공적인 삶을 개척하는 여성의 인물유형을 낳고 있다.

「국희」나 「덕이」도 예외 없이 계모의 손에서 어린 시절을 보내고 또한 라이벌과 같은 '팥쥐'의 존재가 있는 건 사실이다.[27] 그러나 그

---

26) 김훈순·박동숙, 「현실과 상징세계의 여성의 삶 ― 여성 TV 수용자의 인식을 토대로」, 『프로그램/텍스트』 제6호, 한국방송영상산업진흥원, 2002, 164~165쪽.
27) 국희는 태어나자마자 독립운동가였던 아버지에 의해 아버지의 절친한 친구인 송주태에게 맡겨진다. 국희를 사사건건 괴롭히는 '팥쥐' 역은 어린 시절 함께 자랐던 송주태의 딸인 신영이다. 또한 빨갱이 부모를 둔 덕이도 태어나자마자 남의 손에 맡겨지는데 쌍둥이로 알고 자란 귀진은 덕이의 삶을 곤경에 빠지게 하면서

주제는 분명 '콩쥐팥쥐'가 아니고 '발복'의 면모를 지니기 때문에 시청자들의 관심을 끌었다 할 수 있다. 특히「국희」에서 국희의 경우는 그 인물됨이 남자 못지않은 배포와 당당함을 지녀 자유당 시절, 제과회사라면 국내 최고의 기업으로 손꼽혔던 시대에 대기업 사주로도 전혀 손색이 없는 인물로 성장한다. 드라마의 한 예를 들면 다음과 같다.

「 국　희 」(제16회)

신#43/화분 뒤(저녁)

(화분 뒤에 국희, 민권과 상훈이 악수를 하는 장면을 지켜본다. 국희, 그제야 무슨 영문인지 깨닫고 씁쓸한 표정이 된다. 상훈, 다가온다.)

국희: 오빠가 우리 꺼 주문했구나.

상훈: 그래.

국희: (씁쓸한 미소)

상훈: 나와라. 인사도 하고 그래야지. 너도 기업가가 되려면 안면 트고 지내두면 좋을 사람들이다. 소개해주마

국희: 아냐. 난 그만 갈래. 기업가로 성공하는 덴, 글쎄. 오빠 말대로 안면 트고 지내면 좋을지 모르지만, 우리 동그라미 샌드 만드는 덴 몰라도 되는 사람들 같아. 갈게, 오빠.

상훈: 흠, 최 비서관한테 인사도 안하고?

국희: 공무로 오신 거잖아. 괜히 방해될 거야.

상훈: 너한테 할 말이 있다.

국희: 나중에. 다음에 해. 바쁜 것 같은데……오빠, 축하해. 반공청년단 부단장 된 거.

상훈: 고맙다.

국희: 이게 오빠가 말한 돈의 힘인가 보다. 그치?[28)]

스스로의 꾀에 침몰하는 '팥쥐'로 설정되었다. 이처럼「국희」와「덕이」는 태어나자마자 부모에게 버림을 받는 '영웅설화'의 서사구조를 채택하고 있기도 하다.

28) 인터넷 mbc 사이트의 '종영 프로그램 보기'에서 참조.

국희는 자신이 만든 샌드가 판매 위기에 봉착하게 되어 실의에 빠지게 되는데 어느 날 어찌된 일인지 반공청년단이라는 곳에서 납품을 요구한다. 국희는 뛸 듯이 기뻤지만 그 일에 국희의 평생의 조력자이자 국희를 짝사랑하는 상훈의 은밀한 동정심이 결부되었음을 알게 되자 손에 힘이 빠져나간다. '내 힘으로', '내 발로' 서야 한다는 국희의 신조가 무너지는 순간이며 돈의 힘에 팔려가서는 안 된다는 자기 다짐이 새롭게 서는 순간이다. 「국희」는 이처럼 천애고아와 다름없는 자신의 신세를 굳건한 의지와 신념을 바탕으로 제과회사의 사장이 되어 재벌까지 꿈꾸는 여인을 그린 드라마로 1990년대 말 주목받는 드라마가 되었다.

이러한 '발복' 드라마들은 여성도 돈을 벌어야 하고, 사회적으로 성공해야 아름답다는 인식을 심어주기에 이른다. 즉 '가정담' 안에서만 머물러 있던 TV 드라마에 변화를 주게 된 것이다. 그러므로 2000년대에 재개된 트렌디드라마는 '여성영웅 만들기'에 가세하면서 '발복형' 여성인물을 보다 활발하게 차용한다.

3) 천부적으로 복을 지니고 태어난 설화 속 여인들

이야기를 분류할 수 있는 중요한 기준은 주인공의 능력이다. 이야기의 주인공은 능력에 따라서 등급이 결정되어 있다. 보통사람보다 뛰어난 인물에 관한 이야기, 보통사람 이야기, 보통사람보다 모자라는 인물에 관한 이야기인데, 이야기는 거의 다 이 세 부류 중의 하나에 속한다. 주인공의 능력이 이야기의 분류에서 대항목을 설정하는 기준일 수 있다면, 귀천·빈부·선악 등에 따른 주인공의 성격은 중항목이나 소항목 설정에서 이따금씩 필요할 수 있다.[29] 특히 보통사람 이야기의 경우는 너무 많기 때문에 귀천이 문제되는 것·빈부가 문제되는 것·선악이 문제되는 것으로 나누기도 한다.

'능력'이 가장 중요한 대항목이라면 '발복'에서도 가장 중요한 것은 등장인물이 남보다 얼마나 큰 능력을 가졌는가 하는 점일 것이다. 귀천과 빈부, 선악은 그 다음이고 이야기의 흐름을 자연스럽게 하기 위한 설정일 뿐이므로 '발복'에 등장하는 여성의 신분은 공주이기도 하고, 백정의 딸이기도 하며, 평범한 딸부자집의 막내딸이기도 한 것이다. 그녀의 신분과는 상관없이 '발복'할 수 있기만 하면 족하다는 것이 바로 '발복'이 갖고 있는 매력이다.

'발복' 이야기는 크게 두 개의 유형으로 나눌 수 있다. 하나는 아버지에게서 추방된 딸이 숯구이 총각과 결혼하여 집안을 부유하게 만들고 거지가 된 아버지를 잘 모신다는 유형이고 다른 하나는 양반집 자식과 결혼한 뒤 남편으로부터 추방당한 백정 딸이 숯구이 총각과 결혼하여 집안을 부유하게 만들고 거지가 되어 찾아온 전남편과 재결합한다는 유형이다. 전자를 '아버지 추방형', 후자를 '남편 추방형'으로 부르기도 하고[30], 전자를 '초혼형', 후자를 '재혼형'이라 부르기도 한다.

말하자면 '발복'은 천부적으로 복을 지니고 태어난 여인이 아버지나

---

29) 조동일, 『한국설화와 민중의식』, 정음사, 1985, 134쪽. 조동일은 여기에서 '능력'을 가장 크게 보고 있다. 이는 귀천·빈부·선악 따위만큼 분명하지는 않지만 이야기에서는 능력을 무엇보다도 두드러진 기준으로 삼는다는 것이다. 물론 귀천·빈부·선악 등은 그대로의 삶에 충실하다는 증거이고 이런 것들을 문제 삼지 않는다면 이야기는 그야말로 허황된 공상이 되고 말 것이나 이야기는 삶의 재현만은 아니기 때문에, 그는 귀천·빈부·선악 같은 것이 이야기의 전부일 수는 없다고 규정한다. 즉 인간의 능력을 내세우면서, 있어야 할 무엇을 추구해야 한다는 것이다. 아무리 귀하고 부자이고 착하다 하더라도 예사 사람보다 능력이 모자라는 바보는 역시 바보라는 것이 이야기의 기본 논리다.

30) 김영만, 「쫓겨난 여인 발복설화의 여성 상징 연구」, 『부산대 국어국문학』 20, 부산대 국어국문학과, 1983. 3, 111쪽.

남편과의 갈등으로 집에서 쫓겨나 가난한 남자를 만나서 결혼 혹은 재혼을 한 후 자신의 능력으로 부를 이루고 헤어졌던 부모와 재결합하게 된다는 내용이다. 여주인공이 집에서 쫓겨나 결혼 혹은 재혼을 하게 된 남자는 마퉁이(마를 캐는 이)나 숯구이 총각으로, 그는 자기 집 근처에 지천으로 매장되어 있는 금을 볼 수 있는 식견이 없을 정도로 바보스럽거나 세상물정 모르는 남자로 설정되어 있다.

각 유형마다 갈등의 양상에 따라 조금씩 다른 서사구조를 갖고 있기는 하나, 대체적인 결과는 자신을 쫓아낸 부모 혹은 남편과 다시 만나 '잘 살게 된다'는 내용이 주를 이루며 한 가정의 번성이 여성의 손에 달려 있다는 것을 암시하고 있다. 이 유형은 남한 전역에 걸쳐 전승되고 있고 자료가 풍부하며 또한 설화의 하위갈래인 신화·전설·민담 등에 두루 걸쳐 있고 무가(巫歌)로까지 전승되었다.

제주도의 신화 「삼공본풀이」와 「바리공주」를 비롯해, 『삼국사기』 권 제45 열전 제5 「온달계」, 『삼국유사』 권2 무왕조에 실린 「서동설화」 등은 구비전승 민간설화인 「백정 딸」 등을 모본으로 하고 있다. 일명 '내 복에 산다'계 설화를 수용하고 있는 이 이야기들은 민간설화에서만 존재하는 것이 아니라 실존 인물의 열전이나 신화적 차원에도 널리 퍼져 있는 광포설화(廣布說話)임을 알 수 있다. 차이점이 있다면 민간설화에서는 쫓겨난 셋째 딸과 혼인하는 상대가 숯 굽는 총각으로 나타남에 비하여 「서동설화」나 「삼공본풀이」에서는 마퉁이로 나타나고 「온달전」에서는 바보로 나타남이 다를 뿐이다. 쫓겨난 딸들이 자신의 복으로 산다고 하기에 과연 그러한가를 나타내는 상대역으로는 마퉁이든 숯 굽는 총각이든 바보든 상관없다. 복의 유무를 판단할 수만 있으면 되니까 가난한 총각이기만 하면 그것으로 족한 것이다.[31]

---

31) 현승환, 「'내 복에 산다'계 설화연구」, 제주대 박사논문, 1982, 70쪽.

즉 이야기에 있어서 인물의 능력이 가장 중요시되고 다른 것들은 이야기의 흐름을 위해 부수적으로 설정된 것임을 알 수 있다.

따라서 그 상대가 가난한 총각이라는 의미에서 신화로 불리는 「삼공본풀이」와 「바리공주」[32), 문헌설화인 「서동설화」·「온달전」, 그리고 기타 구전되는 민간설화는 서로 같은 유형의 설화라 해도 무방할 것이다. 그렇다면 먼저 제주도의 신화로 잘 알려져 있고 무가로 전승되고 있는 「삼공본풀이」의 서사구조를 살펴보자.

「삼공본풀이」

가) 강이영성이서불과 홍은소천궁에궁전궁납 두 거지가 만나서 부부가 된다.

나) 은장아기, 놋장아기, 가믄장아기를 차례로 낳고 부자가 된다.

다) 가믄장아기가 15세에 이르자 아버지는 딸들에게 누구의 덕으로 사냐고 묻는다.

라) 첫째 딸과 둘째딸은 아버지 덕으로 산다고 하지만 셋째 딸은 자신의 덕으로 먹고 산다고 대답한다.

마) 내 복으로 산다고 한 셋째 딸을 괘씸하게 여긴 아버지는 셋째 딸을 집에서 쫓아낸다.

바) 거짓말을 한 언니들은 가믄장아기의 주문에 의해 각각 청지네와 버섯으로 환생하고, 부모는 눈이 멀어 거지가 된다.

사) 쫓겨난 가믄장아기는 굴미굴산 비조리 초막 할망하르방의 세 아들 중 효심이 깊은 막내아들과 혼인한다.

아) 마 캐는 곳에서 금을 발견하여 잘 살게 된다.

자) 거지 잔치를 베풀어 부모를 만나고, 부모는 개안한다.[33)

---

32) 「바리공주」 이야기 역시 '발복형'으로 분류할 수 있으나 집을 나가는 데에 있어 주인공의 적극적인 의지가 개입되지 않았고, 태어나자마자 아버지에 의해 버려지는 인물로서 '아기장수설화'를 포함하고 있는 '영웅설화'의 서사구조가 더 알맞다고 볼 수 있다. 본고의 제3장 '영웅설화' 부분에서 언급되고 있다.

33) 진은진, 앞의 논문, 22쪽.

이 설화에서 보이는 여성은 남성보다 당차고 우월하다. 그래서 풍요와 다산의 상징으로 생산력을 증대시키는 여성의 특별한 능력이 투영되었음을 알 수 있다. 민담은 고대인들의 인생관이나 세계관의 표현이고 고대사회의 제의의 표현이기도 하기 때문에 민담은 비현실적인 허구로 꾸며진 것이 아니라 '고대 인류의 세계관'이기도 하다.[34] 그러므로 이 설화는 모계가 부계보다 한층 우세하던 고대사회의 모계제 사회가 그대로 반영된 듯하다는 의견도 있다.

가믄장아기는 창조적 여신으로서 '부녀 복 확인 문답'을 통해 자신의 정체성을 명확히 인식하고 있으며 그러한 인식을 바탕으로 자아 찾기 여행을 떠나고 있다. '내 복에 산다'라는 말은 이러한 '부녀 복 확인 문답'에서 비롯된 것으로 한반도 전역에 분포하고 있으므로 이 설화는 제주도라는 특정지역에서 전승되는 단순한 민담이 아니라 고대로부터 꾸준하게 전파되며 전승되어 온 것이라 할 수 있다.

사람은 각자 자기의 복으로 살아간다고 믿고 있는 셋째 딸은 무엇보다 주체적인 삶을 살고자 한다. 그러한 신념을 지녔기에 아버지의 물음에도 소신대로 대답을 하였고, 비록 아버지이긴 하나 권위적인 억압 앞에서는 자신의 주체성이 뜻을 펼칠 수 없음을 감지하게 된다. 그 결과로 인하여 집을 떠나게 되었는데도 두려움 없이 행동한다.

특기할 만한 것은 「삼공본풀이」에서는 맹인이 된 아버지를 위하여 거지 잔치를 열고 부친과 상봉하는 것으로 되어 고전소설 「심청전」에 나타나는 부녀상봉 삽화와 유사한 모습을 보여주고 있지만 다른 민간설화에서는 부친이 딸을 쫓아낸 후 몰락하여 거지가 되지만 맹인이 되었다는 요소는 보이지 않는다. 즉 쫓겨난 딸이 부자가 된 후 거지

---

34) 막스·뤼티, 『유럽의 민담』, 이상일 옮김, 중앙일보사, 1978, 187쪽.

가 되어 동냥하러 다니던 부친과 해후할 뿐, 맹인득명(盲人得明)같은 신비로운 요소는 「삼공본풀이」에서만 볼 수 있는 대목이다.[35]

또한 이 계통 설화의 원조라 할 수 있는 '내 복에 산다'계 민담설화는 미혼으로 설정되기도 하고 재혼으로 설정되기도 한다. 「삼공본풀이」의 주인공이 미혼의 여성이라면 다음에 살펴 볼 「백정 딸」은 기혼 여성이다. '내 복에 산다'계의 민담설화는 이렇듯 초혼과 재혼을 막론하고 광범위하게 전승되어 왔다. 그렇다면 민담 설화 중 재혼형으로 불리는 「백정 딸」의 서사구조는 어떻게 구성되어 있는지 알아보기로 한다.

「백정 딸」

가) 복 없는 양반 아들과 복 있는 백정 딸이 결혼한다.
나) 여인이 시가에서 쫓겨난다.
다) 집을 나온 며느리가 숯쟁이 총각을 만난다.
라) 여자가 금을 발견한다.
마) 아내의 지시로 금을 처분하고 부부는 부자가 된다.
바) 여자가 거지 잔치를 연다.
사) 여자가 본남편과 만나 시가로 돌아가고 다시 부자가 된다.[36]

이 설화는 두 가지의 유형으로 나누어진다. 한 대감이 외아들을 두고 있었는데 관상을 보니 빌어먹을 상이라서 복이 있는 백정의 딸을 며느리로 삼고 있는 유형과, 자신의 집에 태어나는 아들은 복이 없고 백정 딸은 복이 있을 것이라는 삼신의 말을 엿들은 시부가 그들이 장성하자 혼인시키는 유형이 있다. 모두 반상(班常) 간의 혼인이다.

전자의 시부는 사람의 상을 보고 복이 많고 적음을 판단하는 능력

---

35) 현승환, 앞의 논문, 71쪽.
36) 현승환, 위의 논문, 79쪽.

을 가지고 있다. 그 안목으로 자기 아들을 보니, 자기 생전에는 자신의 복으로 먹고 살지만 자기가 죽고 나면 거지가 될 팔자라는 것을 알고 빌어먹을 신세를 면하게 해주기 위해 복 있는 며느리를 얻어주고자 마음먹는다. 마침내 대감의 자리에 있는 이 사람이 몸소 전국 방방곡곡을 다니며 복 있는 처녀를 찾은 끝에 백정의 딸을 만나게 된다. 그러나 그는 신분에 개의치 않고 적극적으로 청혼해서 며느리로 맞아들인다. 양반이라는 명예를 지키기보다는 거지를 면하는 쪽이 더 중요하다고 여기는 현실적인 사고방식이다.

후자의 시부는 신분상 양반이기는 하나 자기 대에 이미 몰락하여 아주 가난한 형편에 놓여 있다. 신분에 어울리지 않게 소금장수나 등짐장수를 하기도 하는데 우연한 기회에 삼신의 말을 엿듣고 자기 아들은 복이 없고 백정의 딸이 큰 복을 지녔음을 알게 되자 뒷날 두 사람을 혼인시켜 가난에서 벗어나고자 하는 간절한 소망을 드러내고 있다. 어찌됐건 백정 딸은 복이 있다는 것을 전제하고, 또한 복 없는 외아들을 위해 복이 있는 여자를 며느리로 삼아야만 아들이 가난을 면할 수 있다는 점은 두 유형이 같은 것임을 알게 해준다.[37]

「백정 딸」은 혼인하기까지의 과정이 첨가되어 「삼공본풀이」와 그 서사구조가 초반부만 조금 다를 뿐 집에서 쫓겨난 뒤의 서사는 같다고 볼 수 있다. 또한 천한 신분이든 귀한 신분이든 '내 복에 산다'계 민담 설화에서 보이는 서사구조는 모두 같다. 그렇다면 신분이 공주로 설정되어 있는 「온달설화」의 평강공주와 「서동설화」의 선화공주의 경우는 어떠할지 살펴보기로 한다.

---

37) 김대숙, 「여인발복설화의 연구」, 이화여대 박사논문, 1988, 34~47쪽.

「온달전」

고구려 평강(원)왕 때 외모는 누추하나 마음은 명랑한 바보 온달이라는 거지가 있었다. 평강왕에게 울보인 딸이 있어 늘 바보 온달에게 시집보내겠다고 놀렸다. 공주가 자라서 상부(上部) 고씨에게 출가하라는 부왕의 명을 어릴 때의 농담을 들어 거역한다.

"대왕께서 항상 말씀하시기를 '너는 반드시 바보 온달의 아내가 된다'고 하셨는데 지금 무슨 까닭으로 전의 말씀을 고치시나이까? 필부도 식언(食言)은 하지 않으려 하거늘 하물며 지존하신 분께서야 더 말할 필요가 없습니다. 그러므로 임금은 헛된 말이 없다고 하는 것입니다. 지금 대왕의 명령은 잘못된 것이오니 소녀는 감히 받들지 못하겠습니다."

왕은 노하여 말하였다. "네가 나의 명을 따르지 않는다면 정말 내 딸이 될 수 없으니 어찌 함께 살을 수가 있으랴? 너는 갈 데로 가는 것이 좋겠다."

이에 공주는 보물 팔찌 수십 개를 매고 궁궐을 나와 온달의 집에 찾아가서 그 어머니와 온달에게 사연을 말한다. 그러나 온달은 성을 내었다. "이는 어린 여자의 행동할 바가 아니다. 분명 사람이 아니라 여우나 귀신이다. 나에게 가까이 오지 말라!"

공주는 사립문 아래서 자고, 이튿날 다시 들어가서 모자에게 말하였는데, 온달은 결정을 내리지 못하였다. 공주는 이렇게 말한다.

"옛 사람의 말에, 한 말 곡식도 방아에 찧을 수 있고, 한 자 베도 꿰맬 수 있다고 하였습니다. 진실로 마음만 맞는다면 어찌 반드시 부귀한 후에야 함께 지낼 수 있겠습니까?"

공주는 금팔찌를 팔아 농토와 집, 노비, 우마(牛馬)와 기물 등을 사니 살림살이가 모두 갖추어졌다. 그리고 병든 국마를 사서 튼튼하게 기른다. 그 후 온달은 사냥에서 뛰어난 기량을 발휘해서 평강왕을 놀라게 한다. 이 때 후주(後周)의 무제가 군사를 보내 요동을 치니 온달이 선봉장이 되어 날쌔게 싸워 수십여 명을 베었다. 그러자 군사가 승세를 타고 분발하여 쳐서 크게 이겼다. 왕이 가상히 여기고 칭찬하여 사위로 인정하고 대형(大兄)의 벼슬을 내린다. 그

후 온달이 옛 땅을 찾기 위해 신라와 싸우다가 흐르는 화살에 맞아 넘어져서 죽었다. 장사를 행하려 하였는데, 상여가 움직이지 아니하므로 공주가 와서 관을 어루만지면서 말하였다.

"죽고 사는 것이 이미 결정되었으니, 아아, 그만 돌아갑시다!"

드디어 상여가 움직여서 장사지냈는데, 대왕이 듣고 몹시 슬퍼하였다. (『삼국사기』 권45, 열전5) [38]

이 이야기를 더 간추리면 다음과 같다.

가) 가난하지만 명랑한 거지 온달은 홀어머니를 봉양하며 산다.
나) 왕은 울보인 평강공주를 온달에게 시집보내겠다고 놀린다.
다) 딸이 성장하자 왕은 상부(上部) 고씨에게 시집보내려 한다.
라) 공주가 과거의 아버지 말을 상기시키며 이를 거절한다.
마) 왕이 노하여 공주를 내쫓는다.
바) 공주가 궁에서 금팔찌를 품고 나온다.
사) 온달을 만나지만 공주를 거절한다.
아) 공주가 사립문 밑에서 잠잔다.
자) 공주의 설득으로 팔찌를 팔아 살림을 장만하고 결혼하여 산다.
차) 말을 사는데 공주가 지혜를 발휘한다.
카) 사냥터에서 온달이 그 능력을 인정받는다.
타) 온달이 전쟁터에서 맹위를 떨쳐 사위로서 인정받는다.
파) 신라 정벌 중 온달이 전사한다.
하) 공주가 온달의 영혼을 위로한다.

위의 설화에서 평강공주는 언제나 잘 우는 울보이다. 울보라는 것은 늘 욕구불만의 상태이거나 아니면 더 좋은 것을 갈망하는 욕구과

---

38) 정구복, 「움직이지 않는 상여-온달」, 『새로 읽는 삼국사기』, 동방미디어, 2000, 203쪽.

잉의 중세를 말한다 할 것이다. 이는 신분이 공주임에도 불구하고 의식이 늘 깨어있다는 표현으로 보인다. 즉 울보는 바보와 통하나 또한 그 반대인 총명과도 일치하기 때문[39]이며 그러므로 평강공주는 온달과도 잘 통하는가 하면 온달과의 결혼생활을 영특하고 지혜롭게 이끌기도 하는 것이다.

이처럼 평강공주는 불만족스러운 현실을 벗어나는 데 '스스로가' 큰 결정을 내리고 있다. 물론 부왕이 내쫓았다고는 하지만 부녀간의 정에 호소하면 쫓겨나지 않을 수도 있었을 것이나 공주는 궁궐의 호사스런 생활에 연연하지 않는다. 아버지로부터 '온달에게 시집을 보낸다'는 말을 들으며 자라는 내내 공주의 마음속에 차오르는 것은 '사람들이 그토록 놀리는 거지 온달을 한 번 사람으로 만들어 보자'는 신념이었을 것이다. 이를 곱씹고 또 곱씹은 끝에 공주는 고씨에게 시집을 보내겠다는 부왕의 의지를 꺾을 수 있게 된다.

고씨에게 시집을 가면 평생 편안하고 안락한 생활이 보장되겠지만 자아의 주체성이 사라지게 되므로 공주는 '온달이라는 형편없는 거지를 사람답게 만드는 것'을 자아 찾기의 과제로 삼는다. 한 가지 뚜렷한 목표를 성취하기 위해 공주라는 신분을 훌훌 벗어던지고 주저 없이 온달에게로 한걸음에 달려가고 있음을 볼 때 공주는 보통사람이 아님이 분명하다.

이 이야기는 크게 두 개의 삽화로 나누어진다. 즉 처음부터 공주와 온달이 결혼하는 데까지를 전반부의 삽화로 보고 그 뒷부분을 또 하나의 삽화로 볼 수 있다. 앞부분은 공주가 중심이 되어 이야기를 끌어나가고 있고 탐색담적 특성을 드러내고 있으며 뒷부분은 온달이 중

---

39) 정금철, 「여성의 자아실현과 여성영웅주의에 대하여 영웅담의 분석심리학적 접근」, 『서강어문』 3집, 서울 서강어문학회, 1982, 김대숙, 앞의 논문, 65쪽에서 재인용.

심인물이 되고 있다.

즉 주인공의 축출, 결혼, 금팔찌로 재산 장만, 아버지와의 재회 준비, 아버지와의 재결합의 전반부가 구전설화인 '내 복에 산다'계와 매우 유사함을 알 수 있다.[40] 특히 말을 사는 데 있어서 공주의 탁월한 지혜와 선택은 온달이 뒷날 장군으로 대성하는 데 큰 밑거름이 된다. 이는 가믄장아기나 백정 딸이 그 배우자를 만나 주변의 금을 대량 발견하게 되어 큰 부자가 된 것만큼의 효과를 나타내고 있다.

어쨌건 '내 복에 산다'계 설화는 주인공이 가족에게서 분리되어 스스로의 결정으로 숯구이와 결혼을 해 부자가 되는 것이 골자라 할 수 있다. 이러한 내용을 담은 설화이면서 평강공주처럼 그 신분이 공주로 설정된 이야기로는 「서동설화」의 선화공주가 있다.

물론 「온달설화」와 「서동설화」를 다르게 보는 견해도 있다. 즉 '자아와 세계의 대결양상'으로 설화를 분석하면 두 이야기는 주인공이 숯구이와 만나는 삽화는 일치하고 있지만 전체를 놓고 볼 때 갈등양상이 차이가 나고 주제의식이 다르다는 것이다. 그러나 대부분의 논자들은 온달과 무왕설화 모두 집을 나온 여인이 미천한 남편을 성공시킨다는 데 초점이 있다고 보아 '발복'의 같은 유형이라고 주장한다.[41] 이 설화에서 선화공주는 어떤 활약을 펼치고 있는지 살펴보자.

「서동설화」

제39대 무왕의 이름은 장이다. 어머니가 과부가 되어 서울 남쪽 못가에 집을 짓고 살았는데, 그 못의 용과 관계하여 장을 낳았다. 어릴 적 이름은 서동이며 재능과 도량이 하도 크고 넓어 헤아리기 어려웠다. 늘 마를 캐어 생활해 나갔기 때문에 나라 사람들이 그렇

---

40) 김대숙, 앞의 논문, 64쪽.
41) 김대숙, 앞의 논문, 61쪽.

게 이름을 지은 것이다. 서동은 신라 진평왕의 셋째 공주 선화가 아름답기 짝이 없다는 말을 듣고는 머리를 깎고 신라의 서울로 갔다. 서울의 동네 아이들에게 마를 나눠주니 아이들은 친해져서 서동을 따랐다.

그러자 서동은 "선화 공주님은 남 그스기 얼어두고, 서동 방으로 밤에 몰래 안겨 간다"는 동요를 지어 아이들을 꾀어서 부르게 한다. 이 동요가 서울에 퍼져서 궁중에까지 알려지자, 백관들이 극력 간하여 공주를 먼 곳으로 귀양 보내게 했다. 공주가 떠나려 할 때 왕후가 순금 한 말을 주어 보냈다. 공주가 귀양지에 도착할 무렵, 서동이 도중에 나타나 절하며 모시고 가겠노라고 했다. 공주는 서동이 공연스레 미덥고 좋았다. 이래서 둘은 은밀히 관계 맺게 되었다. 함께 백제로 가서 왕후가 준 금을 꺼내 생활을 꾸려 나가려 하자, 서동이 말했다.

"내가 여려서부터 마를 캐는 곳에는 이것이 흙처럼 많이 쌓여 있다오." 공주는 크게 놀라며 말했다. "이것은 천하의 귀한 보물이어요. 당신이 지금 그 금이 있는 곳을 알고 있으니, 바로 이 보물을 우리 부모님 계신 궁궐로 실어 보내는 게 어떨까요?"

이리하여 금을 모아 언덕처럼 쌓아놓고는, 용화산 사자사 지명법사의 처소로 가서 금을 실어 나를 방법을 물으니 이렇게 말했다. "내가 신통력으로 보낼 수 있으니 금을 가져오라." 공주는 편지를 써서 금과 함께 사자사 앞에 가져다 놓았다. 법사는 신통력으로 하룻밤 사이에 신라 궁중에다 실어다 놓았고 진평왕은 그 신묘한 변화가 경이로와 더욱 서동을 존경해서 항상 편지를 보내 안부를 물었다. 서동은 이 때문에 인심을 얻어 왕위에 올랐다. 하루는 무왕이 부인과 더불어 사자사에 가는 길에 용화산 밑의 큰 못가에 이르자. 미륵삼존이 못 가운데서 나타났다. 수레를 멈추고 경배 드리고 나서 부인이 왕에게 말했다.

"이곳에 꼭 큰 절을 세워야 합니다. 진정 저의 소원입니다."

왕은 그것을 허락했다. 지명법사를 찾아가 못을 메울 일을 물으니, 법사는 신통력을 써서 하룻밤 만에 못을 메워 평지로 만들었다.

절의 이름을 미륵사라 칭하였다.(『삼국유사』 제2권 기이 제2)[42]

그런데 이 이야기의 중심인물은 선화가 아니라 서동이다. 그러므로 처음부터 끝까지 서동 중심으로 사건이 진행되고 있다. 선화의 행동은 서동에 비해 매우 소극적으로 나타나기 때문에 '내복에 산다'계를 주도하는 여성의 힘이 미약하게 느껴질 수밖에 없다.

이를테면 구전자료에는 언제나 집을 나온 여인이 적극적으로 상대방에게 결혼을 제의하는 데 비하여 「서동설화」에서는 서동이 결혼을 주도하고 있다. 구전자료에서는 금을 얻고 부자가 되는 것으로 성취가 끝나는데 서동은 한 나라의 왕이 되기에 이른다. 이와 같은 특징은 이 이야기가 근본적으로 서동의 이야기라는 데 이유가 있다. 구전설화에서 주인공의 상대역에 해당하는 서동이 이 이야기에서는 중심인물이다. 그러므로 이 설화는 서동을 중심으로 이야기를 해석하되 그 속에 삽입되어 있는 '발복'의 일면을 들춰내 검토해야 마땅하다 할 것이다. 이 이야기를 축약하면 다음과 같다.

가) 서동의 출생과 성장과정
나) 선화공주를 짝사랑하게 된 서동과 공주를 얻기 위한 책략
다) 공주의 축출
라) 결혼
마) 금의 발견
바) 진평왕의 인정
사) 무왕으로 즉위
아) 미륵의 현신
자) 미륵사의 창건

---

42) 조동일, 『삼국설화의 뜻풀이』, 집문당, 1990, 133쪽.

이 이야기는 세 개의 삽화로 구성되어 있다. 서동의 출생과 성장, 선화와의 결혼과 즉위, 미륵사의 창건이라는 세 개의 작은 이야기가 모여서 「서동설화」를 이루고 있다. 이렇게 볼 때 이 세 개의 삽화 중 두 번째 부분이 '발복' 유형이다. 두 번째 삽화에 해당하는 다, 라, 마, 바, 사 단락은 집에서 쫓겨난 공주가 미천한 신분의 남자를 만나 남자의 일터에서 금을 발견하고 부자가 된 후에 부왕과 해우하는 과정으로써 '발복'과 일치하고 있다.

이처럼 신화로서의 대표작인 「삼공본풀이」와 민간설화 「백정 딸」, 실존인물의 전기(傳記)라 불리는 「온달설화」·「서동설화」에 나타난 여주인공은 다음과 같은 성격을 갖고 있다.

가) 집에서 쫓겨날 만큼 자신의 세계가 확고한 여인이 있다.
나) 집을 나온 후 또한 자신의 의지대로 숯구이 총각을 만난다.
다) 여인은 숯구이 총각이 발견하지 못한 금을 발견할 정도로 영특하다.
라) 여인은 금을 팔면 부자가 될 수 있다는 것을 알고 있을 만큼 이재에도 밝다.
마) 훗날 여인은 헤어진 가족과 만나기 위해 애를 쓴다.
바) 자신을 쫓아낸 가족과 만나서 잘 살기를 바라는 후덕한 성품을 지닌 여인은 마침내 가족을 만나 행복하게 살아간다.

위와 같은 인물유형은 '발복형' TV 드라마에 자주 등장하는 것으로서 좀더 쉽고 간략하게 표현하면 다음과 같이 설정할 수 있다.

가) 여인의 성장과정은 고아의식이 전부였다.
나) 여인은 어려움에 처한 배우자를 만나지만 넉넉하게 감쌀 수 있는 사랑을 갖고 있다.

다) 여인은 사람들에게 인정을 받고 돈을 벌기 위해 자신의 능
력을 최대한 발휘하려는 강한 의지를 가졌다.
라) 여인은 자신을 적대시하던 사람들을 용서하며 자신에게 대모적
성품이 있음을 발견한다.

이와 같은 구조와 인물의 성품을 배경으로 드라마「위풍당당 그녀」
를 분석, 수천 년 동안 우리 민족의 집단무의식으로 작용해 온 '발복'
이 2000년대에 어떻게 재해석되고 있는지 살펴보기로 한다.

제3장

●

21세기 드라마 「위풍당당 그녀」와
최근작에 보이는 위풍당당 그녀들

TV 드라마의 주인공은 설화처럼 그 태생이 보통사람과는 다르게 설정되는 경우가 많다. 출생의 비밀을 갖고 태어나거나 계모 밑에서 자라면서 온갖 풍상을 겪는가 하면 남보다 유난히 가난한 초년시기를 보낸 후 비범한 재주로 일가를 이루기도 한다. 일상생활에서 마주치기 드문 인물들인 것이다. 특히 트렌디드라마는 일반 드라마에 비해 주인공의 태생을 과장되게 그려내기 때문에 십대의 시선을 끌게 되고 이로써 '만화 같은' 전개를 그 전형으로 하기에 이른다.

「위풍당당 그녀」의 주인공인 이은희(배두나 분)는 위풍당당하게 자신의 삶을 꾸려가는 '내 복에 산다'계 주인공처럼 제목부터 '발복'의 뉘앙스를 그대로 지니고 있다. 이 드라마는 '발복'을 연상케 하는 평을 받기도 했다.

> "제목부터 '위풍당당'하다. 그리고 씩씩하다. 이제 시청자는 TV 앞에 앉아 그녀의 위풍당당함에 힘을 얻는 일만 남은 것 같다. 역시 내용도 제목을 배반하지 않았다. 중졸에 못생긴 미혼모, 거기다 가난하기까지 한 은희가 주인공이다. 여자로서 형편없는 조건이다. 하지만 우리의 은희는 자신의 조건을 그대로 수용할 줄 안다. 있는 그대로의 자신을 무기로 세상을 씩씩하게 헤쳐 나간다. (중략) 「위풍당당 그녀」는 남자 도움으로 성공하는 여자가 아니다. 오히려 연약했던 남자가 그녀의 도움을 받아

새롭게 변하고 사업에도 성공하는 것으로 그려지고 있다. 기분
좋다. 기존의 드라마에서 그려지던 의존적 여성상과 다른 점도
마음에 든다."[43]

「위풍당당 그녀」(이하 「위풍당당」)의 여주인공은 지금까지 보던 드
라마의 인물과는 다르지만 캐릭터부터 전반적인 스토리 라인까지
2002년 초에 큰 인기를 모았던 SBS의 「명랑소녀 성공기」[44]와 비슷하
다. 우선 각각 경상도와 충청도 사투리를 구사하고, 드라마 초반에 교
복을 챙겨 입은 고등학생으로 나온다는 점, 게다가 두 사람 모두 활달
하고 엽기적일 만큼 독특한 성격의 소유자로 어려운 시련을 당당함과
배짱으로 헤쳐 나간다는 점도 비슷하다. 「명랑소녀」의 줄거리를 살펴
보면 다음과 같다.

극중 주인공 차양순 역의 장나라는 사기도박과 부동산 도박, 자
해 공갈단 등 사기범죄자 부모를 둔 탓에 시골에서 할머니 손에 키
워져 내세울 것 하나 없지만 모든 어려움을 긍정적으로 받아들이며
기죽지 않고 당차게 살아간다. 범죄자인 부모를 대신해 곧장 서울
로 상경, 가정부 생활을 시작하면서 인생의 전환점을 맞게 되는 인
물이다. 서울의 한 부잣집의 가정부로 출발해 온갖 어려움을 극복
하고 당당히 커리어 우먼으로 성공하는 그녀. 여기에는 물론 백마
탄 왕자와의 달콤한 로맨스도 빼놓을 수 없는 부분이다.[45]

---

43) 맹숙영, 「맹여사의 TV보기 − MBC드라마 '위풍당당 그녀'」, 한국일보, 4. 29, 42면.
44) 2002년에 방송된 SBS의 「명랑소녀 성공기」는 그 발랄한 스토리와 장나라 라는
   여주인공의 신선하고 꾸밈없는 연기로 시청자들의 큰 호응을 받았다. 특히 고졸
   중퇴의 시골출신의 여주인공이 무작정 상경해 그 씩씩함으로 몰락한 재벌의 아
   들을 구하게 된다는 성공스토리는 보는 이들에게 카타르시스를 주었다.
45) 신정희, 「세상을 지탱하는 힘의 논리, 선과 악」, 『방송21』, 방송위원회, 2002. 4.

위에서 살펴본 바와 같이 불쌍해 보이는 여자 주인공의 성공스토리를 그려낸다는 점에서 두 드라마가 모두 제목부터 주인공 캐릭터의 특징인 '위풍당당'과 '명랑'을 내세운 점, 게다가 동화적인 발상을 기반으로 만화 같은 영상을 만들어낸 점 등은 「위풍당당」과 「명랑소녀」가 서로 닮은꼴 임을 부인할 수 없게 한다.

그러나 그간의 '콩쥐팥쥐형'의 드라마들이 10년 동안 그 캐릭터부터 주제, 구성, 스토리가 모두 비슷했듯이 '발복형'도 서로 유사하게 전개 될 수 있음은 자명한 일이다. 복고풍 정통 멜로드라마였던 「국희」와 「 덕이」도 여성을 주인공으로 하여 그 범상치 않은 태생부터 인생을 헤 쳐 나가는 의연함, 자신의 힘으로 삶을 완성시키는 능력 등이 비슷하 게 전개되었음을 볼 때 드라마의 모작은 끊임없이 양산된다. MBC 화 제작 「아줌마」(MBC, 2000)[46] 역시 진부하게 그려지던 여성의 삶에 활기를 불어넣어 '발복설화'의 편린을 볼 수 있는 드라마로 평가받기 도 했다.

그러므로 「위풍당당」과 「명랑소녀」 등은 앞서 서사구조를 제시한 바 있는 '발복형'의 서사구조와 인물의 성격을 채택하는 한 비슷해지

---

46) 권지연, 「모니터 단체 시청평 – 재결합이냐 자립이냐, 시청자의견 중시해 야」, 『방송21』, 2001. 2, 126~128쪽. 권지연은 "드라마 「아줌마」는 주인공 을 전문직에서 고졸 전업주부 '오삼숙'으로 선회하여 능동적인 이혼을 선택하는 보통아줌마의 자립을 그린다는 점에서 한걸음 더 진보된 세태를 보여주고 있다. 확실히 드라마 「아줌마」에서 보여주는 아줌마의 모습은 이전 드라마에서 흔히 보아왔던 아줌마와 사뭇 다르다. 남편의 불륜에 눈물짓고, 남편의 처분만을 바라 다가 결국 다시 합침으로써 부부애를 확인하는 해피엔드가 과거 드라마의 단골 메뉴였다. 반면 이번 드라마의 「아줌마」는 남편의 외도에 받을 것은 받겠다는 자 세로 이혼을 요구한다."고 평하고 오삼숙을 비롯한 아줌마들의 당당한 자기주장 이 TV 드라마를 통해 편견 없이 방송되고 이 시각으로 최소한 오삼숙은 시청자 를 자기편으로 만드는 데 성공하고 있다고 얘기한다. 이 드라마는 이혼한 후 오삼숙이 당당하게 '남편의 복'이 아니라 '내 복에 산다'를 외치고 있음 을 보여준다. 즉, 재혼형 '발복설화'와 비슷한 서사구조라 할 것이다.

지 않을 수 없다. 또한 「위풍당당」과 「명랑소녀」 등과 같은 트렌디드라마는 '발복' 이외에도 다른 유형의 구전설화 에피소드들이 변형, 삽입되어 있어 설화연구에는 좋은 모본이 된다 할 것이다.

트렌디드라마는 전통적인 텔레비전 드라마 장르의 형식에 비추어 볼 때 많은 부분 기존의 지배적인 드라마 장르의 관습을 따라왔으며 따라서 그것이 완전히 독자적인 독립 장르로 자리매김했다고 보기는 어렵다.47) 그러므로 한 드라마의 장르를 '이것이다'라고 꼬집어 말할 수 있을 만큼 뚜렷한 윤곽을 잡기는 힘들다. 그러니까 '발복형'이라는 서사구조를 채택했으면서도 기존에 유행했던 이야기를 버리지 못하는 것이 바로 트렌디드라마의 특징이라 할 수 있을 것이다. 그러나 트렌디드라마는 부분적으로 새로운 드라마 형식 개발의 가능성을 내포하고 있으며 새로운 의미체계와 가치관, 새로운 실천의 가능성을 어느 정도 수용할 수 있다는 평가를 받아온 이상, 그 '새롭게 시작된' 것을 포착하여 장르로 정착시키는 일은 중요하다 할 것이다.

대부분의 트렌디드라마는 서구식 '신데렐라 콤플렉스'나 우리의 '콩쥐팥쥐'와 같은 매우 단순한 플롯을 기초로 구성된다. '발복형'이라는 새로운 장르 속에도 이러한 구성요소들은 사라지지 않고 서서히 함께 움직이면서 '발복'에 적합한 이야기로 재생되어간다. 따라서 잔존해 있는 이야기들은 새롭게 부상한 '발복'류의 TV 드라마에 수많은 에피소드들을 제공하는 역할을 하게 된다. 즉 「위풍당당」의 움직임 속에는 종래의 '콩쥐팥쥐' 형의 트렌디드라마가 전개되고 있으며 우리에게 익숙한 진짜가짜 가려내기의 '진가쟁주설화(眞假爭主說話)', 모든 것을 포용하는 대지의 여신으로서의 여성성을 표현한 '대모설화(大母說話)'

---

47) 황인성, 「트렌디드라마의 서사구조적 특징과 텍스트의 즐거움에 관한 이론적 고찰」, 『한국언론학보』 제43~5호, 한국언론학회, 1999. 가을, 224쪽.

등이 동시에 작동하게 된다. 그러면서 큰 줄기인 '여인발복설화형'으로의 정착현상을 보이게 되는 것이다.

「위풍당당」에 여러 가지 설화적 요소가 개입되었음에도 불구하고 다른 드라마에 비해 '발복형'의 서사구조에 보다 밀접하게 접근되어 있음은 무엇보다 '어떻게 무엇으로부터 쫓겨났는가' 하는 점이다. '발복'에서는 '쫓겨난다'는 것이 가장 중요한 동인(動因)이기 때문이다.

1) 출생 - 〈계모설화〉

▌버림받은 주인공

'발복'에서 주인공은 공주에서부터 대감 집 딸, 백정 딸에 이르기까지 다양하다. 여기에서 중요한 것은 주인공이 어떤 신분을 갖고 태어났는가 하는 점이 아니라 자신에게 주어진 것들을 포기하고 스스로 삶을 개척한다는 점이다. 태생을 거부한다는 것은 '고아의식'이나 다름없는 일이다. 그러므로 발복의 첫째 요소인 "여인의 성장과정은 고아의식이 전부였다"는 이야기구조를 취하면서 시작된다.

「위풍당당」의 여주인공 은희는 우리 사회를 살아가는데 최악의 요소로 손꼽히는 모든 것을 갖추고 있다. 부모가 누구인지도 모른 채 남의 손에 맡겨진 가난한 시골출신에 다 중졸의 학력을 봐도 그렇고 쌍둥이라고 믿고 있는 언니에게 밀려 언제나 푸대접을 받는다. 게다가 미혼모가 되어버린 은희에게 이 세상은 '고난의 연속'이다. 하지만 그 어떤 상황에서도 은희는 희망을 잃지 않고 위풍당당하게 살아간다. 이렇게 태생부터 유년기, 청소년기까지 은희는 태생으로부터 버림받고 떠돌이 삶을 살아가야만 하는 구비조건을 다 갖추고 있다. 모든 이야기는 '듣는 사람 쪽'의 정서에 맞춰져 있기 때문에 비록 본인은 눈치 채지 못한다 하더라도 은희가 갖고 있는 고아의식에 대해 시청자들은 그녀를 애절한 눈으로 바라보기에 충분하다. 태생부터 시작해 '위풍당당하게' 자신의 삶을 개척해 나가는 은희의 전체 스토리는 다음과 같다.

언제나 언니 금희한테로만 향하고 있는 엄마의 시선. 아버지의 죽음도 은희의 탓으로 돌리려는 엄마 때문에 은희는 늘 외롭고 슬프다. 그런 어느 날 태성그룹의 회장이란 사람이 자신의 친손녀를 찾으러 왔다며 은희의 집에 나타나 은희와 금희를 놓고 누가 자신의 혈육인가를 엄마에게 묻는다. 다음날 다시 찾아온 부자 할아버지한테 그녀의 엄마가 내주는 건 금희의 손이다. 은희는 언니가 자신의 딸이 아님에도 불구하고 오히려 언니에게 더욱 더 잘해준 엄마에 대한 벅찬 감동으로 말문이 막힌다.

그리고 5년이 흐른다. 엄마가 간암이란다. 그것도 말기로 접어든 상태라 수술은 해보겠지만 마음의 준비를 하는 게 좋겠다고 병원에선 사실상 사형선고를 내렸다. 무슨 수를 써서든 엄마를 살려내고야 말겠다고 결심하는 은희. 문제는 돈이었다. 마침내 그녀의 전 재산인 월세 보증금을 빼서 엄마의 병원비를 마련하고 한 살짜리 아들과 아홉 살 난 쌍둥이 동생들을 데리고 서인우(신성우 분)가 기거하는 가인식품 공장숙소로 쳐들어가 그에게 떼를 쓰며 기생하기에 이른다. 이제 멈춰져 있던 인우의 기계가 은희의 손에 의해 돌아가기 시작하고 은희에게 인우는 점차 사랑을 느낀다.

와중에 동생 은희가 태성그룹의 친 손녀임을 눈치 챈 쌍둥이 언니 금희(김유미 분)는 이 사실을 은폐하기 위해서 갖은 수단과 방법을 동원해 은희를 위기에 몰아넣는다. 그리고 서인우를 차기 경영자로 지목하고 있는 할아버지의 의중을 알고는 은희의 애인인 서인우까지 차지하려 술수를 쓴다.

결국 자신의 태성그룹의 손녀라는 것이 밝혀지자 은희는 갈등한다. 겨우 일으켜 세워 놓은 가인식품에서 자신의 인생을 개척해 나가느냐, 태성그룹의 손녀가 되느냐. 그러나 은희는 이 상태를 지속시키되 그 조건으로 금희에게 단지 엄마의 간이식만을 해달라고 한다. 그리고는 태성그룹의 손녀라는 탄탄대로를 포기하고 자신의 삶을 스스로 개척해 살기로 결정한다.[48]

---

48) 인터넷 mbc 사이트의 '드라마 종영프로그램', 「위풍당당 그녀」에서 드라마의 줄거리를 정리했음.

이 드라마에 등장하는 인물들은 「삼공본풀이」나 '발복형' 민간구전설화에 나타난 인물들과 비슷하게 설정되어 있다. 「삼공본풀이」에 등장하는 인물은 셋째 딸·아버지·언니들·숯구이 총각·숯구이의 노모·조력자로서 금을 사가는 사람 등이다. 「위풍당당」에서는 ① 셋째 딸: 은희, ② 아버지: 태성그룹 회장, ③ 언니들: 어머니와 금희, ④ 숯구이 총각: 서인우, ⑤ 숯구이의 노모: 은희가 돌봐야 할 쌍둥이 동생과 아들, ⑥ 금을 사가는 사람: 조력자로써 은희를 도와주는 사람들 등으로 대비할 수 있다.

여기에서 은희의 친모는 할아버지인 태성그룹 회장의 결혼 반대에 부딪혀 연고가 없는 경상도 땅에서 은희를 몰래 낳다가 죽어버리고 만다. 결국 은희라는 여주인공은 대재벌의 손녀이지만 본의 아니게 그 태생으로부터 '쫓겨난' 신세가 되어 고아의식을 갖고 성장한다. 제1회 첫 신부터 여주인공은 쫓겨난 아이로서 남의 집에서 태어나고 있다.

「위풍당당 그녀」[49](제1회)

신#4/온통 눈밭인 시골길(밤, 눈)
(갑식, 놀라서 달려간다. 온몸이 땀범벅이 된 윤희, 배를 감싸 안고 신음하고 있다.)
갑식: (놀라서) 보소? 보소? 이보소?
윤희: …….
갑식: (비로소 보면 여자, 만삭의 산모인데)
신#10/안방
(나란히 누운 길녀와 윤희, 똑같이 입에 재갈을 물고 안간힘을 쓰고 있다. 온몸이 땀에 젖어 젖 먹던 힘까지 다 토해내며 힘을 주고 있다.)
길녀: 아윽-(호흡 조절하며 다시 한 번) 아윽-

---

49) 위 사이트의 '종영 프로그램 보기'에서 발췌함.

신#13/안방

갑식: (박차고 들어오며) 머꼬? 머, 머슨 일이고. 어이? 와, 와?
　　　니, 니 안좋나? 우리 아 우리 아 머가 자, 잘몬 된나?
길녀: (하얗게 질려서) 죽었심더. 이 여자, 죽었심더.
갑식: 머? (놀라서 휙 윤희를 쳐다본다.)

　　이 드라마 역시 전형적인 트렌디드라마에서 흔하게 보이는 '출생의 비밀' 중 태어날 때부터 버림을 받는 주인공의 이야기로 시작되고 있다. 태어나자마자 버림을 받는 인물들은 영웅설화의 기본구조가 되는데 여성주인공에게 이러한 면을 부각시키는 것은 이 드라마가 그만큼 여성의 영웅화를 매우 중요한 모티프로 여기고 있음을 보여준다. 특히 '콩쥐팥쥐' 이야기가 적극 차용되어 한날한시에 태어난 금희와 은희는 쌍둥이 자매인 줄 알고 함께 자라는데 그의 모친은 늘 금희를 편애하고 은희에게는 험한 일을 시키는 등 '계모설화'로까지 번져나간다. 결국 길녀(엄마)는 가난한 살림에 친딸 금희를 대학에 보내기 위해서 은희의 학업을 중단시키기까지 한다. 그야말로 전형적인 계모인 것이다. 그러나 「위풍당당」의 길녀는 악녀처럼 그려지지는 않는다. 친딸에게 어쩔 수 없이 마음이 기우는 인간의 본성을 드러내면서 시대에 따른 변형 '계모설화'의 모습을 보이고 있을 뿐이다.

「위풍당당 그녀」(제1회)

신#18/시골길(비)
(노란 우비에 노란 장화를 신은 금희, 허겁지겁 빗길을 달려오고 있다.)
금희: 같이 가자, 은희야! 은희야!
(50미터 쯤 앞에 비료포대에 구멍을 내 목을 내고 팔을 낸 우스꽝스런 우비를 입은 은희가 살이 나가 찌그러진 검정우산을 받쳐 들

고 터덜터덜 걸어가고 있다. 금희, 은희를 따라잡고 나란히 걷는
다.)
신#19/길녀 집 마당(비)
(은희의 비료포대 비옷을 입은 금희! 금희의 노란 비옷을 입은 은
희! 쫄딱 젖은 금희는 추운지 연신 오돌오돌 떨며 파리한 얼굴로
기침을 해대는데 은희는 입이 귀에 걸려 해죽해죽이다.)
은희: 엄마! 언니가 이거 내인테? 다! (모델처럼 포즈를 잡으며)내
　　　이쁘재? 억수로 죽이재? 어? (김완선 눈으로 섹시하게 엄마
　　　에게 다가가며) 나 오늘, 오늘 밤은 어둠이 무서-(하는데)
길녀: (매섭게 뺨을 날린다)

　　노란 우비에 노란 장화를 신은 금희에 대해 은희는 비료포대를 우
비삼아 뒤집어 쓴 채 빗속을 뛰어가고 있다. 외양 비교를 통해 두 사
람이 어머니로부터 어떤 차별대우를 받고 있는지 알 수 있는데 화면
만 보아도 단번에 부엌데기로 표현된 '신데렐라' 삽화가 그려지고 있
음을 알 수 있다. 소우프 오페라도 소재의 면면을 살펴보면 그 유명
한 안데르센의 동화나 그림(Grimm)50) 동화 등에서 보이는 구전설화

---

50) 인터넷 다음(daum)백과사전. 형은 야코프(Jacob Grimm: 1785~1863), 동생은 빌
　　헬름(Wilhelm Grimm: 1786~1859)이다. 독일 헤센주 하나우 출생이다. 두 사람의
　　경력은 똑같다. 대학에서는 법률을 배웠고, 도서관에 근무한 후 1830년 괴텡겐
　　대학교 초청을 받아 교수가 되었으며, 하노버왕의 헌법위반을 규탄하여 이
　　른바 '괴텡겐 7인 수사 건'에 들어 공국 밖으로 추방당하였다. 1841년 베를
　　린 아카데미 회원으로 추천되었다. 경력뿐 아니라 전문분야도 똑같이 언어
　　학이며, 『그림 동화』(1812~1875), 『독일 전설』(1816~1818), 『독일어 사전』
　　(1852~1960) 등 공동저작도 많다. 그들의 전문분야인 언어학의 영역에서는 형 야
　　코프가 보다 큰 업적을 남겼으나 그림형제의 명성을 세계적으로 높인『그림 동화』
　　를 만드는 데는 동생 빌헬름이 더 큰 역할을 하였다. 수집한 옛이야기를 예술
　　적으로 표현하고 다듬은 사람은 주로 동생이다. 그들이 게르만 언어학의 연
　　구, 그리고 독일의 옛이야기와 전설의 수집으로 전환한 계기는 낭만파 문학
　　에 의하여 촉발된 향토적·서민적인 것에 대한 깊은 애정에 기인한다.

의 화소들에서 많은 부분을 차용하고 있다.

'콩쥐팥쥐'를 포함한 '계모설화'는 가정담의 정석대로 피로 맺혀진 끈끈한 혈연의 결속과 충돌하고 갈등을 유발한다. 이 때 갈등은 안에서 안 사람들끼리, 말하자면 여성들끼리 가장 원색적이고도 잔인한 감정의 표출을 일삼게 마련이다. 사실 여기서도 바깥주인 격인 콩쥐의 아버지는 상황 설정의 한 배역의 구실을 할 뿐 아무런 역할도 하지 못한다.[51] 그러므로 「위풍당당」에서 아버지라는 존재는 곧바로 죽음을 맞이하는 것으로 그 구실을 축소시키고 있다.

물론 이 드라마에서 아버지는 불이 난 비닐하우스에서 잠이 든 은희를 구출하다가 죽는 것으로 매우 중요한 전환점을 마련하기도 하고 길녀에게 은희에 대한 미움을 더욱 더 증폭시키는 계기가 되고 있다. 그리고 마침내 아버지의 부재로 인하여 가난과의 싸움은 커지고, 엄마와 은희의 골은 더욱 더 깊어진다.

계모설화는 구비문학의 특성상 자료 수집과 정리의 어려움에도 불구하고 꽤 많은 수가 전승되고 있다. 가정은 인간 생활의 기본 장인 만큼 가정적인 문제는 모든 사람들의 보편적인 관심사이고 계모설화가 대중성을 획득하기에 좋은 요소를 두루 갖추고 있기 때문이다.

'계모설화'는 우리나라뿐만 아니라 전 세계적으로 널리 분포되어 있는 설화로서 최운식은 계모설화의 유형을 착한 계모 이야기와 악한 계모 이야기로 나누고, 착한 계모 이야기는 ① 개과천선한 계모형과 ② 천성적으로 착한 계모형으로 나누었다. 그리고 악한 계모 이야기는 ① 어린 아들을 버린 계모형, ② 난제를 부과하는 계모형, ③ 아들의 간을 먹는 계모형, ④ 콩쥐팥쥐형, ⑤ 딸의 부정을 꾸민 계모형,

---

51) 주종연, 「한국의 전래민담과 독일 Grimm 동화와의 비교연구 2」, 『국민대 어문논총』 12, 1993, 21쪽.

⑥ 신방(新房)의 아들을 죽인 계모형, ⑦ 자부(子婦)의 부정을 꾸민 계모형, ⑧ 새 사위를 죽이려는 계모형, ⑨ 신부를 바꿔치기한 계모형으로 나누었다.[52]

■악한 계모, 착한 계모

악한 계모 이야기는 많은 이야기들이 있기 때문에 그만큼 유형도 다양하지만 ① 난제 부과, ② 학대, ③ 모함, ④ 가해, ⑤ 살인의 5개 유형이 대표적이다.

첫째, 난제 부과형은 전실 딸에게 추운 겨울에 삼씨를 볶아서 심어놓고 새를 지키라 하는 등 힘들고 어려운 일을 시킨다. 둘째, 학대형 계모는 의붓딸에게 날이 저물도록 바느질, 목화 따기, 목화송이 받기를 시키며 점심도 안주고 아침에는 죽만 준다. 셋째, 모함형에서는 계모가 외간남자에게 편지를 쓰게 하여 의붓딸에게 온 연애편지라고 하면서 남편에게 갖다 주거나 전실 자식이 낮잠을 자는데 쥐를 한 마리 잡아다가 피칠을 하여 이불 밑에 넣어두고 낙태를 하였다고 부친에게 말하는 일 등이다. 넷째, 가해형 계모는 전실 아들을 가마에 떠매고 가서 바다에 집어넣어 죽이라고 시키거나 전실 딸이 낙태를 했다고 남편에게 고하자 남편이 딸의 손목을 자르기도 한다. 다섯째, 살인의 경우 계모가 두 딸이 낙태를 했다고 하자 아버지가 양반의 집의 가문 망할 일이라고 하면서 두 딸을 연못에 넣으라고 시켜 종이물에 빠뜨려 죽이기도 하고, 계모가 병을 빙자하여 전실 아들의 간을 먹어야 낫는다고 하여 전실 아들을 죽여 간을 꺼내달라고 백정에게 부탁하는 일 등이다.[53]

---

52) 최운식, 『한국설화연구』, 집문당, 1994, 176~177쪽.
53) 신상운, 「계모설화연구」, 전북대 석사논문, 2002, 26~46쪽.

이처럼 계모설화라 함은 곧 악한 계모 이야기라고 해도 과언이 아니다. 그러나 TV 드라마에서 주로 표현되고 있는 유형은 착한 계모이야기다. 즉 처음에는 전실 자식을 몹시 미워하고 학대하다가 자기와 자기의 친아들을 지성으로 위하는 행동에 감동하여 착하게 되었다는 '개관 천선한 계모의 이야기'와 처음부터 의붓자식을 친자식처럼 아끼고 사랑하는 '천성적으로 착한 계모이야기'가 주를 이룬다 하겠다.

ＴＶ의 착한 계모이야기는 ① 전실 자식의 입장에서 그려내는 방법과 ② 계모의 입장에서 그려내는 방법이 있으며 전자는 주로 '개과천선한 계모이야기'로 「위풍당당」의 경우가 이에 해당한다. 또한 계모의 입장에서 그려내는 '착한 계모이야기'는 여성의 억압과 고통의 측면에서 다루어져 또 다른 여성수난사의 드라마로 눈물샘을 자극하기도 한다.[54]

그러나 드라마 속의 길녀는 은희의 '발복' 이야기를 이끌어가기 위해 설정된 부수적 인물이다. 어느 정도 난제의 부과와 학대는 있지만 모함과 가해, 살인은 있을 수가 없다. 또한 난제의 부과나 학대도 모든 이들에게 동정심을 불러일으킬 만한 '가난'이라는 설정 하에서 실행되는 것이므로 시청자들에게 '그럴 수밖에 없는 행동'으로 받아들여지기도 한다.

---

54) KBS 아침 드라마 「새엄마」(2002)가 이에 해당한다. 자신의 의지와는 상관없이 미혼모가 되고 새엄마가 되는 해심(이혜숙 분)의 조건 없는 모성애를 그린 이야기로 그녀의 희생을 통해 가족의 의미를 돌아보게 한다는 기획의도를 갖고 있다. 이런 종류의 새엄마의 이야기는 텔레비전 드라마를 통해 여러 번 소개된 바 있다.

「**위풍당당 그녀**」(제16회)

신#4/길녀 병실

길녀: 나도 모르게 순간적으로 욕심이 생겼다. 언감생심 평생 쳐다
　　　보지도 못할 대단한 회장님이 내 집에 와가 금희를, 우리
　　　금희를 유심히 쳐다보는데……그 순간 나도 모르게 덜컥 욕
　　　심이……금희, 부잣집으로만 보내면 그렇게 가고 싶어 하는
　　　대학도 보낼 수 있고, 지 하고 싶은 공부도 원 없이 하게
　　　할 수도 있고, 마 천날 만날 비실비실한 몸도 나 살 수 있
　　　겠다 싶어서……그래서……

이 드라마를 '계모설화'로 보지 않는 이유는 바로 여기에 있다. 길
녀라는 캐릭터는 일상사에서 평범하게 만나는 여인네로서 들어온 자
식도 열심히 키우려고 애쓰는 계모지만 마음이 기우는 쪽은 역시 친
딸 금희인지라 자신도 모르게 판단력이 흐려지는 인물이다. 그러므로
이 드라마는 '계모설화'의 에피소드를 갖고는 있지만 전체 서사구조인
'발복'을 뒤엎을 만한 영향은 끼치지 않는다. 유년기의 설움을 통해
은희가 얼마나 당당하게 자아를 찾아가는가 하는 것이 이 드라마의
주제이기 때문이다.

2) 결혼―〈내 복에 산다〉

▌무능한 남자를 구제하는 총명한 여자

이 드라마에서 '발복'의 진정한 이야기 전개는 태어나자마자 자신의
태생으로부터 '쫓겨난' 한 소녀가 어머니로부터 보이지 않는 차별과
고등학교 중퇴라는 시련을 겪으면서 과연 어디에 진정한 자아가 숨어
있는지 방황을 하는 것에서 시작된다. 이른바 미혼모가 되기까지 은

희는 고통스런 청소년기를 보내고 있는 것이다.

「위풍당당 그녀」(제3회)

신#41/대형마트 휴게실

은희: (별님 향해) 니는 학원강사 한다매?

별님: 응, 바루 여기 근처야. 뜬소문인 줄 알았는데……, 애 아빠하
　　　군?

은희: (젖병 받아서 흔들며) 차였지 뭐! 너거도 장영달 알재? 2프
　　　로 부족한 장동건!

꽃님: (별님에게 눈치 준다.)

은희: 괘안타! (우유 먹이며) 차이는 기 내 특기 아이가! 내 아들
　　　어떤노? 내하고 닮은 거 같나?

이 드라마에서는 '은희의 미혼모 되기' 등의 장황한 스토리는 완전
히 생략하고 있다. 제작진들은 '미혼모'가 되는 과정을 그리게 되면
얘기가 보다 복잡해지고 그야말로 드라마 전체가 혼탁해진다고 생각
한 듯하다. 그 태생부터 시작, 언니와의 차별, 학교를 중퇴한 청소년
기, 어머니와의 갈등만 갖고도 은희가 어떻게 해서 미혼모가 되었는
지 알 수 있기 때문이다. 바로, 여주인공이 숫구이 총각을 만나기 전
까지의 상황은 아버지나 남편으로부터 미움을 사 축출되기까지의 사
연이므로 인간으로서는 감당키 어려운 고통이 수반되는 시간들이다.

　엄마에 의해 자신과 언니의 운명이 바뀌면서 은희의 자아 찾기는
본격적으로 시작된다. 즉 '발복'의 탐색담이 그 첫 출발을 알리게 되
는 것이다. 당장 눈앞에 '먹고 사는' 일이 시급해진 은희는 예기치 않
은 소녀가장이 된다. 언니가 떠난 자리에 쌍둥이 동생들과 아이, 간
암에 걸린 엄마까지 떠맡은 위기상황이 발생한 것이다. 이 때, 돈이
야말로 자아를 찾아 떠나는 첫 번째 관문으로서 눈앞의 문제 해결을

위한 절실함이 배어 있는 일이므로 은희는 다 쓰러져가는 공장(가인식품)에 경리로 취직을 하게 되고 아이를 업은 채 출근을 하고 있다. 그러면서 서인우라는 '숯구이 총각'을 만난다.

서인우는 미국에서 경영학 박사까지 취득하고 온 인재이며 재벌2세이지만 아버지가 방탕으로 엄청난 채무를 진 채 죽자 자신의 의사와는 상관없이 빚더미의 가인식품을 떠맡게 된다. 인간에 대한 애정은 눈곱만치도 없는 이기주의에다가 삶에 대한 희망도 없이 하루하루 술에 의지해 사는 인물이다. 그런 숯구이 총각 서인우와 은희가 동거 아닌 동거를 하게 된 것도 어머니의 입원비를 마련하기 위해 전셋집을 빼고 아홉 살짜리 쌍둥이 동생들과 오갈 데 없이 길가에 내몰린 극한 상황 때문이었다.

「위풍당당 그녀」(제7회)

신#6/2층 숙소

은희: 얌전히 있을 낍니더! 말썽 안 부리고 진짜로 없는 듯이 있을
　　　 낍니더! (하는데)

(인우, 성큼성큼 걸어가 이삿짐들을 집어서 1층으로 홱 던지기 시
작한다.)

은희: (놀라고) 사, 사장님? 사장님?

한 여인이 숯구이 총각의 집에 정착하는 길은 멀고도 험한 길일 것이다. 자신의 이상과도 맞지 않고, 성격도 다르며 혹은 자신이 살아온 길과 전혀 다른 길을 걷고 있는 사람과의 만남은 평강공주가 온달을 만나 거절당한 후 사립문에서 밤을 지새우게 된 경우와 똑같다. 혹은 대감 집 셋째 딸로 태어나 '부녀 문답하기'에서 '내 복에 살지요'라는 오만한 대답을 해놓고 쫓겨난 그녀가 막막하고 답답하게 펼쳐져

있는 여행 끝에 도착한 곳이 숯구이 총각네 집이라면 그들이 생전처음 보는 그녀를 온전히 반갑게 맞아줄 리는 없다.

그런데 모든 '발복'에서 여인이 집을 나가 만나는 사람은 반드시 남자이다. 자신의 능력을 실현하는 데 있어서 주인공 다음으로는 남자가 중요하다. 여인의 존재는 남자라는 존재에 의해 확인되고 그 의미가 발산되기 때문이다. 이로써 '발복'의 두 번째 요소인 "여인은 어려움에 처한 배우자를 만나지만 넉넉하게 감쌀 수 있는 사랑을 갖고 있다"라는 이야기 구조가 성립된다.

두 남녀의 만남에서 주목되는 특징은 여자와 남자의 신분이 달라야한다는 것이다. 발복설화에서는 여자가 남자보다 신분·재산·지혜·적극성 등 모든 점에서 우월하며 남자는 여자를 만나 다른 일로 전업해서번영을 이룬다.[55] 비록 드라마에서의 은희는 남자보다 신분, 재산 등에서 열악한 상황이지만 그녀는 이 열등한 자신을 곧 우월한 것으로바꿔놓을 수 있는 지혜와 적극성이 잠재되어 있다. 비록 숯구이 총각인 인우가 신분이나 재산의 면에서 현재의 은희보다는 우세하다 하지만 그는 이미 황폐한 환경에 처해 있고 이로써 신분이나 재산이 아무짝에도 쓸모없는 상태에 놓여있기 때문이다.

「위풍당당 그녀」(제3회)

신#13/병원 뜰
공장장: 부도직전이야, 부도 직전이라구, 임마!
인 우: (깜짝 놀라서 휙 쳐다본다. 아버지에 대한 배신감으로 부들부들) 그런데 내 아버지란 작잔 그걸 나한테 남겼군요!
간병인이란 여자한텐 당신 집을, 우리 집을 내놓구 말이죠! 어, 얼마요? 빚이 얼마라구요? 이게 말이 됩니까?

---

55) 김대숙, 앞의 논문, 103쪽.

에? 이게 말이나 되냐구요~!

「**위풍당당 그녀**」(제12회)

신#19/1층 사무실

은　희: 지는 그라문 병원을 맡을게 예. 일단 우리 엄마 입원해 있
　　　 는 병원부터 뚫어보겠습니더!

(인우, 나온다)

공장장: 인우, 넌 어딜 맡을래?

인　우: (은희 흘겨보며) 저야 뭐, 빈둥빈둥 베짱이처럼 또 음악이
　　　 나 듣구 있어야죠! 열심히들 해 보세요! (2층으로 올라간
　　　 다)

은　희: (쏘아본다)

　　남녀가 만나 부부가 되는 데 가장 큰 걸림돌은 신분이다. 그러나 '발복'에서 신분상의 차이는 중요하지 않다. 문제는 '능력'인 것이다. 또한 '발복'에서 번영을 이루는 길은 금에 있는데 은희는 문 닫기 일보직전인 회사에서 금을 보고 있다. 정작 인우는 그것을 볼 수 있는 눈이 없지만 숫구이 총각에게 접근하고 있는 은희는 부도직전의 회사 곳곳에 내재하고 있는 금덩어리를 찾기 위해 온 신경을 집중하고 있다. 그리고 반드시 몸이 부서져라 일을 하면 반드시 금을 찾을 수 있다는 신념을 갖는다. 그 신념은 아버지가 살아계실 때 늘상 은희를 붙들고 얘기하던 바로 그것이다.

「**위풍당당 그녀**」(제1회)

신#26/길

은희: 아부진 내가 어떤 사람이 되문 조컸는데?

갑식: 이 똥겉고 저 땅겉은 사람!

은희: 머? 똥겉고 땅겉은 사람?

갑식: 하모. 겉은 볼 거 없고 흉해도 똥처럼 마른 땅에 소중한 거
    름이 되고 또 땅처럼 곡식도 품고 풀도 품고 사람도 품고.
    이부진 내 딸이 꼭 그런 사람이 되문 좋겠다.

아버지가 전해 준 신념은 바로 '똥 같고 땅 같은' 사람이 되는 것이다. 이 같은 마음으로 살게 된다면 머지않아 곧 풍성한 열매를 맺게 된다는 것이며 이는 바로 이 드라마의 주제이자 '금 찾기'의 열쇠가 되고 있다. 그래서 은희는 인우가 내팽개쳐버린 회사를 살리고자 일개 경리직원의 신분으로서 아이를 들춰 업고 리어카에 떡국박스를 실은 채 종횡무진 사람들 사이로 파고든다. 이는 바로 숯구이 총각과의 만남을 통해 신분의 차이를 극복하고 자신의 능력을 확대시키는 일로써 '쫓겨난 여인'의 자아 찾기를 대변한다.

「**위풍당당 그녀**」(제7회)

신#17/분식점 안

은희: 쫄깃쫄깃 손님들이 맛있다 한다면서 예? 그냥 쓰이소! 길 건
    너 분식집에도 드리고 예, 요 앞 사거리에 있는 딸기 분식
    에도 드렸심니더! 여만 드리는 거 아니니까 부담 가실 필요
    절대로 없어 예. 지금 당장 저희 껄 사달라꼬 하는 기 아니
    고 예, 혹시라도 지금 거래하시는 데하고 문제가 생기거나
    하면 그 때 저희한테 연락주시라꼬 예.

주인: (난처)

(그 때 음식을 기다리는 손님이 "아줌마, 여기 물 좀 주세요!"하는

데, 은희 잽싸게 물을 챙기며)

은희: 물 예? 갑니더! 지금 갑니더! (물을 갖다 주고) 뭐 드실랍니꺼!

「위풍당당 그녀」(제12회)

신#22/구내 식당

(영양사, 홱 떡국그릇을 밀친다. 떡국, 그릇 바닥으로 떨어지고 무
참하게 쏟아진 은희의 떡국. 중략)

(은희, 바닥에 떨어진 떡국을 그릇에 다시 담기 시작한다. 은희, 그
떡국 그릇을 들고 다시 마주앉고)

은 희: 이거 드시라꼬 해도 안 드실꺼니까 이건 제가 묵을게 예.
　　　　(제꺼 다시 앞에 갖다 놓으며) 이거 드이소.

신#25/병원로비

(은희. 지하에서 올라와 로비로 걸어 나가는데.)

영양사: (E) 잠깐만요, 이봐요, 잠깐만요!

은 희: (무심코 뒤돌아보는데 영양사다!)

영양사: 납품……하세요.

은 희: 네?

영양사: 떡국하구 국수하구 매달 ○천박스 씩 갖다 주세요!

　　단지 돈을 벌겠다는 일념으로 은희는 아무리 자존심이 상하고 비위
가 상해도 참고 견디며 몇 천 박스나 되는 납품을 허락받는다. 그러
한 그녀에게 관심을 두지 않던, 오히려 그녀의 존재를 귀찮아하던 숯
구이 총각은 깊은 감동을 느낀다. 비교적 그 내용이 자세히 전하는 「
온달전」에서는 주인공인 여성이 왕의 위치에 있는 아버지에게 저항하
여 자기보다 열등한 남자를 선택해서 적극적으로 혼인, 여성우위의
부부관계를 맺고 있다. 바로 여자 쪽의 역량이 남자에 비해 상당히
부각되고 있는 것이다.[56] 그러나 이 드라마의 은희는 여성우위를 신

---

56) 김대숙, 앞의 논문, 107쪽.

분에서 찾고 있지 않다. 그녀에게는 '위풍당당'하게 살아야 한다는 배짱과 그 배짱을 토대로 돈을 벌 수 있는 '능력'이 있기 때문이다.

그러면서 발복의 세 번째 구조인 "여인은 사람들에게 인정을 받고 돈을 벌기 위해 자신의 능력을 최대한 발휘하려는 강한 의지를 가졌다"라는 의미를 획득하게 된다.

또한 시청자들은 이미 은희의 태생을 알고 있으므로 절대 인우에게 뒤지지 않는다는 것을 인정하고 있다. 그러기에 숯구이 총각의 개안(開眼)은 이미 기정화된 사실이다. 그러므로 신분상의 차이는 전혀 문제가 되지 않는다. 서인우는 자아 찾기를 누구보다 적극적으로 실행하는 은희의 포로가 되어가고 두 사람의 사랑은 더욱 극적으로 변화한다.

은희는 자신을 '똥 같고 땅 같이' 내던지면서 수많은 사람들에게 인정을 받으며 쓰러져가는 회사를 살리는 데 큰 힘을 발휘하게 된다. 그리고는 숨겨져 있던 금들을 찾아내기 시작하고 이를 돈으로 환산하게 되면서 점차 회사는 점차 숨통이 트여간다. 숯구이 총각인 인우는 그녀의 이 끝없는 희생과 지혜, 그리고 '위풍당당'한 배짱을 지켜보면서 점차로 자신을 감싸던 이기주의와 허무주의를 벗어던지면서 '장군'도 될 수 있고 '왕'도 될 수 있다는 자신감을 얻기 시작한다. 한 여자가 갖고 있는 지혜와 성실함이 그 상대인 남자를 새롭게 태어나도록 부추기고 있는 것이다. 남편에게 명마(名馬)를 골라주는 능력을 발휘하는 평강공주처럼 은희는 인우라는 숯구이 총각을 절망에서 일으켜 세우기에 이른다.

「위풍당당 그녀」(제13회)

신#62/1층 사무실

(계속 울리는 전화벨)

은희: (조심스레 귀에 갖다댄다)

인우: (F) 사랑……합니다.

은희: (움찔, 가늘게 떠는)

(은희, 천천히 걸어 나가 2층을 올려다보는데)

두 사람은 티격태격하며 동거 아닌 동거를 시작하고, 은희의 사람 됨에 감동한 인우는 이제 은희 없이는 도저히 삶의 가치를 느끼지 못할 지경에 와 있다. 숯구이 총각은 지혜로운 여인의 포로가 되어 그녀가 하자는 대로 하고 있는 것이다. '내 복에 산다'계 설화의 백미는 바로 숯구이 총각과의 결합이며 이는 여인의 총명함이 가져다 줄 '행복한' 결혼을 암시한다.

3) 갈등 - 〈진가쟁주설화〉

▋진짜와 가짜의 갈등

어떤 이야기에서든 주인공의 승승장구와 달콤한 사랑의 쟁취를 방해하는 방해꾼이 없을 리 없다. 바로 은희와 운명이 뒤바뀐 언니 금희의 활약이다. 금희는 엄마 길녀에 의해 운명의 방향이 탄탄대로로 접어들게 된 여성이다. 그러나 금희는 자신이 엄마의 일시적 술책으로 동생의 운명을 앗았다는 것을 알게 된다. 가짜는 진짜처럼 되기 위해 안간힘을 다하면서 진짜가 눈치 채지 못하도록 갖은 술수를 다 써서 애써 진입한 태성그룹의 손녀자리를 빼앗기지 않으려고 한다. 그러면서 주변의 모든 인물들을 다 동원하여 은희를 곤경에 몰아넣고 있다.

여기에서 우리는 진짜와 가짜가 겨루는 '진가쟁주설화'의 면모를 보게 된다. '진가쟁주'는 가짜가 진짜 행세를 하면서 진짜를 위기에 몰아넣는 이야기로 TV 드라마가 선호하는 유형이라 할 수 있다. 1983년 MBC의 「사랑과 진실」(김수현 극본)에서는 가짜(원미경 분)가 진짜(정애리 분) 행세를 하면서 진짜의 삶을 송두리째 빼앗는다.[57] 성격이 판이하게 다른 두 자매의 뒤바뀐 운명을 그린 이 극은 '재벌 딸'의 등장과 '선악의 대결구도' 등으로 이른바 멜로드라마의 새 이정표를 세웠는데 그것은 바로 트렌디드라마의 전형적 유형인 '콩쥐팥쥐' 류를 양산시키는 데 초석 역할을 담당한다.

특히 진짜와 가짜의 줄타기라는 서사구조는 최근작 「유리구두」(SBS, 2002), 「라이벌」(SBS, 2003) 등에 이르기까지 지속적으로 반복돼 왔다 할 수 있다. 이는 '콩쥐팥쥐'에서 팥쥐가 콩쥐의 잃어버린 신발을 신어보기 위해 애를 쓰는 점이나, 결혼한 콩쥐의 운명을 자기의 것으로 만들기 위해 갖은 술수를 다 하는 것과도 같이 가짜 쪽의 교활한 활약상이 두드러지게 나타나 극적 갈등의 최고조를 이루기도 한다.

구전설화에서는 「옹고집전」, '쥐둔갑형 설화' 등을 포함하고 있는 '네가 누구냐' 설화유형에서 자세히 살펴볼 수 있다.[58] 진가쟁주(眞假爭主)설화의 대표적인 설화인 '쥐둔갑형'의 내용을 간단히 서술하면 다음과 같다.

> 삼 년 동안 절에서 공부를 한 억쇠는 마침내 꿈에 그리던 집으로
> 돌아간다. 그러나 어떻게 된 일인지 억쇠네 집에는 억쇠와 똑같이

---

57) 이 드라마는 동화와 같은 이야기로 시청자들의 관심을 끌면서 시청률 60% 이상을 올리기도 했다.

58) 이부영, 『한국민담의 심층분석』, 집문당, 2000, 65쪽.

생긴 억쇠가 또 하나 살고 있지 않은가. 그것도 아주 의젓하게 대청에서 책을 읽고 있는 것이다. 억쇠는 기가 막혔다. 거기다가 집 안 식구들까지 모두 자기를 가짜로 보는 데는 견딜 수가 없었다. 거기다가 어렸을 때 있었던 일이라든가 생일까지도 똑같이 알아맞히고 있다. 그의 아버지는 궁리 끝에 있는 세간을 말해 보라고 했다. 삼년 동안 집을 떠나 있던 억쇠는 모든 것이 가물가물하고 생각이 나지 않음에도 불구하고 가짜 억쇠는 하나도 빼놓지 않고 척척 맞혔다. 아버지는 더 생각할 것도 없이 진짜 억쇠를 내쫓고 말았다.

억쇠는 하는 수없이 정처 없는 나그네가 되었다. 그러던 어느 날이었다. 길가에서 늙은 중을 만났다. 늙은 중은 억쇠를 한참 동안이나 물끄러미 바라보더니 딱하다는 듯이 혀를 차며 "아니 총각! 총각은 자기 혼을 도적맞았다는 것을 모르오? 아마 어딘가에 총각과 똑같은 사람이 있을 거요." 하고 말했다. 억쇠는 이 말을 듣자 자신을 구해 줄 사람은 이 스님 밖에 없다는 생각이 들어 모든 이야기를 털어놓았다. 늙은 중은 고개를 끄덕이며 "총각은 절에서 공부할 때 손톱이나 발톱을 깎아서 아무렇게나 버린 일이 없소?" 하고 물었다.

"네, 바로 절간 앞에 시냇물이 흐르고 있었는데 아침이면 그곳에서 세수도 하고 옆에 있는 바위에 아무렇게나 걸터앉아서 손톱도 깎고 발톱도 깎았시유."

"그랬을 것이오. 그렇다면 당신은 곧 고양이를 한 마리 사서 두루마기 속에 감추어 가지고 집으로 가서 그 가짜 총각 앞에 놓아 보시오."

억쇠는 늙은 중의 말대로 고양이를 한 마리 구하여 집으로 돌아왔다. 고양이를 보자 가짜 억쇠는 그만 얼굴색이 새파랗게 질려 가지고 어쩔 줄 몰랐다. 고양이가 가짜 억쇠의 목덜미를 물고 늘어지자 그는 피를 철철 흘리며 쓰러지며 커다란 들쥐로 변했다. 들쥐는 산 속에서 총각이 버린 손톱이나 발톱을 먹고 그 정기를 받아 억쇠와 똑같은 모양으로 변해 버린 것이다. 억쇠는 어머니 품에 안기면

서 제일 먼저 하늘을 보았다. 하늘이 몹시도 파랬다. 억쇠는 어머
니 품안에서 몇 번이나 중얼거리고 있었다.
"하마터면 나를 잃어버릴 뻔했어, 하마터면 나를 잃어버릴 뻔했
어."59)

이 드라마에서도 금희는 진짜인 은희를 곤경에 몰아넣어 가짜인 자
신의 위치를 보다 확고하게 만들기 위해 모든 음모를 세밀하게 진행시
킨다. 이 같은 '쥐둔갑형 진가쟁주'는 흔히 「옹고집전」의 근원설화와
관련되어 있고 쥐가 아닌 짚이나 그 밖의 사물이 도술에 의해 똑같은
사람이 되어 주인임을 서로 다툰다는 이야기다. 흔히 '쥐둔갑형'에서
쥐는 '작은 것', '미천한 것', 그러나 꾀를 가졌으며 사람보다 앞으로 일
어날 일을 잘 알고 있으며 사람을 도와주기도 하나 해를 끼칠 수 있는
것'으로 어둠의 동물이며 죽음과 재앙의 동물인가 하면 마귀, 귀신의
마력을 갖춘 존재이며 또한 잠잘 때 들락거리는 영혼이기도 하다.60)
'진가쟁주'에서는 대개 먼저 가짜가 진짜로 판단되어 진짜는 쫓겨나
는 것이 보통이다. '가짜의 득세'와 '진짜의 추방'이라는 이 설화의 주
제는 현실사회에서도 매우 중요한 일이라 할 수 있다. 괴물은 극히 꼼
꼼한 성격의 소유자로서 모든 세부적인 것에 집착하나 이러한 강박성
은 사물의 전체적 관련을 보지 못하는 만큼 조금도 창조적인 기능을
발휘하지 못하지만 세부적인 것에 있어서는 비상한 정확성으로 기억
하기 때문에 통속적인 눈으로는 지혜가 뛰어난 것으로 오인되기 쉽다.
드라마에 있어서 진짜인 주인공은 항상 자신이 처한 현실을 직시하
는 눈이 부족하다. 그래서 조금만 주의를 기울이면 가짜의 술수를 알
아차릴 수 있음에도 불구하고 주인공은 언제나 가짜에게 당하기만 한

---

59) 이부영, 앞의 책, 57쪽.
60) 이부영, 앞의 책, 74쪽.

다. 그가 진짜라는 것은 시청자만 알고 있을 뿐, 극중 주인공은 자신이 진짜임을 모르기 때문에 이러한 일이 가능하게 되는 것이다. 특히 주인공이 자신이 억울하게 당하는 현실이 '가짜'의 획책에 의한 것임을 모르면 모를수록 시청자들은 더욱 애가 타게 되고 극은 점점 긴장감을 높이게 된다.

「위풍당당 그녀」(제8회)

신#46/김회장 사무실

금　희: 은흴……도와……주실 건가요?

김회장: 고거야 내기가 끝나봐야 아는 일이구. 근데 와 기라니?

금　희: 모, 모른 체 해, 해 주세요. 할아버지. 으, 은희……우리 은
　　　　희, 마, 만나지 말아 주세요!

김회장: 뭐이야?

－중략－

금　희: (정말 안간힘으로) 어머니가 싫으시대요! 당신 자식들 약하
　　　　게 키우고 싶지 않으시대요! 조금만 힘들어져두 내 덕
　　　　보구 싶어질 거라구! 10만원이 백만 원 천만 원 될 거
　　　　구, 없는 살림에 집 사 달라, 차 사 달라 하게 될 거라
　　　　구, 저더러 왕랠 끊어 달라구요. 할아버지께두 대신 부
　　　　탁 좀 해달라구요!

김회장: 기래? 허긴 그 양반, 너래 길러준 사례두 한사코 마다한
　　　　양반이 아니가?

'네가 누구냐'형의 설화는 소년이 다시 부모님의 품에 안기는 것으로 끝나는 소박한 이야기지만 이중인을 만들어 서로 싸우게 하는 대목의 기발함 때문에 이런 유형이 TV 드라마로 방송되면 시청자들의 지대한 관심을 끌게 된다. 결말이 어떻게 될지 뻔한 이야기지만 시청자들은 둘의 싸움에 집중하면서 흥미를 갖게 되는 것이다.

「위풍당당」에서 진짜와 가짜의 행보는 곡예처럼 아슬아슬하다. 이를 테면 가인식품을 살리고자 동분서주하던 은희는 언니에게 도움을 빌어 재벌 친할아버지(김회장)를 만나게 되고 납품을 부탁한다. 처음 만난 은희와 김회장은 이상하게도 서로가 서로에게 끌리는 것을 느낀다. 핏줄의 힘이다. 그러나 금희는 자신이 가짜임을 알게 되면서부터 두 사람의 만남을 적극 방해한다. 그녀는 할아버지에게 은희를 만나지 말라고 부탁하고 있다. 가짜는 늘 고도의 머리싸움으로 어느 누가 봐도 그럴듯한 명분을 댄다. 자신을 키워준 어머니가 재벌 할아버지에게 폐를 끼치고 싶어 하지 않는다는 것이다. 한두 번 이것저것 부탁하다보면 나중에는 집 사 달라, 차 사 달라 하게 되는 것이 인간의 마음이므로 아예 만나지 않고 살기를 간절히 염원한다는 것이다.

가짜는 자신의 신분이 노출되는 것을 막기 위해 매사에 선으로 위장하고 있다. 그러나 점점 악해지는 것이 가짜의 본성이므로 가짜는 진짜가 갖고 있는 모든 것을 치밀한 계산 하에 하나 둘 빼앗기 시작한다. 즉 진짜가 갖게 된 금을 빼앗는 것이다. 그래서 금희는 할아버지가 후계자로 지목한 숯구이 총각 서인우와 결혼할 계획을 세운다. 자신이 가짜라는 것이 밝혀져도 결혼제도에 자신을 묶어 버리면 누구도 그녀를 축출할 수 없기 때문이다. 그래서 동생에게서 서인우를 뺏기로 결정한다. 그러면서 온갖 계략을 꾸미고 있다.

「위풍당당 그녀」(제12회)

신#5/고급 바

금희: 우리 친해진 것 맞나요? 우리 이제 친구가 된 거 맞나요?

인우: 뭐…….

금희: 근데 전 이제 서인우 씨랑 친구하기 싫어졌어요! 친구, 안할 래요. 안 하구 싶어요.

인우: (?) 그게 무슨 뜻입니까?

금희: (인우의 표정 주시하면서) 나, 서인우 씨 좋아해요! 나, 나두
모르게 서인우 씨 좋아하게 돼 버렸어요! 그렇게 돼 버렸어
요!

금희는 '진가쟁주'의 가짜일 뿐만 아니라 '발복'인 「삼공본풀이」의 두 언니들과 같은 역할도 하고 있다. 그들은 아버지와의 문답에서 흡족한 대답으로 사랑을 받으며 막내딸과의 대비되는 역할로서의 기능을 담당하는 안타고니스트이다. 막내딸의 대답을 괘씸한 것으로 부각시키기 위해서는 반대편의 의견을 강조할 필요가 있다. 즉 강조를 위한 반복의 효과라는 문학적 장치가 생기게 되는 것이다.[61] 즉 두 언니 모두 반복해서 '아버지 복에 살고 있음'을 강조하고 있고 이로 인해 상대적으로 '내 복에 산다'고 대답한 막내딸은 두 언니와 대비되는 인물로서 그 성격을 굳히게 된다. 아버지는 높은 지위에 있거나 부자이다. 사실 부모가 자식에게 누구 덕으로 사느냐고 묻는다는 것은 실없는 행동이다. 자식이 혼자서 살아갈 수 있는 능력이 생길 때까지 부모가 돌봐주는 것은 당연한 일이다. 그러므로 질문자체가 우스운 것이며 더욱이 부모의 덕이라고 대답하는 딸은 기특히 여기고 자기 복에 산다고 한 막내딸은 미워하여 내쫓기기까지 하는 행위는 이 아버지의 자기과시적이고 권위주의적인 성격을 드러내는 것이다. 아버지는 높은 신분에 처하고 부를 이루었으나 인간적으로 성숙하지 못한 인물이다.[62] 이러한 비성숙한 아버지의 뜻에 적극 동조하는 두 언니

---

61) 장덕순 외, 『구비문학개설』, 일조각, 1971, 62쪽.

62) 김대숙, 앞의 논문, 19쪽. 김대숙은 '발복'설화가 신화적 배경을 지니고 있다는 주장을 펴고 있다. 그 결과 여자 주인공의 성격은 신화적 능력이 차츰 축소되는 방향으로, 가족관계는 여성과 남성의 역할과 위치가 여자 쪽이 우월하거나 대등한 관계에서 점점 남자 쪽의 역할이 강화되는 쪽으로 진행되고 있다고 보았다.

들은 주인공의 편에서 보면 자신을 쫓겨나게 만든 결정적인 악역임에
틀림없다.

▌진짜 주인공에게 도움을 주는 조력자

악역이 있으면 반드시 조력자도 있게 마련이다. 바로 은희의 첫사랑
이자 이제는 금희의 애인이 되어버린 지훈(강동원 분)이라는 존재다.

「**위풍당당 그녀**」(제9회)

신#71/길녀 병실
(그 때 지훈이 차트 확인하며 열려져 있는 문을 열고 들어선다.)
지훈: (금희다! 반색하며 다가가려는데)
금희: 죽어! 그냥 죽어! 엄만 그냥 죽어!
길녀: ······.
금희: (중략) 난, 은희처럼 살 수 없어! 난 이제, 절대루 은희가 될
　　　수 없어, 엄마! 묻어 줘. 엄마가 그냥 묻어 줘! 은희랑 나,
　　　그냥 지금 이대루 끝까지 묻어줘, 엄마!
길녀: (고통스럽고)
지훈: (엄청난 충격으로 멍해진다)

처음엔 은희의 첫사랑이던 지훈은 자신이 어느 틈엔가 금희의 애인
이 되어 있는 현실에 대해 곰곰이 생각해 본다. 거기에도 금희의 간
계가 있었음을 깨닫는다. 그러나 무엇보다 '발복'에서 '금을 사가는 사

남자들은 여자를 만나면 하던 일을 그만두고 전업을 해서 성공을 이루며 생업의
변모는 의기(儀器)와 무기의 구실을 하는 '쇠'의 의미로써 '금'을 다루게 되고 마
둥이는 왕이, 거지는 장수가 되며 숯구이는 부자가 되는 등 사회사적 변모를 이
뤄낸다. 그러나 이 이야기는 샤만과 대장장이가 사회의 최고위 신분이 아니며 금
의 제련이 더 이상 쟁패를 가름하지 않게 되면서 신화적 성격을 잃어버리기 시
작한 것으로 보인다고 보았다.

104

람들: 조력자'로서의 역할을 다하고 있는 지훈은 결정적으로 금희가 가짜임을 밝히는데 혁혁한 공을 세우는 인물이다. 조력자란 이야기 서사구조에 있어서 주인공의 편에서 갈등을 풀어주기도 하고 주인공이 어려울 때마다 나서서 도와주는 인물을 말한다. '금을 사가는 사람들'은 금을 돈으로 환산하여 여인에게 부(富)를 안겨다 준 인물들이며 '쫓겨난 여인'이라는 가혹한 운명을 돈으로 상쇄시켜는 인물들이다. 견물생심이라고 금을 팔아주면서 생길 법도 한 음모나 술수도 쓰지 않고, 숯구이의 아내라고 업신여김도 없이 그야말로 그 엄청난 금덩어리를 고스란히 돈과 바꾸는 데 전폭적 조력을 하는 사람들이다. 그러므로 난제를 해결해주는 인물이라 할 수 있다.

「위풍당당 그녀」(제8회)

신#34/병원 휴게실

은희: 이기 뭐꼬?

지훈: 어무니 수술 예치금.

은희: 뭐?

지훈: 안된다, 못 받는다, 이런 못난 소리 이은희라면 안할 거라고
　　　믿는다. 다른 거 생각하지 말자. 지금은 어무니만 생각하
　　　자, 은희야!

은희: (그렁그렁)오빠야……

「위풍당당 그녀」(제15회)

신#63/길녀 병실

지훈: 은희, 지금 많이 아픕니다! 은희, 지금 많이, 많이 아픕니다,
　　　어무니!

길녀: 으, 은희가 와 예? 우, 우리 은희가 와 예?

지훈: 금희, 서인우 씨랑 결혼하겠답니다, 어무니! 금희, 은희 인생
　　　빼앗은 거로도 모자라서 이젠 은희 사랑까지 빼앗을 거랍니

다, 어무니!

‘콩쥐팥쥐’에서 콩쥐를 도와주는 조력자들은 매일 콩쥐에게 부여되는 계모의 난제를 해결하기 위해 밭을 갈아 주는 검은 소, 밑 빠진 구멍에 물을 채워 주는 두꺼비, 벼를 찧어주는 참새 등으로 설정되어 있다. 또한 하얀 할미는 콩쥐가 잔칫집에 갈 수 있도록 꽃신을 지어 주기도 한다.[63] 특히 하얀 할미는 콩쥐의 인생이 바뀌게 되는 결정적 근거물인 ‘꽃신’을 지어주는 결정적인 조력자이기도 한 것이다. 이처럼 드라마에서 조력자는 비록 애인이나 남편은 아니지만 소·두꺼비·참새로 표현될 만한 친밀한 존재들이며 주인공의 삶을 풍요롭게 해준다. 드라마에서 지훈은 은희와 금희의 뒤바뀐 운명을 가장 먼저 알고 끝까지 은희의 삶을 찾아주려 애쓰는 인물이다.

고아의식을 갖고 있는 여성에게 있어 조력자의 역할은 매우 크다 할 것이다. 그들은 여주인공의 사랑을 받아 남편이 되는 남자 주인공은 아니지만 누구보다 여주인공과의 로맨스를 희구하며 결국에는 여주인공을 가엾게 여기는 존재로서 시청자들의 사랑을 듬뿍 받는 조연의 역할을 한다. 그리고 그 긍정적 역할로 인해 드라마가 끝난 후에는 반드시 다른 드라마의 주인공으로 캐스팅될 만큼 인기를 얻기도 한다.

그러나 이러한 조력자들은 특히 여성이 주인공일 때, 그 여성이 난관에 부딪히거나 삶의 진실을 해결하지 못할 때 등장하게 되는 남성으로서 페미니즘을 역행하는 일이라는 지적을 받기도 한다. 이는 TV 드라마에 깊이 스며든 가부장제의 단면으로 주인공과 조연들 사이에서 여성의 로맨스 사건을 에피소드로 첨부시키며 극을 전개하고 전통

---

63) 이원수, 「콩쥐팥쥐설화연구」, 『문학과 언어』 19, 문학과 언어학회, 1997, 71~94
쪽.

적인 방법으로 여성에게 부과된 고통을 남성이 해결하게끔 만들고 있다는 것이다.[64] 그러나 이런 구조는 여성시청자를 위한 유일한 줄거리로 간주될 정도로 수십 년 간 되풀이 되어온 일이다. 굳이 페미니즘을 언급하지 않더라도 드라마에 있어 시청자의 눈물샘을 자극하는 쪽은 언제나 여주인공이고 보면 그 상대인 남성은 여주인공의 비극을 해결함으로써 시청자에게 카타르시스를 주는 존재이기도 하다. 그러므로 TV 드라마에 있어서 조력자란 남성과 여성을 가릴 것 없이 '콩쥐팥쥐'의 조력자들처럼 대리만족을 주는 존재이므로 반드시 필요한 인물이라 할 것이다.

'쥐둔갑형' 설화에서 늙은 중이 억쇠의 조력자인 것처럼 그는 작품을 클라이맥스로 이끌기도 하고 해결점을 주어 대단원에 이르게도 할 수 있는 위력을 갖고 있다. 그러므로 「위풍당당」의 은희는 비로소 지훈이라는 조력자에 의해 진짜의 삶을 찾는다.

---

64) 쥬디스 케간 가디너, 「신뢰와 로맨스의 패러독스」, K. U. 핸더슨·J. A. 마제오 편, 『텔레비전과 사회, 그 함축적 의미』, 백선기 옮김, 한울아카데미, 1994, 48~66쪽.

4) 포용 - 〈대모설화〉

▌대지의 여신과도 같은 대모(大母)

이 설화의 여주인공은 주체적인 삶을 살 뿐만 아니라 남편을 지금까지 살아 온 방식과는 전혀 다른 삶을 살게 하는 위력을 갖고 있다. 「온달전」의 온달은 결혼 이후 면모가 일신하여 적극적이고 역량 있는 무사가 된다. 또한 벼슬길에 나아간 후로는 충신으로까지 발전하면서 이야기의 중심인물로 부상하게 될 정도[65]로 과거의 온달에서 환골탈태하게 된다. 이는 모두 아내의 힘이다. 가족과의 단절을 감수하면서까지 신분이 다른 남자와의 결혼을 강행한 평강은 결국 가족으로부터 인정을 받고 화해를 이끌어내고 있다. 평강의 성취는 온달의 역량을 통한 것이라 할 수 있다. 즉 남편을 도와, 남편이 전공(戰功)을 세움으로써 비로소 가능해진다. 그렇기 때문에 비록 이야기는 온달이라는 미천한 인물의 성공담을 통해 그의 충성심을 보여 주는 데 있지만 보다 깊이 들여다보면 평강이라는 여성이 갖고 있는 무한한 가능성에 포착하게 된다.

또한 「삼공본풀이」와 구전설화에서 부자가 된 셋째 딸은 자신이 나온 이후로 친정이 몰락하고 부친은 거지가 되어 빌어먹고 다닐 것이라고 예측한다. 역시 예지력이 발현되는 것이다. 집을 나온 다음에 친정 식구들과 완전히 소식이 두절되었고, 이야기가 전개되는 과정 가운데 친정 형편을 알만한 아무런 인과론적인 설명이 없는데도 그간의 변화를 다 짐작한다. 그래서 셋째 딸은 아버지를 만날 수 있도록 대책을 세운다. 이와 같은 일련의 행동은 강한 의지만으로는 설명이

---

65) 김대숙, 앞의 논문, 69쪽.

되지 않는다. 이는 여인이 남들이 가지지 못한 특별한 능력의 소유자라는 것을 보여주는 사건들이다. 앞으로 일어날 일을 훤히 내다보는 주인공의 예지력에 대해서는 다른 유사한 이야기들 속에서도 마찬가지다. 그러한 능력으로 친정의 몰락을 짐작하고 부친과의 상봉의 계기를 마련한다. 용서의 마당을 만드는 일이다.

이 드라마에서는 여주인공인 은희가 어차피 '똥 같고 땅 같은' 삶을 살기로 결정한 이상, 대지의 여신과 같은 '대모(大母)'의 기질을 갖지 않을 수 없다. 모든 것을 뉘우치는 길녀로부터 자신이 진짜임을 알게 되지만 은희는 다 용서하기로 마음먹고 가짜에게 모든 것을 양보하기로 마음먹는다. 바로 이 부분이 발복의 네 번째 구조인 "여인은 자신을 적대시했던 사람들을 용서하며 자신에게 대모적 성품이 있음을 발견한다"로 발전하여 대미를 장식하게 되는 것이다.

흔히 일반의 '콩쥐팥쥐형' 드라마에서는 자신의 신분이 밝혀지게 되면 그 신분을 마음껏 누리는 내용을 보여줌으로써 시청자와 함께 기뻐하며 막을 내린다. 그러나 이 드라마는 좀더 색다르게 마지막을 장식하고 있다.

「**위풍당당 그녀**」(제17회)

신#52/병원일각

은희: 묻자. 이대로 묻어 도! 백번 천 번 생각해 봐도 그게 모두를 위한 길이다. 그라고 난 회장님 댁에 들어가서 살 자신도 없다. 난 회장님 보단 우리 엄마가 좋고 김은수보단 우리 쌍둥이들이 좋다. 그라고 태성그룹보단 우리 가인식품이 백 배 천배 좋고!

금희: ……

은희: 묻자. 이대로 묻자, 우리. (F. O)

은희는 진짜로서의 삶을 자신의 마음속에 묻기로 결심한다. 다만 엄마와 똑같은 혈액형을 갖고 있는 금희가 길녀에게 간이식을 해줄 것을 제안한다. 그리고는 그것으로 모든 거래를 끝내고자 한다. 대재벌의 손녀딸로 살아가는 것을 과감하게 거부하는 것이다. '쫓겨난 곳'으로의 회귀는 마음속으로만 하자고 다짐한다. 하지만 그렇게 결정하기까지 많은 슬픔이 뒤따른다.

「위풍당당 그녀」(제17회)

신#62/통일 전망대

김회장: 기림, 니 소원은 뭐이가? 너래 내기에 지는 바람에 내래
　　　　들어줄 순 없지만 어디 한 번 들어나 보자우.
은　희: 지 소원은 예, 회장님한테 회장님이라 안 부르고 금희언니
　　　　처럼 할아버지라꼬 부를 수 있는 긴데.
김회장: 야, 무슨 소원이 기래 시시해빠졌네? 고기 뭐이가 어려운
　　　　일이라구서리. 부르라우. 내래 할아버지지, 기림 할머니
　　　　가? 내친 김에 한 번 불러 보라우.

할아버지라 부를 수 있게 된 것만으로도 은희는 모든 것을 다 얻었다고 생각키로 한다. 자신을 내던짐으로써 길녀도 살고 금희도 살고 또한 숯구이총각인 인우까지 살게 된다는 생각으로 은희는 모든 것을 용서하기로 마음먹는 것이다. 이처럼 '발복'은 쫓겨난 여인이 자신을 쫓아냈던 모든 것을 용서하는 것으로 마침표를 찍고 있다.

이는 전 세계적으로 분포되어 있는 여성의 원형상을 살펴보면 이해가 쉬워진다. 여성신화는 주로 우주를 이루고 다산과 어린이를 병에서 지켜 주는 위대한 모성으로 나타나고 있다. 여성의 다산과 농경의 풍요 사이의 연대성은 농경이 남성중심으로 변한 뒤에도 그대로 유지되어 오늘날까지 이어진다. 이는 모계가 부계보다 한층 우세했던 선사시

대의 편린이라 할 것이다.

건국신화에는 모계제 사회가 그대로 반영되어 있어서 소극적이나마 동명성왕에게는 유화가, 김수로왕에게는 가야산신인 정현모주(正見母主)가, 혁거세왕에게는 서술성모(西述聖母)인 사소(娑蘇)가 건국주의 어미로 등장하고 있음[66]을 상기하게 한다. 고대사회의 제의의 주재자가 여성무(女性巫)였고 또 그 당시는 모권이 지배적으로 우세했던 점으로 고려할 때 이는 모계사회의 유풍이라 할 수도 있고 쫓겨난 여인의 '발복' 속에 나오는 여주인공도 고대인의 관념을 상징하고 있다고 볼 수 있다.

또한 이는 '아니무스(Animus)'와 '아니마(Anima)'[67] 이론으로도 설명이 가능하다. 아니마는 수동성과 감성적 측면, 아니무스는 적극성과 이성, 로고스적인 측면을 지니고 있다. 그러므로 남성과 여성은 상호 보완적으로 이러한 이성(異性)의 특성을 무의식에 지니고 있어 그것의 실현이 인격성숙의 전제가 되기도 한다. 가부장제 사회의 남성들은 이것을 곧잘 간과하고 자신의 마음속에 간직하고 있는 '여성적인 여성'만을 이상으로 삼고자 했는데 특히 TV 드라마는 이러한 현상을 통념화시키는 일에 큰 몫을 담당해 왔다 할 수 있다.

드라마 「위풍당당」이 내리고자 하는 결론은 바로 이런 여성에 대한 통념을 과감히 청산하는 일이다. 때문에 은희는 재벌의 손녀딸이 갖

---

66) 김영만, 「쫓겨난 여인 발복설화의 여성 상징 연구」, 『부산대 국어국문학』 20, 부산대 국어국문학과, 1983. 3, 109쪽.
67) 이부영, 앞의 책, 207쪽. 이는 C. G. Jung의 이론으로 융은 남성은 무의식 속에 여성 상을, 여성은 그녀의 의식과는 달리 무의식 속에 남성상 을 지니고 있다고 보았다. 이러한 원형적 상이 서로 이성(異性)에 투사될 때 이들은 현실의 이성을 넘어선 그들 자신의 내적 인격상을 보게 된다고 한다. 때로는 여성이 남성의 아니마 투사상에 맞추어 살고자 하는 경우도 있고 남성이 여성의 내적 인격, 아니무스의 경향에 동일시하려는 경향이 있다는 것이다.

게 될 '신데렐라'의 신분상승 대신에 지금까지 그를 고통스럽게 했고 그의 태생을 바꿔치기 한 모든 가해자들을 포용하기로 결정하면서 과감히 '신데렐라'로서의 삶을 포기하기로 한다. 대신 그녀는 그저 '내복'으로 사는 쪽을 택한다. 숯구이 총각의 집에서 발견한 금을 계속해서 더 찾으면서 용서와 화해의 대모(大母)로 살아가려는 것이다.

한편 숯구이 총각은 자신보다 정신적으로 우월한 은희에게 회사를 맡기고 그 삶을 '발복'한 여인에게 의탁하고 있다. 이제 은희는 자기의 손으로 일궈낸 회사의 사장이 되고 숯구이 총각은 그녀의 비서가 된다. 은희는 그야말로 '내 복에 산다'를 선포한다.

「**위풍당당 그녀**」(제17회)

신# 65. 1층 사무실
은희: (업무 보며) 미스타 서. 커피 한 잔 마십시다~.
인우: 네, 사장님. (일어나 부엌으로 가고)
은희: (흘낏 보며) 자꾸 웃음이 나온다. 손으로 입을 틀어막고 웃는
　　　　 다.
(잠시 후 인우, 커피를 가지고 와서 은희의 책상에 놓는다)
은희: 고마워요, 미스타 서. (마시려다 말고) 혹시 이 안에다 침 같
　　　　 은 거 뱉은 건 아니겠죠?
인우: 네?
은희: 나는 옛날에 모시던 사장이 하도 재수가 없어서 가끔씩 침도
　　　　 뱉고 손도 넣고 했거든요.
인우: 네에?
은희: (흥! 맛있게 마신다)

아들의 결혼을 반대해 결국은 아들과 며느리를 모두 죽음에 빠지게 한 친할아버지 김회장은 가부장적 권위의식의 인물이다. 그러나 결국

은 손녀에게 경영에 참여케 한다거나 대물림 식의 경영이 아니라 전문 경영인에게 맡기고자 하는 굳은 뜻을 갖고 있는 인물로 변화하면서 그 간의 권위의식에서 벗어난 양상을 보인다. 또한 여주인공은 모든 면에 서 남자보다 우월하며 적극적이다. 이 역시 왜소화되어 가고 있는 현 대 남성상 을 그려내면서 앞으로의 세계에서는 여자가 얼마든지 제 능력에 따라 남성을 리드할 수 있음을 드러내고 있다. 이는 그간 텔레 비전 드라마에서 보여 왔던 가부장 이데올로기의 변화를 예고하는 일 들이라 할 것이다. 이 드라마가 '발복형' 주제라는 것을 확연히 보여주 는 일이다.

다시 설화로 돌아가서 결말부분만 놓고 볼 때 '내 복에 산다'계의「 삼공본풀이」는「백정 딸」보다는 시간적으로 앞서는 사회분위기와 어 울린다고 할 수 있다.「삼공본풀이」의 셋째 딸은 거지가 된 부모와 재 회하고 아버지는 노후를 딸에게 의탁하고 있다. 즉 한국의 가족사를 집중적으로 탐색한 연구결과에 의하면 고려시대까지는 결혼한 여자의 친정과 외손을 포함한 가족이 이상적 가족이었으나 조선후기에는 여 (女)와 여서(女婿), 외손(外孫)을 포함하는 가족, 사위의 입장에서 보 면 장인이나 장모를 포함하는 가족이 이상적인 가족이었고 조선후기 에는 부계의 장자(長子)와 장자부(長子婦), 장손(長孫)과 장손부(長孫 婦)와 생활을 같이 하는 직계가족이 이상화 가족이었던 것이다.68)

딸이 친정아비를 모시는 가족관계는 부계 쪽의 친족관계가 공고해지 기 이전의 이상적인 가족구성이기 때문이다. 반면에「백정 딸」의 경 우, 함께 살던 숯구이 총각을 버리고 거지가 된 전남편과 재결합을 하 고 있다. 그러므로 숯구이 총각은 부수적인 인물로 축소되었고 가부장

---

68) 최재석,『한국가족제도사 연구』, 일지사, 1983, 7~9쪽, 김대숙,「여인발복 설화의 연구」, 108쪽에서 재인용.

권의 확립이라는 사회질서의 도래로 인해 여자가 시댁으로 돌아오도록 설정[69]된 것으로 보아 「삼공본풀이」보다 후대의 것임을 짐작케 한다.

「온달설화」나 「서동설화」는 위의 '내 복'형 민담설화에서 적극적으로 보이는 여성중심의 이야기전개라기 보다는 온달과 무왕의 전기에 가깝고 평강공주와 선화공주의 '발복' 행위는 이야기구조 속에서 한 부분만을 이루고 있어 시대상의 문제를 거론할 수 없다 하겠다. 다만 여인이 '아버지'로 표현되고 있는 가부장제의 권위에서 스스로 빠져나와 자신의 구상대로 일가를 이루고 있다는 점에서 부계사회의 면모가 그리 강하지 않은 사회라는 것이 예상되고 있을 뿐이다.

이 드라마의 은희는 친할아버지라는 부계 쪽 가부장제의 굴레에 편입하지 않고 자신의 힘으로 살아갈 것을 선언하고 있다. 그러면서 그간의 드라마가 보여준 여성적 삶, 즉 아버지와 남편 그리고 아들에게 의존하는 삼종지도의 틀을 과감하게 깨고 그 어느 누구에게도 의지하지 않고 제 힘으로 살 것을 선언한다. 바로 이런 면에서 이 드라마는 2000년 이후 변화하고 있는 트렌디드라마의 면모를 보여주는 데 기여를 하고 있다 하겠다.

아쉬움이 남는다면 이 드라마에서도 여전히 여성과 여성 간의 갈등이 전체 내용의 큰 줄기가 되고 있어 페미니즘이 강세를 보이는 '발복'이 활짝 꽃피우지 못했다는 점이다.

---

69) 김대숙, 앞의 논문, 108~111쪽.

제4장

여인발복 드라마의 의의

　'발복'에는 다양한 인물이 등장하고 있다. 여인을 집에서 쫓아내는 친정아버지와 남편, 그리고 시부이다. 부모에게 순종치 않는 자식을 내쫓는 행위는 가부장적 권위의식이 표출되어 있지만 딸의 강한 도전을 받는다는 점에서는 아직 부권이 확고하게 자리 잡지 못한 시대의 산물인 것으로도 보이고 여인이 남편보다 모든 면에서 우월하며 적극적으로 결혼을 주도하고 있음을 볼 때 선사시대 모계사회의 신화적 면면이 드러나 있기도 하다.

　그러나 사회가 모양새를 갖추면서 가부장제가 고개를 들기 시작할 무렵, 남성의 그림자로 살 수밖에 없던 여인들의 삶도 '발복'이라는 본래의 화소 위에 재창작과 각색을 거듭하면서 다양하게 그려지고 있다. 부권이 득세하던 시기에 구전되었음직한 평강공주와 선화공주는 남편이 출세하면서 남편의 후방으로 물러나게 되며 「백정 딸」 역시 남편에게 복귀하면서 단지 '복 많은 여인'으로만 남고 있다. 나아가 유화와 바리공주처럼 「삼공본풀이」의 셋째 딸은 무속신화의 신격을 유지하게 된다고는 하지만 이들 역시 모두 인간과는 거리가 먼 신화적 존재로만 남겨진다.

　그러므로 '발복'의 여주인공은 탐색의 대상이 자아인지 남편인지, 아비인지 명확하지 않으며 「온달전」과 「서동설화」 등에는 남성의 서사가 작품에 깊이 개입되어 여성의 탐색담이 축소된 결과로 나타나고 있다70)는 것도 일리 있는 말이기는 하다. 하지만 '발복'에는 영웅 신화적 탐색담을 통해 비록 남성 뒤에 가려진 여인의 위상을 그려내기는 했으되 이를 통해 대리만족을 얻고자 하는 여인들의 의지가 적극 개입되어 있음도 부인할 수 없는 일이다.

언제부터인지는 모르나 아마도 여성의 자아 찾기를 절실히 담고 있는 이런 유의 설화는 구전을 거듭할수록 인륜을 거스르는 획기적인 이야기가 되어 더욱 더 부풀려졌을 것이다. 또한 남성위주의 사회에서 세인들의 지탄이 두려워 귓속말로 전해졌을지도 모를 일이다. 현대에서도 흔히 찾아볼 수 없는 여성의 가출과 자유결혼, 그리고 남성을 뛰어넘는 능력발휘라는 이 세 가지 행위는 잘 짜여진 신이담으로 만들어져, 콩쥐의 갑작스런 신분상승을 동경하듯이 민중들의 입에서 입으로 전해져 왔을 것이다. 이런 종류의 이야기를 듣는 것만으로도 가부장제에서 숨죽이고 살아야 했던 여성들에게는 정신적 해방을 부여했을지도 모른다.

사실 '내 복으로 산다'는 말은 반인습적인 오만임에 틀림없다. 이는 부(父)로 대변되는 전통적 관념에서 배척받고 영웅아의 이야기에서 영웅의 첫 조건인 '세속으로부터의 추방'을 의미하며71) 밖에서의 긴 여행을 통한 자아 찾기를 갈구하는 일은 여성이라는 성적 선입관을 놓고 볼 때 대대적인 반란이 아닐 수 없다. 그러나 분명히 '발복'은 수천 년을 민중에 의해 집단의식의 한 형태로 구전되어 왔다. 특히 남성의 전유물로 생각해 왔던 '탐색담'을 과감히 여성에게 적용, '영웅적 여성'까지 기꺼이 창조해낸 선인들의 이야기 창작능력은 오늘을 사는 우리들에게 경이로움으로까지 다가온다.

그럼에도 불구하고 우리 민족에게 친숙한 설화는 단연 여성의 수난

---

70) 진은진, 앞의 논문, 50쪽.
71) 이부영, 앞의 책, 228쪽.

사와 접목되어 있는 열녀와 계모, 효녀·효부 이야기일 것이다. TV 드라마가 시작된 이래 이들 설화는 매우 자연스럽게 드라마의 전부를 차지해 왔지만 어쩐지 '발복'은 낯설기까지 한 서사구조라 할 수 있었다. '발복'이 TV 드라마의 주제로 채택되지 못했던 것은 바로 TV 드라마가 남성위주의 지배이데올로기에 편승해 왔기 때문이며 오히려 현대의 의식수준이 '발복'을 희구해 왔던 고대인들보다 더욱 위축되어 있음을 알 수 있게 해준다.

그간 한국의 현대사회는 오랜 가부장제의 사회구조 위에 남성의 경제활동이 또 다른 무게중심을 이루었으므로 여성의 내조와 희생은 필수적 요소였다. 때문에 TV 드라마에서 남성의 권위에 도전하는 '발복'의 차용은 거의 드물었으며 2000년대에 와서 겨우 빛을 보고 있다는 아이러니를 갖고 있다. 사실 '여인발복설화'와 같은 모티프는 현대인의 욕망과 부합되는 것임에도 불구하고 누구도 선뜻 나서서 여성의 권익을 강조하는 드라마를 주창하지는 못했던 것이다.

앞서도 거론했다시피 페미니즘의 영향은 1990년대 말 경제침체와 맞물려 여성들의 잠재된 능력을 발현시키는 큰 동인이 되었지만 얼마 전까지 남성의존적인 '콩쥐팥쥐형'의 드라마가 브라운관을 휩쓸다시피 했음을 볼 때, TV 드라마는 수동적 여성상 만들기에 앞장서 왔다고 볼 수 있다. 텔레비전은 보수 다중을 향한 매체이므로 시대를 앞서가기보다는 오히려 시대보다 뒤쳐지는 경향이 있음은 누차 지적한 바이다. '발복'과 같은 서사구조를 TV 드라마가 수용하지 못했다는 점이 바로 TV 드라마의 한계라 할 것이다. 그나마 뒤늦게 '발복'을 텔레비전이 수용하여 성공할 수 있었던 데에는 다음과 같은 몇 가지의 원인이 있다 하겠다.

첫째, 소비패턴의 변화에 따른 젊은 층들의 득세다. 이들은 종래 여성들의 한숨과 눈물의 드라마에 동화하기보다는 트렌디드라마에서 보이는 단순함과 설화적 요소가 주는 흥미에 더 많은 감흥을 받는 계층이라 할 수 있다. 「위풍당당」 등의 드라마는 바로 이런 신세대의 감각을 빠르게 수용하여 '콩쥐팥쥐형' 드라마의 빈자리를 채워주었다 하겠다.

둘째, TV 드라마는 여성의 삶에 대한 반성과 자각을 더 이상 외면할 수 없다는 한계에 부딪혔다. 외모지상주의와 학벌주의, 혹은 착한 여자 콤플렉스를 주도해 온 TV 드라마가 못생긴 중졸 여성의 성공담을 그려내기 시작한 것은 바로 외적·양적으로만 팽창하고 있는 현대사회의 겉치레를 고발한 것으로 볼 수 있으며 이러한 내적자각이 '발복'의 도입을 자연스럽게 만들었던 것이다.

셋째, 현대인의 부에 대한 강한 집착이다. '발복'의 여주인공이 금을 캐어 부자가 되었다는 서사구조는 가부장제 이데올로기에 대한 경계와 반감보다 더 매력적인 소구요소로 작용하였다. 출생은 보잘것없지만 능력만 있으면 얼마든지 부자가 될 수 있음을 시사하는 '발복'의 핵심주제는 남녀노소 모두에게 매력적인 요소로 다가왔을 것이며 이로써 여성을 통한 '발복'은 모든 계층에게 폭발적인 지지를 얻게 되었던 것이다.

'발복형' 설화는 여성의 미래지향적 사고와 자립정신을 보여준다. 이는 설화가 가진 사회적 기능이며 문학적 가치인 것으로 파악하고 있다. 그래서 이 설화는 '타고난 복을 통해서 미천한 여인의 신분적 한계를 극복하고 불평등에 의한 신분제도의 허위를 비판한 것'이라는 평가를 받고 있다.[72]

무엇보다 중요한 것은 이러한 생각이 고대 원시사회에서, 그것도 사회적 지위가 낮았던 여성의 행동을 빌어 시작되었다는 점이다.

---

72) 임재해, 「무왕설화의 유형적 성격과 여성의식」, 『여성문제 연구』 제10집, 효성여대 한국여성문제연구소, 1981, 51쪽.

Part. Ⅲ
남성드라마와 〈영웅설화〉의 만남, 그 끝없는 파노라마

〈영웅설화〉의 등장과 의미
드라마 「태조 왕건」의 궁예와 설화수용양상
영웅 드라마의 의의

제1장

●

〈영웅설화〉의 등장과 의미

▌조력자에 불과했던 남자주인공들

대체로 드라마의 주인공은 보통사람과 다른 성장과정과 환경 및 위상을 갖고 시청자들의 관심을 끈다. 드라마는 그 주제와 이야기도 중요하지만 주인공의 성격창조가 매우 중요하다. TV 드라마는 주인공의 성격이 보다 강렬해야 시청자에게 대리만족을 줄 수 있고 상품성을 기대할 수 있다.

그런 점에서 드라마의 꽃은 단연 스타라 할 것이다. 그 중에서도 여주인공은 드라마의 주시청자가 여성임을 감안할 때 시청률의 안전성을 가늠하는 척도가 되어 왔다. 여주인공이 청순가련 형이냐, 적극 대담 형이냐에 따라 서사구조와 극적 분위기가 달라진다. 여성스타들은 상업성과 물신주의(fetishism)의 핵으로써 여성관객에게는 대리만족을, 남성관객에게는 '관음증적인 쾌락'의 형태로 존재해 왔다.[1]

1962년 KBS의 「다녀왔습니다」(남지연 극본)로 처음 시작된 한국의 드라마도 예외일 수는 없었다. 즉 남자보다는 여자 배우들에게 쏟아진 관심이 40여년의 한국드라마를 이끌어 왔다 해도 과언이 아니다. 아직 텔레비전의 보급이 미흡했던 1960년대부터 최근에 이르기까지 한국의 영화계를 이끌어가는 배우에 대해 '트로이카', '신데렐라' 등등의 이름으로 표현하고 있는데 그들은 대부분 여배우들이었다. 이러한

---

1) 크리스틴 글레드힐, 『시스템/스타와 사회 '스타덤: 욕망의 산업1'』, 조혜정·박현미 옮김, 시각과 언어, 1999, 210쪽.

분위기 속에서 남자주인공들은 다만 여주인공의 곁에서 조력자의 역할에 만족해야 했기 때문에 여주인공이 어떤 인물형으로 표출되는가 하는 것은 스타성과 아울러 상품성까지 결정해주는 중요한 관건이었다. 이는 텔레비전의 역할이 무한대로 확대되고 있는 1990년대 이후 더욱더 큰 힘을 발휘해 왔다.

▌마초영화의 등장

그러나 1990년대 후반의 경기침체, 조기퇴출 등으로 남성의 라이프 스타일에 변동이 일기 시작한다. 남성들이 집안에 있는 시간이 많아지면서 그간 가족의 위에서 군림하던 가부장적 남성성은 고개를 숙이게 되었고 남성의 달라진 위상으로 그간 내재화되어 있던 가족 내 갈등이 표면화되는 등 가치관의 혼란이 싹트게 된다. 또한 이 즈음, 달라진 여성의 위상을 보여주듯 멜로와 눈물이 전부였던 여성용 드라마는 이른바 '발복형' 드라마를 속속 방영하여 인기를 모은다. 주제와 내용보다는 스타시스템에 의존해 '볼거리'를 우선시했던 한국 텔레비전이 달라지기 시작한 것이다.

이에 TV 드라마 제작진들은 주시청자로 변해가는 중년남성의 욕구에 눈길을 돌리며 여성용 '발복' 드라마에 버금갈 만한 남성중심의 드라마를 만들어내기 위해 노력했다. 이는 한국 산업화의 역군이었던 남성의 권위를 되찾고 위축된 남성들에게 용기를 주는 일로 이어지게 된다. 그러므로 남자주인공의 극중역할의 확대와 함께 이에 걸맞은 주제와 내용, 그리고 성격창조가 요구되었다. 남자 주인공에게 영웅적 이미지와 카리스마를 부여해야만 남성시청자들의 관심을 끌 수 있다는 사실을 인식하게 되었던 것이다.

  그러나 40여 년 동안 현대 멜로드라마에서 주로 여주인공들의 부수적 인물로서 나약하고 우유부단한 이미지, 혹은 여성에게 시련을 주는 가학적 이미지로만 그려져 왔던 남자주인공들에게 남성만의 세계를 그려낼 수 있는 강한 흡인력을 부여하기란 그리 쉬운 일이 아니었다. 이런 배경 하에 등장한 것이 바로 영웅형 남성캐릭터라 할 수 있다. 보통 사람과는 다른 인물로서 고난에 처한 시대를 구제할 수 있는 인물유형이 그것이다. '여인발복설화'가 '영웅형 여성'을 계획했으나 결국은 자아 찾기에 귀결되는 반면, 남성은 언제나 그랬듯이 리더를 갈망하는 현실사회의 욕구를 반영한다 하겠다.

  이러한 대중의 욕구를 반영하듯 최근 들어 우리나라 영화계에서는 1990년대 말부터 남성의 강한 면을 부각시키는 영화들이 '마초(macho)영화'라는 이름으로 관객동원에서 성공하는 조짐을 보이기 시작했다.[2] 따라서 남자 배우들에게도 큰 관심이 쏟아졌다. 그러한 저간의 움직임들이 영화 「친구」(2000년, 곽경택 감독)를 대대적인 흥행으로 이끌었으며 그 후, 스크린에서는 폭력영화들이 우후죽순으로 제작되면서 '폭력=강한 남성'이라는 등식과 함께 폭력의 가해자, 혹은 피해자로 그려진 남성들을 소위 이인형(異人型)의 인물유형으로 여기게 되었다.

  물론 시대를 초월하여 TV 드라마에도 폭력이 등장하지만 TV 드라마의 속성상 '폭력'은 다만 부수적인 나름의 흥밋거리에 불구할 뿐이다. 소수의 마니아가 아닌 다수의 보편적 시청자들을 향하여 그려내

---

2) 마초영화의 대표적인 한국영화로는 1997년 이창동 감독의 「초록 물고기」, 1997년 김성수 감독의 「비트」, 1997년 송능한 감독의 「넘버3」을 비롯하여 「약속」(1998, 김유진 감독), 「인정사정 볼 것 없다」(1999, 이명세 감독), 「주유소 습격사건」(1999, 김상진 감독), 「신라의 달밤」(2001, 김상진 감독) 등이 있다. 이들 마초영화는 모두 흥행에 성공을 거두었다.

는 텔레비전 속의 남성은 포용성을 가장 우선으로 한다. 그러므로 텔레비전은 드라마에 적합한 남성상 을 찾아 나섰고 이는 우리에게 익숙하고 친근한 인물이어야 했다. 사회악에 강하게 대응하되 민중들에게는 넉넉함을 발휘함으로써 어려운 시대를 헤쳐나감직한 인물은 이미 현실사회에서 만나기 힘든 존재가 되었지만 TV 드라마는 심리적 난관에 봉착해 있는 남성들에게 남성적 가치를 부활해 활기를 부여하려는 움직임을 보이게 된 것이다.

이러한 남성드라마에 대한 강한 욕구는 개인으로 흩어져있는 현대인의 외로움에 기인하기도 한다. 이념이 모든 것이었던 시대는 지났으며 집단이데올로기가 개인의 삶에 큰 영향을 미쳤던 시대는 올 수 없을 것이므로 더 이상 한 사람의 영웅에 의해 사회가 바뀌는 일은 드물게 될 것이다. 그러나 홀로 떨어진 개인은 집단과 영웅에 대한 향수를 갖게 되고 그에 의해 책임져지는 사회를 꿈꾸게 된다.

바로 이러한 때 영웅신화는 우리가 자신의 모습을 들여다 볼 수 있는 영원한 거울이 되어준다. 영웅은 천성적으로 위대함을 타고나는 경우도 있지만 영웅이 되기 위해서는 언제나 인간적 시련에 직면하고, 삶이 그들을 변화시키면서 마침내 영웅으로 탄생된다.[3] 현대인은 자신이 동경하는 개인이 어떠한 변화를 겪으면서 영웅으로 탄생되는지 그 과정에 참여하고 싶어 하며 영웅을 자신 속에 내면화함으로써 어렵고 지친 사회에서 위안을 받기 원하는 것이다.

그러나 사회적 분화가 심하고 한 인물의 카리스마가 이미 모든 것의 중심이 될 수 없게 되어버린 현재적 상황은 현대물 안에서의 영웅 찾기를 어렵게 한다. 비록 TV 드라마가 허구의 세계를 그리는 것이라고는 하지만 시청자들이 현대물에서 원하는 것은 현실의 반영을 통한

---

3) J. F. 비얼레인, 『살아있는 신화』, 배경화 옮김, 세종서적, 2000, 183쪽.

간접경험이라 할 수 있다. 때문에 영웅은 우리가 경험하지 못했던 세계, 즉 역사로 남은 세계거나 미래 가공의 세계에서 찾을 수밖에 없는 논리가 성립된다. 이러한 배경에 의해 TV 드라마는 남성의 영웅적 이미지를 역사의 소재에서 찾기에 이른다.

예를 들어 미국의 명배우 찰턴 헤스턴에 대한 찬가는 욕망의 에너지를 남성다움과 동일화하면서부터 시작되었다.4) 그가 지닌 남성적인 매력은 스크린에서 주로 보았던 멜로적 남성상을 극복하는 데 큰 역할을 하게 된다. 찰턴 헤스턴이 주로 스펙터클한 역사대하극의 영웅형 인물로 등장하여 남성관객들과 정신적 감정이입을 하고 있었다는 사실은 남성 중심의 영화도 충분히 볼거리가 된다는 것을 입증해 준 것이었다. 한국의 TV 드라마에서 사극이 하나의 트렌디로 자리 잡게 된 이유는 바로 여기에 있다 할 것이다.

---

4) 크리스틴 글레드힐, 앞의 책, 16~23쪽. 이 책에는 "스타란 대중문화의 산물이며 영화 속에서 의미 작용하는 요소지만 산업의 마케팅 장치이며 문화적 의미와 이데올로기적 가치를 전달하지만 동시에 개인적 퍼스낼리티의 친밀감을 표현하고 욕망과 동일화를 끌어내는 사회적 기호이다. 뿐만 아니라 신체·패션·개인적 스타일에 기반하고 있는 국가적 명성의 상징이며 개인주의 이데올로기와 자본주의의 산물이지만 주변부 집단에 의해 경합의 장소가 되기도 한다. 즉 스타는 그 또는 그녀의 사생활이 소비되는 인물로서 대중의 충성을 얻으려고 정치가들과 경쟁하기도 한다"며 스타와 관객 간의 아이덴티티에 대해 분석하고 있다.

1) 사극 열풍과 〈영웅설화〉의 시대적 의의

▌사극 열풍

시대배경에 따른 방송 드라마의 장르는 역사극·시대극·현대극으로 나눌 수 있는데 역사극은 상고시대로부터 일제시대까지를 시대배경으로 하는 드라마를 말하는 것이고, 시대극은 해방전후부터 1950년대 말까지를 시대배경으로 한 드라마를 일컬으며, 1960년대 이후를 현대극이라 한다.

한국 TV 드라마에 있어 사극은 지난40여 년 동안 많은 시청자들의 사랑을 받으며 질적·양적으로 발전해 왔지만 근래 몇 년간 침체상태에 있었다. 1993년 이후에는 방송 3사의 편성에서 사극이 제외되기까지 했는데 이는 방송환경의 자유화와 함께 '트렌디드라마' 및 '시트콤'5) 이라는 새로운 드라마의 장르개척이 주요원인으로 작용했다. 게다가 궁중 여인의 암투가 주를 이루던 사극은 같은 소재의 반복으로 시청자들에게 식상한 장르로 인식되어 왔던 것이다. 그러나 최근 새롭게 등장한 사극은 또 하나의 트렌디풍 드라마라는 평가를 받으면서 시청자들의 열렬한 지지를 받고 있다.

사극 속의 영웅은 대중의 결속을 공고히 하는 데 무엇보다 큰 역할을 한다. 즉 최근의 사극이 트렌디화 되고 있는 가장 큰 이유는 현실사회에의 인물들에서는 볼 수 없는 강한 카리스마가 대중들에게 일시적이나마 집단적 정체성을 부여하기 때문이다. 이러한 시대와 대중들의 욕구에 부응, 1997년의 「임꺽정」(SBS), 「용의 눈물」6)이 계기가

---

5) 시트콤은 1993년 SBS의 「오박사네 사람들」이 우리나라에 첫선을 보이기 시작했다. 새로운 소비열풍과 함께 감각적 영상으로 승부하는 트렌디드라마와 시트콤은 시청률에 있어 최고를 점하게 된다.

되어 사극은 그간의 반복적 소재를 지양하고 남성중심의 영웅적 주인공을 내세워 부활시대를 열었다.

"시절이 뒤숭숭한 때일수록 사극의 인기는 높아진다"7) 혹은 "어려운 시대에 사극과 순정파 드라마가 뜬다"8)는 것이 정설이 될 만큼 최근의 사극은 TV 드라마의 주요 장르가 되어 연속해서 제작·방영되고 있다. 정통 사극이 거의 사라졌다 할 만큼 현대화 되어 있는 최근의 사극은 '퓨전 사극'이라는 신조어를 얻으면서 각 방송사는 소재 발굴에 심혈을 기울이고 있다.

▌사극은 역사가 아니라 극이다

사극의 제작에는 많은 어려움이 뒤따른다. 그중에서도 사극은 역사를 토대로 한다지만 방대한 분량의 드라마로 표출될 만큼 역사적 기록들이 자세히 남아있지 않다는 점이다. 주로 정사나 야사에서 그 소재를 찾기는 하나 그만한 기록으로 50회 이상 혹은 1백회 이상의 대하드라마를 채워나갈 수 없음은 물론이다. 한 사극이 세간의 화제가 되면 으레 그 드라마의 '역사성 문제'가 사회적인 논쟁거리로 부각되곤 하는 것도 바로 사적 기록의 부족에서 기인한다. 사실(史實)이 부족하기 때문에 픽션이 첨가되는 것이며 이에 적절한 에피소드를 작가의 손으로 창작해낼 수밖에 없는 것이다. 그러나 무엇보다 중요한 것

---

6) KBS-1TV에서 방영된 「용의 눈물」은 태종 이방원의 일대기를 그린 사극으로 1997년 SBS의 「임꺽정」과 함께 침체기에 빠져있던 사극에 활기를 부어준 작품이다. 「임꺽정」은 도적이었지만 이인으로 살다간 인물을 그린 것이고 태종 이방원은 초기 조선왕권을 강화하고 훗날 세종대왕의 치세에 주춧돌이 된 인물로서 강한 남성적 이미지로 사극에 대한 관심을 고조시켰다.
7) 「방송3사, 불꽃 튀는 사극 경쟁」, 경향신문, 2001. 5. 17. 33면.
8) 「이 시기에 웃음이 나오나? 추락하는 TV 시트콤」, 조선일보, 2001. 7. 19. 32면.

은 사극의 기본성질은 사(史)가 아니라 극(劇)이라는 사실이다. 이 때문에 종종 사극은 사가(史家)들과 방송제작자들과의 논쟁을 일으키기도 한다.

역사학자들의 입장에서 보면 역사적 사실을 다루고 있는 역사 드라마들이 역사를 왜곡해서는 안 됨에도 불구하고 빈번히 그러한 잘못을 범하고 있다는 것이다. 이와는 달리 드라마 제작진 쪽에서는 역사 드라마는 역사를 소재로 한 드라마일 뿐이지 역사 그 자체가 아니기 때문에 드라마 작가가 역사적 사실을 소재로 자신의 문학적 상상력을 결합하여 과거를 재구성하는 것은 잘못된 일이 아니라[9]며 서로 다른 견해를 표출해 왔다.

TV 드라마는 허구적인 이야기를 전달하는 내러티브(narrative) 형식을 중심으로 구성된다. 사극도 현대극과 마찬가지로 드라마의 속성을 갖고 있기 때문에 '역사'보다는 작가의 상상력이 가미된 픽션 '드라마'라고 보는 것이 타당한 견해라 할 것이다.

이는 근현대 중국 사극작가로 유명했던 곽말약(郭末若)[10] 같은 이의 주장과도 상통한다.[11] 그는 '역사 연구가 실사구시(實事求是)하는

---

9) 황인성, 「역사 드라마 '허준'의 대중성 확보를 위한 텍스트 내적 전략과 텍스트 외적 조건에 관한 일고찰」, 『프로그램/텍스트』 제3호, 한국방송영상산업진흥원, 2000, 123~124쪽.

10) 1892년에 출생하여 1978년에 사망한 곽말약은 봉건시대의 말기에서 현대의 사회주의 건설시기에 이르는 중국의 격동기에서 탁월한 극작가로 역사연구의 기초와 독특한 창작관을 운용하여 개성이 뚜렷한 사극을 창작하였다. 1923년 「탁문군(卓文君)」 창작을 시발로 하여 1960년에 창작한 마지막 역사극 「무즉천(武則天)」까지 약 40여 년간 사극창작을 했다. 일본에 망명하였던 10년간은 온 정력을 중국 고대의 역사를 연구하여 많은 업적을 연구했다. 그는 사극창작을 탐색하는 과정에서 사극의 예술형식을 충분히 습득하고 나름대로의 완정한 사극이론을 형성하였다.

11) 이병호, 「곽말약의 역사극 창작과 이론 소고(小考)」, 『육사논문집』 제44집, 1993. 6, 17쪽. 곽말약은 '일분(一分)의 자료로 십분(十分)의 사극을 제작한다', '상상력을

것이라면 사극창작은 실사구사(失事求似)이며 역사가가 역사정신을 발굴한다면, 극작가는 역사정신을 발전시키는 것'이라는 논리를 펼치면서 사극가의 역사극 창작은 사실(史實)의 고증으로 역사의 진실을 추구하는 단계에서 상상과 허구로 예술의 진실을 추구하는 단계로 나아가는 일이라는 이론을 내놓았다. 일테면 역사는 과학이고 극은 예술이라는 것이다. 그는 '극작가는 당신의 관중이나 독자를 위하여 창작해야 하며, 역사제재를 처리할 때는 원래의 역사기록이 사가(史家)의 계급적 편견과 시대적 한계 혹은 재료사용의 부적절, 역사정신의 왜곡으로 말미암아 왕왕 진실성이 상실되었음을 인식하고 고증과 연구를 통하여 해당 부분을 다시 해석하고 때로는 기정화 된 사실에 대하여 수정을 가해야 한다'는 입장을 고수하고 있다.[12]

또한 극작가 신봉승도 "역사극은 어떠한 경우에도 역사가 될 수 없다. 역사적 사실과 TV 사극의 표현은 같을 수가 없으며 TV 드라마는 허구의 세계를 그리는 픽션이므로 이를 동일시해서는 안 된다"[13]고 말한다.

즉 TV 사극은 역사적 사실에 드라마적 요소가 결합되어 역사의 주체들이 지녔던 역사관과 신념을 오늘의 시각에서 재조명한 '현재의 것'이라 할 수 있다. 예를 들어 1997년 대선과 연결되어 현재적으로

발휘하여 적고 불완전한 자료를 하나의 완정한 세계로 조직한다', '역사정신을 파악함에 중점을 두며, 역사의 세부적 사실에 구애되지 않는다', '사학의 입장에서 사극을 비평하지 않는다'라며 사극 창작의 일관된 주장론을 펴왔다.
12) 이병호, 위의 글, 18~23쪽. 이 소고에서는 곽말약의 사극작품 중 항전시기에 해당하는 1940년대 초에 제작된 6종의 사극과 곽씨가 단편적으로 언급하거나 발표한 문장을 종합하여 그의 사극에 대한 견해를 검토하고 있다. 마르크스주의자인 곽말약은 후에 희극이 정치를 위해 직접적으로 봉사할 것을 강요하여 그의 치적을 오히려 반감시켰다는 평을 받기도 한다.
13) 신봉승, 「역사와 역사극에 대한 인식」, 『방송연구』, 1984. 봄, 168쪽.

해석되어진 「용의 눈물」을 통해 역사는 역사일 뿐 현실에 별 도움을 주지 못한다고 여겨져 왔던 사극의 풍토에 커다란 변화를 불러일으키기도 했다. 국내의 각종 인쇄매체에서는 "누가 용(龍)의 눈물을 흘릴 것인가?", "아홉 마리 용 중에서 최후의 승자는 누구일까" 등의 타이틀로 정치면은 물론이고 경제면, 사회면에 수없이 용이라는 표현이 등장했다. 심지어 사설에서조차 용(龍)이라는 단어를 직접적으로 사용하였는데[14] 이는 두말 할 것도 없이 「용의 눈물」이 몰고 온 사극 열풍에 기인한다 할 것이다.

바로, 남성들의 권력관계가 중점적으로 다루어지는 '용의 눈물'식 사극이 사극의 흐름을 주도하면서 권력 관계에서 중요시 여기는 '남성적 가치'가 드라마의 새로운 소재로 부각되기 시작했고 이 점은 남성 시청자들을 텔레비전 드라마로 끌어들이게 한 요인이 되기도 했다.

'남성적 가치'란 남성들을 중심으로 펼쳐지는 정치세계에서 중요시 되며 의리·카리스마·처세술·야망·조직·권력과 충성 등으로 이것들을 텔레비전 사극의 소재로 삼게 된다. 사극을 통해 보여준 '남성적 가치'들은 현실적 문제들을 인지케 하고 그 해결 방향과 처세술을 인식시키며 이상적인 지도자상과 남성상을 제시해 준다.[15]

■〈영웅설화〉에 환호하는 남성드라마

제아무리 사극이라도 무턱대고 무에서 유를 창작해내는 일은 그리 쉽지 않은 일이다. 바로 이런 점에서 남성드라마는 주로 영웅설화를 차용, 그 서사구조와 인물유형을 재창조하기에 이른다.

---

14) 이병훈, 「역사 드라마의 특성과 사회적 역할」, 『방송개발』 6, 1998. 6, 169쪽.
15) 김윤희, 「텔레비전 사극 '태조 왕건'의 서사를 통해 본 남성적 가치와 현재적 해석에 대한 연구」, 이화여대 석사논문, 2002, 2~5쪽.

한 예로 인기 사극이었던 「허준」(MBC, 2000)은 영웅설화의 서사구조를 가장 잘 보여준다. 의원의 신분이 사가(史家)의 기록대상이 못될 만큼 낮은 것이었으므로 허준에 대한 기록이라고는 '허준은 의사이다', '허준은 선조~광해군대에 활동한 역사적 인물이다', '허준은 『동의보감』을 저술하였다'는 사실 등 단 몇 가지뿐이다. 즉 『동의보감』의 편찬 등에 관련된 사적(史蹟)만이 『조선왕조실록―선조편』에 간단히 남아 있고 그 이전의 개인적 기록은 전혀 남아있지 않으므로 TV 드라마 「허준」은 전적으로 방송작가의 창작에 의거한 것이다. 때문에, 작가가 현실사회의 면면에 부합할 수 있는 설화적 에피소드를 창출해내어 허준이라는 인물을 전면 재창조해내었음을 알 수 있다.

드라마 「허준」은 특히 남성시청자들에게 큰 관심을 끌었다. 이에 대해 김종엽은 다음과 같이 「허준」을 해석하기도 한다.

> "우리 시대의 중장년 남성들은 윤리적으로 사는 것의 어려움을 날마다 체험하며 그렇게 사는 것이 보상 없는 나락일 수 있다는 것을 예민하게 느낀다. 그런 그들에게 불의와 타협하지 않으며 오직 윤리적으로 행동하는 것에 출세와 명성 그리고 사랑이 부산물로 따라와 주는 허준의 생애에 이끌리지 않을 수 없었다. 허준은 자신의 의업과 환자에 대한 사랑으로 충만한 인물로서 이러한 구조는 남성의 리비도를 강력하게 유인한다."[16]

즉 허준은 힘들고 어려운 시대를 사는 현대인에게 그 우직하고 소박한 성품으로 잠시나마 각박한 삶의 모순들을 잊게 해주는 인물이다. 그러면서도 내적으로는 뚜렷한 집념과 목표의식으로 영웅형 인물

---

16) 김종엽, 「허준신드롬 분석―남성리비도의 유인」, 『MBC가이드』, 문화방송, 2000, 4월호, 34쪽.

이 보여주었던 성취욕을 드러내어 목표를 잃고 방황하는 대중들에게 삶의 지표를 제공하기도 한다.

그러나 허준이라는 인물의 매력도 매력이거니와 무엇보다 허준의 이야기가 영웅의 일생을 그대로 답습하고 있다는 점에서 모두에게 편안한 시청을 가능케 했다 할 수 있다. 서자로 태어나 호형호제(呼兄呼弟)를 하지 못하는 설움으로 마침내 어디론가 떠나고, 피눈물 나는 연마 끝에 대성공을 거둔다는 서사구조는 우리가 흔히 접해 온 영웅형 인물의 일생과 같다. 바로 이처럼 대중들에게 익숙한 서사구조가 드라마 「허준」의 성공을 가능케 한 주요소로 작용한 것이다.

허준 외에도 임꺽정과 홍길동, 태조 이성계, 김두한이나 김춘삼 같은 인물을 드라마화 하는 일도 마찬가지라 할 것이다. 원작소설을 각색하든 실존했던 인물이든 작가는 그 인물들에게 영웅적인 면모를 부여해야 한다. 그러므로 남성을 주인공으로 한 영웅드라마는 영웅설화에서 가장 많은 영향을 받아왔다고 할 수 있다. 그 비극적인 출생부터 시작해서 집을 떠난 후 민중을 구제하다가 마침내 난세를 극복하고 영웅이 되거나 혹은 세상이 그를 버려 패배한 영웅이 되고 만다는 이야기는 임꺽정 같은 도적에게 뿐 아니라 거지 김춘삼이나 김두한에 이르기까지 여러모로 다양하게 나타나고 있다. 영웅설화가 지니는 익숙함은 드라마가 끝날 때까지 지속되면서 영웅화된 극중 인물에 동화되는 일을 보다 쉽게 한다. 더불어 흩어져 있는 개개인들에게 모처럼 강한 일체감을 느끼게 하는데 이는 바로 설화가 갖고 있는 흡인력이기도 하고 시대극이 갖는 매력이기도 하다.

2) 설화 속 영웅과 드라마 속 영웅

▌우리나라 영웅설화의 원조, 주몽

민족 이야기와 신화 그리고 이데올로기적인 현실에 대해서 신형기는 다음과 같이 이야기하면서 신화의 전승과 재창조에 대한 의의를 설명하고 있다.

> "민족 이야기는 그것이 대중적인 소비과정을 거침으로써 지배적인 서사로서의 위치를 유지하며 그러한 대중적 소비를 통하여 확보된 이야기의 문법이 다시 시공간의 경험으로 이어지고 거기에서부터 또다시 이야기 생산으로 이어진다. 그리고 이러한 반복과정은 우리의 문화적 관습 만들기와 무관하지 않다. 예를 들어 박정희와 김일성 같은 영웅 이야기는 여전히 대중적인 소설형식을 통하여 수용자들 속에 이데올로기적인 의미를 뿌리내린다. 이러한 반복적인 이야기는 부지불식간에 우리들의 경험과 기억을 조직하며 상상의 방향 및 범위를 제한하고 이로써 세계를 규정한다"[17]

시대가 혼란하고 사회가 위기상황에 처해 있는 경우는 더더욱 영웅신화와 같은 민족 이야기의 위력이 강화되고, 많은 아류 신화들이 등장하곤 한다.[18] 특히 남성이 주인공으로 등장하는 드라마에 적극 차용된 인물유형은 주로 운명에 정면으로 대응하는 남성적 세계관을 갖는다. 즉 신화는 남성적 세계관의 대표성을 지니고 있다. 이에 우리 민족의 고대신화로부터 영웅적 인물유형의 뿌리를 찾아보기로 한다.

신화는 일상적인 이야기가 아니다. 주인공이 하늘에서 내려왔다든

---

17) 황인성, 「역사 드라마 '허준'의 대중성 확보」, 『프로그램/텍스트』 제3호, 2000, 134~145쪽에서 재인용.
18) 황인성, 위의 글, 135쪽.

가 알로 태어났다든가 하는 등의 신화적 표현은 분명 평범하지 않은 일이다. 한국의 건국신화들은 그 시조들이 모두 비일상적으로 탄생했음을 다양한 상징적 언술로써 담아내고 있다. 그러므로 보통사람이 아니면서 영웅적 행동을 하거나 기이한 행적의 자취를 남기고 있는 이인(異人)은 그 근간을 신화에 두고 있지만 신화의 주인공은 인간을 제외시켜 놓고는 생각할 수 없는 존재이다. 그러므로 신화의 주인공은 다음과 같이 정의되기도 한다.

> "신화의 주인공은 신(神)이며, 그의 행위는 신이 지닌 능력의 발휘다. 그러나 여기서 신(神)이라고 하는 것은 보통 사람보다 탁월한 능력을 가진 신성한 자라는 뜻이지 인간과 전적으로 구별되는 존재라는 뜻은 아니다."[19]

즉 신화 속의 주인공은 인간의 평범성을 초월하여 능력과 지략 등이 탁월한 초월적 인물이지만 이 세계가 아닌, 저 세계에서나 있을 법한 인물이라면 민중의 지지를 받을 수 없기 때문에 '인간과 떼려야 뗄 수없는 존재일 수밖에 없음'이 신화적 인물에 대한 정의이다. 우리가 잘 알고 있는 민족 신화로는 고조선의 단군신화를 비롯해, 해모수 신화로 대표되는 부여계의 신화, 고구려 주몽 신화, 신라의 혁거세·탈해신화 등이 있다.

이러한 건국신화의 주인공들은 신이기 보다는 인간이며 그들의 행위는 인간의 능력을 뛰어나게 발휘한 영웅적인 것이다. 이것은 건국신화뿐만 아니라 모든 신화의 공통적인 현상이다. 신화의 주인공들은 마땅히 해야 할 일이되 누구나 쉽사리 할 수 없는 일을 함으로써 신성시되는 인물들이다.[20]

---

19) 장덕순 외, 『구비문학개설』, 일조각, 1970, 19쪽.

한국 신화의 기본 특징은 하늘로부터 시조의 선대가 내려왔다는 천강신화와, 주몽신화에서 보이는 것처럼 난생신화가 있다. 난생신화는 하늘에서 사람이 내려 올 수 없다는 사실을 인지의 발달로 알게 되면서 취해진 신화 형태이며 천강신화는 외부로부터 새로운 문화, 예컨대 청동기문화를 소지한 집단이 들어와 정착하는 과정을 반영하기도 한다.

우리나라 여러 신화 중 주몽신화를 주력해 살펴보면 주몽은 뛰어난 지략과 기예가 돋보이는 존재였음을 알 수 있다. 단군과는 달리, 주몽은 그 영특함 때문에 동부여(東夫餘)의 왕족과 신하 등 많은 사람들의 질시를 받으며 죽음의 위협까지 받게 된다. 그는 동부여를 떠나 졸본천(卒本川)에 고구려를 건설하게 되는 '인간적 의지'를 보여주기에 이른다. 특히 주몽이 동부여의 왕족과 신하들에게 질시를 받는 이유는 외모와 무예가 출중하여 스스로 활과 화살을 만들어 쏘면 늘 백발백중이었으므로 '활 잘 쏘는 이'라는 뜻의 주몽이라는 이름을 얻게 되었을 뿐 아니라 그 지혜 또한 뛰어났기 때문이다.[21] 주몽은 비록 알에서 태어난 신화적 인물이기는 하지만, 주어진 역경을 헤쳐 나가는 능력과 함께 인간이 욕망하는 정신적·신체적 조건들을 탁월하게 갖추어 '스스로 나라를 세운다'는 점에서 민중들에게 부합하는 새로운 신화의 유형이 되었다.

즉 한국인의 집단적 심성 속에 자리 잡고 있는 주몽유형의 신화적 인물은 영원하고 초월적이며 신에 가깝다는 생각보다는 오히려 어려움에 빠진 운명을 스스로 개척하고 싸워 이긴다는 면에서 더욱더 신성하게 여겨지고 있음을 알게 해준다. 이런 유형의 신화 속에서 주몽 등의 투쟁은 역사적인 시간 속에서 전개되고 있고, 일찍이 고구려와

---

20) 장덕순 외, 앞의 책, 38쪽.
21) 정구복, 『새로 읽는 삼국사기』, 동방미디어, 2000, 19~35쪽.

신라에서 실제로 있었던 일의 신화적 반영이라[22] 할 수 있다.

그런데 신화는 전적으로 신화시대라 할 수 있는 시기에 나타난다. 신화시대는 인류가 아직 사회적 분화를 격심하게 경험하지 않고, 과학보다는 상상에 입각하여 공동의 지표를 설정하던 시기의 산물이다. 한국에서는 삼국이 고대국가로 자리를 잡자 새로운 건국영웅들에게 신화가 그 자리를 내주고 있다. 그래서 삼국시대부터 조선 후기에 이르는 오랜 기간 동안에는 '전(傳)'으로 일컬어지는 이야기구조가 존재하게 되는데, '전'이라는 양식이 한 사람의 일대기를 내용으로 하여 설화와 소설의 특징을 공유하고 있음[23]을 볼 때, 신화시대가 끝난 후에도 영웅형 인물은 계속 전승되고 재창조되어 왔다는 것을 알 수 있다.

신화시대가 끝나도 신화와 전설·민담은 서로 구분할 수가 없을 만큼 밀접한 관계를 맺게 된다. 노드럽 프라이(N. Frye)는 이 점을 다음과 같이 잘 설명해주고 있다.

> "문명의 역사에서 문학은 하나의 신화체계를 따라 존재한다. 신화란 인간세계를 비인간적인 세계와 동일시하려는 상상력의 단순하고도 원시적인 노력이다. 그리고 그 노력의 가장 전형적인 결과는 신에 관한 이야기이다. 뒤로 오면 신화체계는 문학과 합쳐지고, 신화는 이어서 설화의 구조적 원칙이 된다."[24]

신화가 전설과 민담 등의 설화로 전이될 경우에는 신성화의 대상이

---

22) 장덕순 외, 앞의 책, 29~32쪽. 이 책에서는 "신화의 생활적 근거는 단순하지 않으나, 개인적인 생활보다는 집단적인 또는 공동체적인 생활에 신화가 기반을 두고 있음을 사실이며 이는 역사적인 경험과 제의적 풍속에서 기인한다"고 했다.
23) 유권석, 「비극적 영웅담의 구조분석 –'삼국사기' 열전 소재 궁예·견훤을 중심으로」, 우석대학교 석사논문, 1992, 5쪽.
24) 원용진, 『텔레비전 비평』, 한울아카데미, 2000, 162쪽.

나 목적이 이미 설정되어 있는 가운데 과거의 신화들로부터 필요한 화소를 취하거나 변용되는 경우도 많다. 구전설화뿐 아니라 책으로 씌어진 고대 문학의 대부분이 비현실적이고 환상적인 이야기를 그 소재로 하고 있음을 볼 때 신화의 신비함과 비현실적인 환상의 요소는 매우 넓고 깊게 뿌리를 내려왔다 볼 수 있다.

▌승리한 영웅과 패배한 영웅

고대인의 이야기에는 귀신이 등장하고 신선이 나오는데, 서양의 중세기 문학들도 역시 이 범주에 머물고 있다. 로망스란 소위 '이야기'라고 칭해지는 것으로, 이런 '이야기'는 인간의 환상과 꿈이 펼치는 낭만주의 문학에서도 볼 수 있다. 낭만주의 문학의 특징으로 들 수 있는 것이라면 비현실적·신비적·몽상적·이상적인 내용이 그것이다. 고대 소설 작가들은 이상적 세계를 묘사하는 방법으로서 주인공을 현실적 인물을 택하지 않고 비현실적·초인적·추상적 인물을 등장시켜 주인공에게 초인적인 힘과 도술을 부여하고 있다. 예를 들어 「전우치전」, 「박씨전」, 「홍길동전」과 대부분의 군담소설의 주인공이 초인간적인 성격을 가진 인물로 그려진다.[25] 이것은 영웅을 포함한 이인형의 인물을 통해 현실을 벗어나 감정과 주관을 마음껏 표출할 수 있는 낭만적 정신의 구현이라 할 수 있다. 바로 영웅과 현실적 인간이 혼재되어 나타나는 현상이라 하겠다.

또한 실제적 인물을 중심으로 신화에서 파생된 주인공들은 인간세상에서 실제로 존재하였다고 하는 역사적 기록을 가진 인물이다. 당시의 지식인들 사이에서조차 이인형 인물들의 행위를 거의 사실로 받

---

25) 최삼룡, 「이인설화 출현의 사상적 배경에 대하여」, 『고려대 어문논집』 18, 안암 어문학회, 1977, 77쪽.

아들이고자 했고 항간에 떠돌아다니던 이들의 기적적인 행위는 날이 갈수록 설화적인 허구성이 가미되었던 것이다. 그러면서 자연스럽게 인간의 삶에 영웅설화를 대입하기에 이르렀다.

영웅설화 유형에 나타난 인간형을 그 능력에 따라 나눈다면, 예사 사람보다 뛰어난 쪽이 있고, 예사 사람이 있으며, 예사 사람보다 모자라는 쪽이 있다. 예사 사람보다 뛰어난 쪽은 신인, 영웅, 이인으로 나누어진다. 또한 생불, 득국지인, 장군이라고도 하며 제세지성인(濟世之聖人)이라 하기도 하고 '진인'이라고도 표현한다.26) 위와 같은 분류에 따라 조동일은 신인·영웅·이인·진인을 세분화하기도 한다.27)

그 중 영웅형 인물이 갖고 있는 가장 큰 특징은 건국신화에서 보이는 일부 신화의 '영웅의 일생'이라는 일정한 유형구조가 반복되고 있다는 점이다. 이는 영웅·신인·진인 모두에게 적용되고 있고 보통 사람이 아닌 '영웅의 일생'은 세계의 신화 및 영웅서사시에서 보편적으로 확인되는 구조로서, 고귀한 신성을 지닌 신화적 주체가 비정상적인 출생을 하여 시련을 겪지만 원조자를 만나 그 고난을 극복하고 종국에는 영웅적 성취를 이루는 내용을 골자로 하고 있다.

이는 위의 주몽신화에서 보인 것처럼, 주로 건국기에 이런 유형구조를 갖추게 되고, 삼국시대 이후에는 특히 궁예의 경우가 그런 일정

---

26) 조동일, 『한국설화와 민중의식』, 정음사, 1985, 138쪽.
27) 조동일, 『민중영웅이야기』, 문예출판사, 1992, 88~94쪽. 조동일은 이 책에서 진인에 대한 학설을 펼치고 있다. 진인은 패배를 겪고도 다시 모색되는 승리 가능성을 최대한으로 고양시키자고 설정한 인물인데 주로 난세에 나타난다. 진인 이야기의 유형은 홍길동과 같은 인물이다. 홍길동은 군사를 거느리고 새로운 이상국을 세웠지만 고국으로 되돌아오지 않고 있으며 그 결말을 알 수 없는 인물이다. 진인이야기에는 이렇듯 결말이 없다. 진인이야기는 민란이라든지 긴박한 상황에서 하는 것이어서 결말은 없지만 얼마든지 그 결함을 현실적인 의미가 메워주기 때문에 이야기 구조에는 전혀 파탄이 생기지 않는다.

한 유형을 반복하고 있음을 볼 수 있다. 주몽·탈해와 같이 궁예는 비정상적인 출생을 시작으로 하면서 한 개인의 지략과 힘으로 나라를 세우고 있다.

흔히 영웅이란 뛰어난 능력을 지닌 인물로서 위대한 일을 수행하여 집단의 지지를 받는 인물을 말한다. 그러나 궁예 같은 인물은 고대의 신화가 왕권의 정통성과 국가적 권위를 세우는 데 핵심적인 구실을 한 것과 달리 후대 왕권에 의해 인위적으로 만들어진 것이어서 왕위에 오를 때의 과정에는 영웅의 전형적인 모습이, 왕위에 오르고 난 후에는 비극적인 종말을 맞이하는 '패배한 영웅'의 모습으로 나타나게 되는 것이다. 이러한 모습은 견훤에게도 나타난다. 이처럼 궁예와 견훤들은 고대 국가의 분화에서 잉태된 인물들로 후대에 의해 다시 조작되었을 가능성이 많은 '패배한 영웅'의 모습으로 새롭게 전승되기에 이른 것이다.

영웅 중에서도 고귀한 신분의 귀족적 영웅은 싸움 끝에 승리를 거두지만 미천한 신분의 민중적 영웅은 패배하기 일쑤이다. 민중적 영웅이 아무리 뛰어난 인물이라도 패배할 수 있다는 생각은 탁월한 인물의 인간적 한계를 지적하는 민중의식의 반영이라 하겠다. 여기에는 절대적 인물을 설정하지 않는 민중의 인간관이 반영되어 있다.

궁예와 같은 인물은 분명 역사적인 인물이다. 그러나 수세기를 거쳐 민간에 구전되면서 역사적 인물이기보다는 전설적 인물로서 현재의 궁예가 되었다고 해도 과언이 아니다. 이렇게 볼 때 구전자료가 계속해서 전승된다는 것은 거듭해서 이야기할 만한 가치가 있을 뿐 아니라, 흥미를 가질 만한 내용을 지닌 이야기라는 것을 뜻한다.

이러한 설화의 흡인력은 오늘까지 이야기로서 혹은 TV 드라마로서 전승과 재창조를 반복한다. 사극의 주인공이 되어 온 수많은 인물들은

‘거듭해서 이야기할 만한 가치’를 지니며 드라마의 초창기부터 지금까지 수없이 반복되어 왔다. 분명 영웅형 인물은 평범한 대중들에게 신이함을 안겨주고, 보통사람의 눈으로는 볼 수 없는 혜안을 가지고 있는 인물이거나 사람됨이 뛰어나기 때문에 TV 드라마로서는 아주 좋은 소재라 할 것이다.

이인이야기에 등장하는 이인이 다 훌륭한 것은 아니다. 원래 이인은 훌륭하더라도 훌륭하지 않게 된 이인이 있을 수 있다. 이인이 자기대로 자만심을 가지거나 도술을 부리되 필요 이상 지나친 짓을 한다면, 그런 이인은 비판 받아야 마땅하다. ‘패배한 이인’을 설정해서 이인도 결함이 있다고 해야 할 이유는 두 가지 각도에서 지적할 수 있다. 하나는 자기 자신이 이인인양 행세해 온 사람을 이야기에 올리면서 은근히 반발하자는 것이고 또 하나는 이인의 한계를 지적하자는 것이다.[28] 그러므로 여기에는 신화의 인물에서 민중이 인간의 모습을 기대하듯 영웅에게서도 인간의 모습을 보고자 하는 심리가 반영되고 있다 하겠다.

바로 이런 점에서 본고에서는 ‘영웅형’의 주인공으로 삼국시대 이후의 왕으로서는 마지막 영웅이라 할 수도 있는 궁예를 선정코자 한다. 궁예는 원래 훌륭한 목적을 갖고 등장한 영웅이었지만 종래에는 ‘패배한 영웅’의 길을 걸은 사람이었으므로 보통사람이 아닌 인물이기는 하나 보통사람들의 공감을 얻게 된다. 또한 TV 드라마에 나타난 그의 행적들을 보면서 시청자들은 근래 정치가들의 이중적 모습들을 대비하며 현실정치에 반발하고 그 한계를 지적하기도 한다. 궁예는 바로 2000년대의 현실이데올로기를 여러모로 반영하면서 대중들에게 사랑과 질타를 받은 인물이었다.

---

28) 조동일, 『한국설화와 민중의식』, 정음사, 1985, 154쪽.

제2장

●

드라마 「태조 왕건」의 궁예와 설화수용양상

■ 영웅들의 격돌

KBS-1TV를 통해 방영된 「태조 왕건」[29]은 무엇보다 고려왕조를 다룬 사극이라는 점과 지금까지 한 번도 다룬 바 없는 인물들을 새롭게 조명하면서 사극의 새 지평을 열었다는 점에서 큰 의의를 지닌다. 앞서도 거론했다시피 그간 텔레비전 드라마에서의 사극은 주로 현대사의 근거리에 있는 조선왕조에 국한한 것으로서 여성시청자들을 대상으로 하여 궁중의 여인들을 둘러싼 암투와 권력다툼 등이 주된 소재였다. 왕의 사랑을 얻기 위해 사활을 거는 여인들의 모습은 계략과 모함으로 점철되어 하나같이 폄하되어 그려졌다. 사극에서 여성들은 오로지 권력을 가진 남성의 주변부에 머물거나 드라마적 요소가 많이 가미된 야사류에 주로 등장한다.

이러한 사극의 주류에서 비켜나며 전개된 「태조 왕건」은 고려조의 탄생과 함께 왕건·궁예·견훤이라는 세 영웅을 텔레비전을 통해 처음 소개하였고 남성들의 세계를 '남성적 가치'를 통해 여실히 보여준 것이다. 특히 성격이 판이하게 다르고, 그 태생부터 영웅의 성장배경을 갖고 있는 세 인물의 역사적·전설적 이야기는 고려 창업에 대한 궁금증과 함께 신비함까지 도모하기에 충분했다. 우선, 드라마 「태조 왕건」에서 설정된 세 영웅

---

29) 기획 안영동, 극본 이환경, 연출 김종선·강일수, 2000년 4월 1일 첫 회를 시작으로 1년 반 동안 총 2백회를 방영하면서 시청자들의 큰 관심을 불러일으켰다. 이 드라마는 기획에만 3년이 걸렸으며 제작비만 250억원이 든 초대형 프로젝트로 1만여 명의 엑스트라가 동원된 드라마로서 사극의 대형화를 시도했다.

의 성격과 성장배경은 다음과 같다.

· 태조 왕건(877~943): 대대로 해상무역에 종사해 온 호족 출신으로 왕륭과 한씨 사이에서 태어났다. 외유내강형의 인물로, 조심스럽고 때를 기다릴 줄 아는 참을성을 갖추었고 스스로 굽힐 줄 아는 겸손을 겸비한 수재이지만 최고의 자리에 오르려 하지는 않았다. 어린 시절 도선의 가르침을 받았고 후에 왕륭이 궁예의 휘하에 들어가면서 송악의 성주가 되었다. 후백제와의 전투에서 전과가 높아 궁예의 신임을 받았고, 그의 밑에서 성주와 해군대장군, 시중 등을 거쳤다. 정치적 처신에 있어서도 주도면밀하고 부하를 잘 거느렸다. 한 번 신뢰한 사람은 의심하지 않고 전부를 맡기는 호인으로 뛰어난 장점을 위해 작은 잘못을 눈 감아 줄 정도로 큰 포용력을 지녔다.

· 궁예(870~918): 신라 경문왕과 후비 사이에 태어난 서자로, 태어나자마자 왕위 계승과 싸움에 휘말려 죽음의 위기에 처했으나 구사일생으로 한쪽 눈을 잃고 살아나 유모의 손에 키워진다. 어린 시절 세달사로 출가, 미륵사상에 심취해 어지러운 세상을 구할 뜻을 품는다. 동료 승려 종간과 의기투합하여 죽주 반란군 기훤과 북원의 양길에게 의탁했다가 명주에 입성하여 자신의 독립적인 세력을 키웠다. 이후 스스로 미륵을 자처하며 송악과 철원 일대를 점령하여 나라를 세운 뒤 세력을 넓혀나갔다. 모든 일을 자기중심적, 자기본위로 생각하지만 누구든 재능과 실력이 있는 자는 파격적으로 우대하는 호방한 성품이다. 부하들과 동거 동락하여 그들의 마음을 얻는 탁월한 지도자였지만 원칙에 항상 충실하여 원칙적 잘못을 저질렀거나 이용가치가 없으면 비정하게 버렸다. 카리스마가 있는 혁명적인 지도자이지만 또한 비정하고 냉정한 리더십의 소유자였다. 전제왕권과 함께 무모한 대륙 진출의 꿈을 추진하다가 결국 자신의 부인과 자식까지 죽이는 참혹한 일을 저지르고 왕건에 의해 자신의 자리를 빼앗기고 만다. 끝내는 자신이 다스렸던 백성들에 의해 죽음을 맞이하는 비극적인 영웅이다.

· 견훤(867~935): 상주 가은현에서 아자개의 장남으로 태어났다. 어릴 적부터 체구가 남달리 뛰어났으며, 뜻을 세워 종군하여 경주로 갔다가 서남해안의 변방 비장이 되었다. 저돌적 독선형으로 다혈질이나 너그럽고 통도 큰 인정 많은 기분파이다. 그러나 한 번 폭발하면 걷잡지 못할 정도로 단순한 면이 있다. 신라 관료들의 부정부패가 극에 달하자 봉기하여 서남해안을 휩쓸고 무진주를 점령하여 스스로 왕이 되었다. 항우와 같은 장사로 한 번 생각하기보다 백 번 행동하여 군졸에 앞서 싸움에 진격하는 용장이다. 궁예가 몰락한 뒤 왕건과 더불어 천하를 놓고 겨뤘으나 고창(안동) 병산 전투에서 패배한 후 쇠퇴의 길을 걷기 시작했다. 말년에 왕위계승 싸움에 휘말려, 아들인 신검, 양검, 용검 형제에게 축출되어 고려로 탈출하였다. 아버지와의 어긋난 관계를 끝까지 풀지 못할 정도로 융통성이 없는 성격 때문에 거의 많은 것을 잃는다. 그는 왕건이 신검을 치기 위해 군사를 동원하자, 스스로 출전을 자청하여 자신이 세운 후백제를 자신의 손으로 몰락시키고 만다.[30]

세 영웅들이 펼쳐나간 드라마 「태조 왕건」에서 주목할 일은 총 2백 회 분량 중 그 중심인물로 궁예가 등장한 것이 120회나 되었다는 점이다.[31] '남성 드라마'「태조 왕건」은 궁예를 전면에 내세워 30대 이상 성인 남자시청자를 TV 앞으로 끌어 모으는 데 큰 성공을 거두었던 것이다.

또한 혼탁한 정치 상황 속에서 시청자는 주말마다 「태조 왕건」에서

---

30) 이 내용은 KBS 사이트의 'TV 종영 프로그램 보기'에서 드라마 「태조 왕건」을 찾아 들어가면 된다. 기획의도 및 제작자, 출연진, 지난 회 다시 보기 등에서 이처럼 출연진도 소개하고 있다.

31) 시청률 조사 전문기관인 TNS 미디어 코리아가 조사한 「태조 왕건」 제118회(2001년 6월 13일) 시청률을 살펴보면 「태조 왕건」이라는 제목이 무색하게 궁예의 죽음을 앞둔 시점에는 시청률 52%를 기록해 장안의 화제가 되기도 했고 궁예가 죽음을 맞이한 120회 분에서는 급기야 시청률 60%를 넘겼다.

'지도자'를 찾으며 드라마와 현실 정치를 비교하기도 한다. 방송평론
가들은 특정 정치상황에서 궁예의 카리스마나 왕건의 인내력을 차용
하고픈 일종의 "대리 실현 환상을 느낀다"32)는 평가와 함께 역사적
자료가 거의 없는 궁예의 이야기를 장편으로 창작해낸 제작진들에게
여러모로 격려와 관심을 보냈다.33)

　무엇보다 궁예나 견훤에 대한 기록이라고는 몇몇 정사 등에 단 몇
페이지로 밖에는 나와 있지 않는 상황에서 등장인물 외에도 수많은
인물들을 창조해내어야만 대하사극을 꾸려갈 수 있는 처지이고 보면,
이전에는 한 번도 극으로 방송된 적이 없는 드라마를 처음으로 집필
해야 하는 방송작가의 임무는 참으로 무거웠을 것이다. 수십 년간 똑
같은 인물과 소재가 되풀이 사극의 반복성34) 면에서 볼 때 「태조 왕
건」은 그 어떤 드라마보다 연구 가치가 있다고 볼 수 있다.

　TV 드라마 사상 처음으로 선보인 「태조 왕건」은 무엇보다 왕건·궁

---

32)「왕건과 그의 시대」,『주간조선』1625호, 2000, 10. 26.
33)「태조 왕건」은 2000년 3월, 방송위원회가 제정한 '이달의 좋은 상'을 받았는데,
　　여기서 이종민 기자는 다음과 같이 수상의 이유를 말하고 있다. "유독 사극에서
　　고려사가 외면 당해온 것은 고려사절요 등 몇몇 자료를 제외하고는 인용할 만한
　　학술적 자료가 없는데다가 고증을 할 만한 문헌이 적기 때문이다. 이에 따라 그
　　동안 고려를 조선의 시각에서 바라보는 시각이 팽배했다. 고려사 관련 문헌의
　　부족은 의당 역사적 사실추적의 어려움을 겪게 되고 이 때문에 드라마「태조 왕
　　건」에서도 부분적으로 논란이 일기도 했지만, 오늘의 우리에게 몇 가지 의미 있
　　는 화두를 던져주었다. 치열한 전쟁의 와중에도 끝없이 북쪽으로 뻗어가려는 궁
　　예의 고뇌하는 과정, 서경(평양)을 설치하여 옛 고구려 영토를 회복하려는 의지,
　　견훤이나 궁예·왕건 등 당대영웅들이 저마다 나라를 세우고 격전을 벌였던 현
　　장은 공영방송 KBS다운 모습을 보여준 것이 그것이다."(『방송21』, 방송위원회,
　　2000. 3.)
34) 허준을 비롯해 장희빈·사도세자·대원군·연산군·정난정 등의 역사적 인물들
　　은 방송 40여 년 동안 주기적으로 반복되어 온 인물들이다. 물론 이들도 시대상
　　을 반영하며 각색되고 재창조되어 높은 시청률을 보였으나 독창성 부분에서는
　　시청자들에게 식상함을 준 것도 사실이다.

예·견훤의 성격적 대비가 성공의 관건이었다. 그중에서도 궁예는 단연 돋보이는 존재였다. 그는 전형적인 '민중영웅'과 '패배한 영웅'의 전철을 밟은 자로서 영웅이면서도 인간의 한계를 갖고 있었으므로 비극적인 현실을 사는 우리들에게 많은 점을 시사하고 있기 때문이다.

반면에 왕건이라는 인물은 인내와 겸손을 겸비한 수재이긴 하나 영웅형 인물이 보여주는 특별한 출생의 비밀이나 신이(神異)함이 없다는 점에서 시청자들의 이목을 집중시키기에는 부족한 인물이다. 실제의 역사 속에서 고려 창건의 위대한 과업을 성취한 주역은 단연 왕건이라 하겠지만 그는 시청자의 흡인력을 요구하는 대하드라마의 주인공으로는 부족하다 할 수 있다.

이런 면에서, 궁예는 남다른 출생과 기이한 행적, 종잡을 수 없는 성품을 갖고 있는 인물이다. 궁예형은 임꺽정이나 김두한에게서 보이는 야성적 인물형으로 이미 시청률이 검증된 캐릭터라 할 수 있다. 이는 신화적 인물에 대한 민족의 적응력이 얼마나 강한가 하는 점을 살펴볼 수 있게 하는 일이라 할 것이다. 이러한 대중들의 무의식적 호응이 뒷받침되어 궁예는 「태조 왕건」의 3분의 2를 이끌어간 명실상부한 주인공으로 부상하기에 이른다. 모처럼 만의 영웅적 호연지기와 스스로 미륵이라 칭하며 민중을 이끌어나가는 호쾌함은 별로 즐거울 것 없이 현실을 살아가는 이들에게 어느 정도 대리만족을 주었다.

▌설화로 풀어본 궁예의 일생

드라마에서 궁예가 사라지자 시청률도 타격을 입게 되는데, 그 후부터는 견훤이 그 자리를 메꾸고는 있지만 궁예의 카리스마와는 감히 비교할 수 없을 정도였다. 그러므로 본고에서는 총 200회 중 궁예가 중심인물이 되었던 120회까지를 분석대상으로 하여 영웅적(英雄的) 서사구조 및 인물형에 대해 논하기로 한다.

궁예에 얽힌 이야기구조는 영웅설화 중에서 '귀족적 영웅'과 '민중적 영웅', 그리고 '민중적 영웅'이 파생하는 '아기장수설화', 왕의 신표를 부여하는 '금척신화', '패배한 영웅설화' 등이 복합적으로 포함되어 있는 서사구조를 갖고 있다고 볼 수 있다. 이렇게 화소들이 복잡하게 구성되어 있음은 구비문학이 갖고 있는 특징 중 하나이기도 하다.

구비문학이란 단독적 개체로 존재하지 않고, 같으면서도 다른 요소들을 복잡하게 내포한 개체들의 다양한 집합체로 존재하게 된다. 중심적 개체를 핵으로 하여 동질성과 이질성을 복잡하게 지니고 여러 개체들이 서로 얽히면서 거대한 하나의 무리를 이루는 집합체가 바로 구비문학의 존재양상이다.[35] 즉 구비 설화는 수많은 요소들이 얽혀 작품의 유형 분류가 불확실하게 형성되기도 한다는 특성을 갖고 있다. 궁예에 대한 설화 역시 다양한 이야기로 존재하기는 하나 크게 '영웅의 일생담'으로 분류되고 있다.

한 나라의 건국 이후 자주 발견되는 영웅형 인물은 정권을 득한 세력에 의해 신화적 인물로 재창조되어 인위적으로 형성되기도 한다. 드라마에서 설정된 인물 역시 인위적인 것을 근거로 재형성되었음은 물론이다. 그러나 궁예와 견훤의 경우, 두 인물이 창건한 나라가 일찍 망했기 때문에 그들의 이야기는 신화에서 곧 전설로 바뀌는 운명에 처하고 만다. 신화의 차원에서 전설로 떨어지는 이러한 운명 속에서 수백 년 민간의 구비전승에 따라 여러 가지 설화의 구조가 서로 합해지게 되었다.

궁예의 일대기는 김부식(1075~1151)의 『삼국사기』에 비교적 자세

---

35) 김수업, 「아기장수이야기 연구」, 경북대 박사논문, 1994, 3쪽.

히 나와 있다. 『삼국사기』는 우리나라에서 가장 오래된 고전이면서 신라 중심의 사상을 갖고 있고 편찬되었다. 신라는 삼국의 최후 승리 자로서 고려왕조와 직결되어 있기 때문이고 당시 고려에는 신라의 역 사 기록이 가장 풍부하게 남아 있었기 때문이다. 그러므로 당연히 고 려 태종인 왕건을 중심으로 기술되어 있을 것이며 궁예는 반(反)신라 세력이자 실패한 정권의 괴수라는 입장에서 씌어졌을 것이다.

그러나 『삼국유사』에는 아예 궁예의 이야기를 싣지 않고 있다. 그 이유는 ① 궁예가 민란의 한 지도자로 양길(梁吉)의 휘하에 들어가기 이전에 세달사(世達寺)에 출가하여 스스로 선종(善宗)이란 법명을 지 었고 승률에 전혀 구속되지 않는 성격이었다는 것이고 ② 왕이 된 이 후에는 미륵불로 자칭하고 자신의 잘못된 경전 저술과 해석을 비판하 는 석총이란 승려를 죽이기까지 했다는 인물이기 때문이다. 궁예는 승려였다 해도 본분을 크게 벗어났으며 경전 해석도 이단적이었고 심 지어 승려를 때려죽이기까지 하는 포악한 인물이다. 구전 역시 그를 대단히 부정적 인물로 묘사하고 있는 것으로 보아 이런 인식은 일연 당대의 궁예에 대한 일반적 인식이었다고 해도 과언이 아닐 것이다. 승려였던 일연이 이런 궁예의 형상을 쉽사리 수용하기는 어려웠으리 라고 본다. 불국토사상으로 침윤되어 있는 『삼국유사』가 궁예 같은 반불교적 인물을 너그럽게 받아들일 여력은 없었을 것이다. 이는 『삼 국유사』에서 반불교적 인물을 찾아보기 어렵다는 사실을 통해서도 추 론이 가능하다36) 할 것이다.

---

36) 조현설, 「궁예 이야기의 전승양상과 의미」, 한국구비문학 사이트, 151쪽. 조현설 은 "물론 '절을 빼앗으려는 중'(塔像第4, 三所觀音衆生寺)이나 惡龍(塔像第4, 魚 山佛影), 귀신(神呪第6, 密本摧邪) 등을 부분적으로나마 반불교적 존재로 인정할 수는 있다. 그러나 이들은 이들 자체를 드러내려는 목적에서가 아니라 이들의 교 화나 제치를 통해 불법을 드러내려는 매개적인 기능에 그 이야기 속의 의미가

이런 면에서 볼 때 궁예의 이야기를 유일하게 기록하고 있는 『삼국사기』는 고증의 역사보다는 신이담(神異談)을 제시하고 있다. 신이담이라는 용어는 종래 국내에서 간혹 사용되었던 괴담(怪談)이나 신괴담(神怪談) 혹은 기담(奇談) 등과도 어느 정도 혼용할 수 있는 용어이다. 신이담은 신기하고 이상한 존재 혹은 사건들에 관한 이야기다. 신이담에 포함될 수 있는 설화들은 신이나 초인적인 인물들이 등장하고 있다는 면에서 신화를 꼽을 수 있고, 대상에 대한 이상화의 경향을 띤 전설, 의인화된 동물담·변신담·초인담 등을 포함한 민담 등을 일컫는다.[37]

하지만 설화로 구비 전승되던 것들을 일단 책으로 기록하게 되면 설화는 그 전승력을 상실하게 되므로 비록 드라마 「태조 왕건」이 『삼국사기』에서 그 일부를 참조했다고는 하나 『삼국사기』에 기록되어 있는 궁예의 많은 부분이 왜곡되어 있다는 면에서 본고는 『삼국사기』에 의거하기보다는 지금까지 수많은 국문학자들에 의해 논의되어 온 '영웅설화'의 인물형 연구에 주목해 대비·분석코자 한다. 아울러 역사적 진실과 의의를 살펴보면서 TV 드라마에 드러난 궁예의 면면을 살펴보기로 하겠다.

궁예의 이야기 구조는 영웅설화의 서사구조를 그대로 답습하고 있

있을 뿐이다. 궁예라는 반불교적 인물을 내세운 후 그의 패망을 통하여 불법을 드러낼 수도 있었을 터인데 일연은 그렇게 하지 않았다. 그만큼 궁예 자체에 대한 거부감이 강했다고 할 수 있을 것이다. 이는 당대 구비전승집단의 궁예 인식과도 통하는 바가 있다고 본다."고 서술하고 있다.

37) 조희웅, 『증보개정판─한국설화의 유형』, 일조각, 1996, 109~110쪽. 조희웅은 이 책에서 「독일민속학 사전」에 정의된 신이담을 소개하고 있다. 즉, 이상한 이야기란 "마법의 이야기로 사건의 시간과 장소가 밝혀져 있지 않고, 사실로 믿게 되기를 바라지도 않으며, 우화(Fable)나 비유담(Exempel)과 같이 교훈을 목적으로 하지도 않고 전설(Sage)처럼 감동이나 공포, 외경을 뜻하지 않으며 종교전설(Legende)처럼 경건한 마음의 고양을 뜻하지 않는 이야기로, 그 목적은 즐거움을 주는 데 있다"라는 것.

다고 할 수 있다. 영웅 이야기의 경우에는 이야기 전개의 순차적 구조를 분석해서 구조적 유형을 정립해 볼 수 있는바 '귀족적 영웅'과 '민중적 영웅'으로 분류38) 할 수 있는데 흔히 '민중적 영웅'은 난세에 뛰어난 리더십으로 민중의 영웅으로 추앙을 받지만 곧 제도권에 의해 이상 실현이 좌절되는 인물로 그려지거나 혹은 민중에게 외면을 당함으로써 철저히 버려지는 인물의 유형을 말한다. 조동일에 의해 분류된 두 부류의 서사구조를 살펴보면 다음과 같다.

「귀족적 영웅」

가) 고귀한 혈통을 지니고 태어났다.

나) 비정상적으로 잉태되거나 출생했다.

다) 범인과는 다른 탁월한 능력을 타고 났다.

라) 어려서 기아가 되어 죽을 고비에 이르렀다.

마) 구출양육자를 만나서 죽을 고비에서 벗어났다.

바) 자라서 다시 위기에 부딪혔다.

사) 위기를 투쟁적으로 극복해서 승리자가 되었다.

「민중적 영웅」

가) 미천한 혈통을 타고 났다.

나) 범인과는 다른 탁월한 능력을 타고 났다.

다) 항거를 하지 않을 수 없는 위기에 부딪혔다.

라) 위기를 투쟁적으로 극복해서 승리자가 되었다.

마) 끝내 뜻을 이루지 못하고 패배했다.39)

---

38) 조동일, 『한국설화와 민중의식』, 정음사, 1985, 118쪽.

39) 조동일, 앞의 책, 1985, 119~120쪽. 조동일은 여기에서 "그러나 이렇게만 나누고 말 수는 없다. 이렇게 나눈 결과는 이야기하는 사람들의 의식 깊숙이 들어있는 심층구조를 나타낸다고 할 만하지만, 실제로 하는 이야기는 두 가지 기본 양상으로만 나누어져 있는 것은 아니다. 위에서 제시한 단락 중에서 몇 가지는 빠진 이야기도 있고, 몇 가지만으로 이루어진 이야기도 있다. 유형이란 일정한 구

고려의 건국을 전후하여 후삼국이 흥기하고 패망하는 과정, 즉 고대의 국가가 해체되는 시기에 나타나 활발한 활동을 편 왕건과 궁예·견훤은 모두 '귀족적 영웅'의 면을 갖고 있다. 그러나 왕건은 후삼국 통일의 주역이자 최후의 승자로서 훗날 영웅보다는 신화의 주인공에 가깝게 서술되어 왔다.

왕건 선조들의 내력을 전하는 『고려사』의 서두는 왕건의 6대조부터 왕건의 아버지까지를 신격화하고 있다.[40] 비록 만들어진 신화이긴 하지만, 궁예나 견훤의 경우와 달리 왕건에 대한 신격화보다 그 혈통의 신성성을 드러내는 데 집중함으로써 역사시대에 적합한 신화적 질서를 모색해 왔다. 반면 궁예와 견훤은 왕건과는 달리 '귀족적 영웅'인 동시에 '민중적 영웅'의 면모도 함께 지니고 있는데 이들은 승자가 되지 못했다는 이유로 '민중적 영웅' 중에서도 '패배한 영웅'으로 남는다.

궁예 이야기는 신화적 자취와 인물전설로서의 특징을 동시에 공유하고 있는 이야기 구성을 보이고 있다고 말할 수도 있을 것이다. 다시 말해 궁예 이야기의 전반부는 궁예를 신화화하려는 의지가 강하게 반영된 궁예 집단에 의해 형성된 이야기라면 후반부는 궁예의 신화성을 부정하고 훼손시키려는 의지가 반영된 왕건 집단에 의해 형성된 이야기라고 볼 수 있다.[41] 구전자에 의해 설화의 복합성을 가지고 있

조적 원리가 실현되는 양상이기 때문에 다양성을 충분히 포괄해야 한다"고 해, 기본 유형을 갖되 다양성을 고려해야 한다고 설명한다.

40) 강등학 외, 『한국구비문학의 이해』, 일조각, 1970, 70~71쪽. 왕건의 6대조인 호경은 산신의 남편이 되어 함께 신정을 베풀었고, 5대조인 강충은 집터를 잘 잡아서 삼한을 통합할 인물을 낳을 기틀을 마련했으며, 4대조인 보육은 당천자를 사위로 삼았으며, 3대조인 진의(모계)는 당숙종과 혼인하여 작제건을 낳았고, 작제건은 용녀를 아내로 맞이했으며, 그 맏아들인 용건은 꿈에 본 미인을 아내로 삼아 왕건을 낳은 것으로 구성되어 있다. 여 산신 또는 용녀와의 신성혼인이라든지, 선유몽(旋流夢)과 같은 신화적 원형상징을 적절하게 되살린 면모가 보인다.

41) 조현설, 「궁예 이야기의 전승양상과 의미」, 앞의 사이트 참조.

는 궁예의 일대기를 축약해보면 다음과 같다.

「궁 예」

가) 신라 47대 헌안왕 또는 48대 경문왕의 아들이다.

나) 어머니는 왕의 빈어(嬪御)이다.

다) 태어날 때 흰 빛이 무지개처럼 하늘에 뻗었고, 중오일(重午日)
에 태어났으므로, 날 때 이미 치아가 나 있었다.

라) 장차 국가에 불리하리라고 여겨 부왕이 죽이라고 했다. 사자(使
者)가 강보의 궁예를 누각 아래로 떨어뜨렸다.

마) 젖먹이는 여종이 받아서 도망쳐 키웠다.

바) 궁예가 노는 일에만 정신이 미치자, 어머니는 크게 걱정했다.

사) 도적의 무리에 들어가 두목 양길을 죽이고, 왕이 되었다. [42]

이와 같은 서사구조로 볼 때, 궁예의 일생 중 초반부는 주몽의 일
생과도 매우 유사하다. 한 영웅의 일생은 후대의 영웅에게 지속적으
로 계승발전된다는 논점은 바로 '영웅의 일생'이라는 서사구조 분석에
서 극명하게 드러난다. 주몽의 일생은 다음과 같다.

「주 몽」

가) 천제자(天帝子) 해모수와 하백녀 유화(柳花)의 아들이다.

나) 해모수에게서 버림받은 유화가 금와(金蛙)에게 구출되어 주몽
을 낳았다.

다) 모습이 빼어나고 목소리 또한 웅대했으며 몇 달 지나자 말을
하고, 활을 쏘면 빗나가지 않았다.

라) 금와와 그 아들들이 주몽을 천대하고 일찍 도모하지 않으면 후
환이 있으리라고 했다.

마) 금와의 나라에서 탈출하는 데 성공했다.

---

42) 조동일, 『민중영웅이야기』, 문예출판사, 1992, 18쪽.

바) 하늘에 호소하고 활로 물을 치니 고기와 자라의 무리가 다리를
   놓아 강을 건너 고구려를 건국했다.
사) 송양과의 싸움에서 승리했다.[43]

궁예와 주몽은 그 출생의 신이함에서부터 기아(棄兒)가 되고 있다는 점, 어려움을 물리치고 왕이 된다는 점 등이 완전히 일치하고 있다. 주몽은 난생(卵生)이고 궁예는 태생(胎生)이며 나면서부터 이가 있었다는 점 등에서 차이를 보이지만 하늘과의 관계를 의식적으로 고취하려고 한다는 점에서는 동일하다. 이는 주몽신화를 비롯한 알타이계 신화가 공유하고 있는 것[44]으로 주몽이나 궁예 이야기 역시 그런 이야기 전통을 이은 것으로 보인다. 그러나 궁예의 말년은 주몽의 그것과 완전히 다르다. 주몽이 나라를 세우고 천년세세 승리한 왕으로서 추앙을 받고 있는 반면, 궁예는 왕이 될 때까지는 보편적인 '영웅'의 길을 걷고 있지만 '패배한 영웅'으로서 비참한 최후를 맞이하고 있다.

이러한 궁예의 일생을 살펴볼 때 영웅의 서사구조는 반드시 '귀족적 영웅'과 '민중적 영웅'의 두 가지 기본 양상으로만 나누어져 있는 것은 아니고 더러는 몇 가지가 빠지기도 하고 보태지기도 한다[45]는 조동일의 논의는 설득력이 있다. 이에 따라 귀족적 영웅도, 민중적 영웅도 아닌 '패배한 영웅'의 인물유형을 다음과 같이 제시할 수 있다.

「패배한 영웅」

가) 고귀한 혈통을 지녔으나 비정상적으로 잉태되거나 출생한다.
나) 범인과는 다른 탁월한 능력을 타고 났는데 이 때문에 어려서

---

43) 조동일, 위의 책, 16쪽.
44) 이복규, 「주몽신화의 문헌기록 검토」, 『국제어문』 1, 국제대, 1979, 32쪽.
45) 조동일, 『한국설화와 민중의식』, 정음사, 1985, 119~120쪽.

기아가 되어 죽을 고비에 이른다.

다) 구출양육자를 만나서 죽을 고비에서 벗어난다.

라) 은둔하면서 세상으로 나오기를 연마한다.

마) 다시 위기에 부딪혀 실의에 빠진다.

바) 승리자가 되기 위해 위기를 투쟁적으로 극복한다.

사) 과격한 혁명성 때문에 민중의 호응을 더 이상 얻지 못한다.

아) 난폭해진다.

자) 끝내 뜻을 이루지 못하고 패배한다.

흔히 '패배한 영웅'은 위와 같은 일생에서 벗어나지 못한 채 구전 혹은 소설화되어 왔음을 알 수 있다. 비극적 영웅이기도 한 궁예의 이야기는 크게 네 가지의 영웅 설화로 나눌 수 있다. 첫째, '아기장수 설화'가 짙게 배어있는 궁예의 출생과 둘째, 왕이 될 것을 암시하는 청년의 '금척신화', 셋째, 왕위에 오르기 전후의 '민중영웅설화', 마지막으로 궁예의 최후를 그린 '패배한 영웅설화'이다. 이렇게 네 가지의 영웅 설화를 바탕으로 '패배한 영웅'의 설화적 특징을 대비, 궁예의 일생을 자세히 살펴보기로 한다. 그렇다면 궁예로 대표되는 '패배한 영웅'의 일생은 TV 드라마를 통해 어떻게 나타나고 있는지 살펴보고자 한다.

1) 유년기 - 〈아기장수설화〉와 출생

궁예의 출생은 '패배한 영웅'의 첫 요소인 "고귀한 혈통을 지녔으나 비정상적으로 잉태되거나 출생한다"는 서사구조로부터 시작한다.

『삼국사기』에 실린 궁예의 출생담을 보면 신라의 왕자였던 그가 왕위계승권에 희생되어 유기되고 있음을 알 수 있다. 그러나 『삼국사기』에는 "궁예의 아버지는 제47대 헌안왕 의정이라고도 하고 48대 경문왕 응렴의 아들이라고도 한다"며 궁예의 부계에 대한 설명을 명확히 하지 않고 있다. 이런 점에서도 『삼국사기』는 궁예에 관한 한 처음부터 모호하게 시작하고 있다.

드라마는 『삼국사기』의 부정확성을 지양하기 위해 많은 자료를 분석한 끝에 궁예를 헌안왕이 아닌 경문왕의 아들로 설정하기로 한다. 그 이유는 『신라본기』 제11 헌안왕조(憲安王條)에서 '헌안왕은 아들이 없고 두 딸만 있어 임종시에 응렴과 두 딸 중 하나와 혼인시키라고 했다'라는 기록이 보이고, 또 경문왕 당시 왕위계승전이 심하여 많은 왕자들이 희생되었는데, 궁예가 왕자라는 점에서 그때 희생된 왕자들 중 하나였으리라는 점[46]을 감안하면 궁예는 헌안왕의 아들보다는 경문왕 응렴의 아들로 설정하는 것이 더 타당하다고 보았다. 드라마는 이 부분을 다음과 같이 표현하고 있다.

---

46) 이재범, 「후삼국시대 궁예정권의 연구」, 성균관대 박사논문, 1992, 7~8쪽.

신#15/회상(어느 들판)

(화랑들이 말을 타고 달리며 과녁에 화살을 쏘고 있다. 여러 화랑
들에 이어 위홍이 응렴에 앞서 달리며 화살을 달리면 과녁에 명중
한다. 과녁판을 보고 있던 군사가 기를 흔들며 "명중이요" 소리친
다. 그 뒤로 다시 응렴이 이어달리며 활을 쏘자 먼저 박혀있던 살
이 두 쪽으로 갈라지며 다시 명중된다. "와" 하는 함성들이 인다.
대신들 속에 범교, 일관 등 여러 얼굴들이 보인다. 한 쪽에 나와
있던 헌안왕과 두 공주가 보고 있다. 미소 짓는 헌안왕의 얼굴 위
로 범교의 소리.)

범교: (E) 응렴이란 사람은 그 아우 위홍과 더불어 뛰어난 화랑이었
　　　지. 아주 미장부였고……그 때문에 대왕께서도 사랑하시고 두
　　　공주도 사모하였느니라.

　결국 재주가 뛰어났고 기력이 담대했던 응렴이라는 화랑은 헌안왕
의 사위가 되는데, 그는 두 공주 중 첫 번째 공주인 영화공주와 맺어
진다. 영화공주는 동생에 비해 모든 것이 부족했으나 응렴은 왕위를
이어받겠다는 야심으로 큰 공주를 선택, 신라 48대 경문왕이 되며 이
러한 배경에는 친구였던 범교와 위홍의 야심이 뒷받침되었다. 마침내
경문왕은 영화공주와의 사이에서 두 아들을 낳지만 사랑 없는 생활이
이어지게 되고 이에 왕후는 왕의 마음을 붙들기 위해 똑똑하고 아름
다운 자신의 동생까지 바치나 여전히 경문왕은 권력의 부질없음을 느
끼며 방황하고 있다. 그러던 경문왕의 눈에 들어 온 여인이 있었고
그 여인에게 진정한 이성애를 느끼게 된다. 그녀가 바로 궁예의 어머
니였던 것이다. 궁궐에서 염증을 느끼는 경문왕은 범교와 함께 자주

---

47) 드라마 「태조 왕건」의 대본은 인터넷 KBS 사이트로 들어가 드라마 '종영 프로그
　　램 다시 보기'에 2003년 12월 현재 전회 모두 실려 있다. 대본은 주로 구어체로
　　묘사되어 있다.

궐 밖에서 말을 달리며 잠시 멍에를 내려놓는데 그러던 어느 날 궐
밖에서 순진하고 가냘픈 촌부의 딸을 만나게 되었으며 왕의 사랑을
독차지하게 된 그녀는 곧 후궁으로 책봉되어 궁궐 내 여인들의 암투
와 시기의 대상이 된다. 궁예는 바로 두 왕비의 시샘 속에서 태어난
다. TV 드라마는 궁예의 출생담을 이렇게 경문왕과 그 여인들에서 찾
고 있다. 그리고 궁예는 출생과 동시에 왕후들의 책략과 간계로 죽음
의 위기를 맞는다.[48]

「태조 왕건」(제3회)

신#23/동 궁궐 내전

문의왕후: (독기 서린 목소리로) 그렇다면 다시 한 번 묻겠노라. 천
　　　　　한 것의 자식이 태어났을 때 하늘에 서기가 뻗쳐 있었
　　　　　느냐?

일　　관: ……

문의왕후: 묻는데 왜 대답이 없느냐!

일　　관: 그것은 서기가 아니라……도……독기요, 변괴이었나이다.

문의왕후: 단오 날에 무지개가 꽂힌 것이 서기가 아니란 말이지?

일　　관: 오월 오일은 술의 날로서 이 날은 마귀사신을 쫓는 날이 온
　　　　　지라……

문의왕후: 그렇다면 천한 것의 자식 놈은 천운을 타고 난 것이 아
　　　　　니었구나.

일　　관: 예, 황후마마, 이 다시 생각해 보건데……아마도……마귀의
　　　　　조화로 태어나지 않았나 보옵니다. 그것은……해석하기
　　　　　에 따라서……

문의왕후: (차가운 미소) 그럴 테지. 과연 이 나라의 일관이로다.
　　　　　어서 대왕폐하께 가 뵈어라.

---

48) 드라마 「태조 왕건」 대본 참조.

일관은 처음에는 궁예의 출생을 서기(瑞氣)로 해석했으나 질투와 노기로 가득한 왕후 앞에서 그만 궁예의 출생을 변괴로 해석하기에 이른다. 궁예가 5월 5일 중오일(重午日)에 태어났다고 하는 점은 달과 날이 5라는 양수로 겹쳐져 있다는 숫자의 상징성과 함께, 보는 이에 따라 다양하게 해석된다. 중오일에 관한 인식은 중국과 일본, 우리나라 등에서 두루 나타나고 있으며 크게 좋은 인식과 나쁜 인식으로 구별할 수 있다. 일찍이 중국에서는 굴원(屈原)이 멱라수에 빠져 죽은 날에서부터 시작되었고 우리나라에서는 신라시대 때부터 유래되었다. 중오일에 대한 중국 문헌의 기록은 중오일에 태어난 아이에 대해서 상당히 부정적인 풍습이 있었음을 나타내 주고 있다. 5월 5일에 태어난 아이는 자기 부모를 해친다는 것이다. 그러나 우리의 풍속에는 5월 5일은 중국과는 달리 명절로 여길 만큼 좋은 날로 여기고 있다. 이것은 단오가 들어 있는 시기가 계절적으로 좋은 철이기 때문인데, 그렇다면 궁예가 태어난 중오일은 우리나라의 입장에서 중국의 부정적인 풍습을 받아들인 것으로 이해될 수 있을 것이다.[49] 이에 궁예의 출생에 불만을 품은 왕후의 측근들은 중오일을 불길하게 해석하고 있다. 즉 자라서 왕위를 가로챌 수 있다는 불길한 증표로 해석하게 된다.

또한 태어나면서부터 이가 있었으며 무지개와 같은 흰빛이 하늘에 비치는 등 불길한 기운이 감돌아 이를 왕실에서 꺼려하여 아이를 제거하고자 했다는 내용은 흔히 대역죄를 범한 자들이거나 영웅들의 탄생설화에서 보이는 필법으로 다분히 전설적인 소지가 내포되어 있다. 더욱이 이 기록은 주인공인 궁예를 부정적·악의적으로 표현하려는 고의성이 엿보인다. 흰빛은 예로부터 상서로움의 상징으로 여기기도 하고 불길한 기운의 표식으로서 인식하기도 하지만 왕후는 부정적 해석

---

49) 유권석, 「'비극적 영웅담'의 구조분석」, 우석대 석사논문, 1992, 23~25쪽.

을 취함으로써 아이를 죽이고자 하는 일에 더욱더 박차를 가한다. 게 다가 궁예는 나면서부터 치아가 있었다. 따라서 태어나자마자 음식을 씹을 수 있었다는 의미는 남보다 양육 상태가 활발했음을 뜻하는 것 이며 이는 태어날 때 지닌 특이한 신체로 인해 그 비범함이 암시된 것이라 할 수 있다.

일관은 아이의 태생적 불길함을 왕후와 모의한 후 곧 대왕에게 고 하게 되나 대왕은 사랑하는 여인의 아들이므로 일관의 말을 듣지 않 는다. 그러나 권력의 중심에 있던 위홍은 왕후의 편을 들어 대왕에게 회유와 협박을 가하게 되며 우유부단한 경문왕은 결국 궁예를 죽이라 는 영을 내리게 되었던 것이다. 그러면서 궁예는 "범인과는 다른 탁월 한 능력을 타고 났는데 이 때문에 어려서 기아가 되어 죽을 고비에 이른다"는 출생담의 서사구조를 갖게 된다.

역사학자들은 설화로 채색된 궁예의 태생과 그의 출세지향에 대한 동기 등을 재고해야 한다는 주장을 편다. 궁예의 가계에 대한 서로 다 른 설, 즉 헌안왕의 아들인지 경문왕의 아들인지 정확하게 기록되지 않은 점이나 그가 구사일생하게 된 경위가 지나치게 극적이었다는 점 등을 염두에 두고 보면 궁예가 과연 신라의 왕자였을까 하는 의문이 들 수밖에 없다는 것이다. 궁예를 몰락한 진골귀족 후예[50]로 보는 것 이 타당하다는 주장도 있지만 대부분의 역사학자들은 이 부분을 미궁

---

50) 조인성, 「태봉의 궁예정권 연구」, 서강대 박사논문, 1991, 8쪽. 여기서 조인성은 홍순욱의 말을 빌어 "이 설화는 신라왕실에 그 출자(出自)를 구하고 있는 견훤의 경 우와 같이 궁예도 자기의 출자를 고귀 신성한 것으로 만들기 위한 수식이라고 생각 되나, 그보다도 그의 반(反)신라반란의 당위성을 부여하기 위하여 조작한 설화라고 보는 것이 타당할 것 같다. 즉 설화는 그의 광적인 반신라적 태도와 신라왕조에 대 한 불타는 복수심을 소설적으로 표현하기 위한 하나의 복선이 아니었을까"라며 '홍 순욱, 「혁명기의 정치와 종교―후삼국시대를 중심으로」, 『인문연구』 2, 영남대, 1982, 227~228쪽'에서 인용하고 있다.

으로 놔두고 있다. 그만큼 궁예의 출생은 베일에 싸여 있으며 그러한 채로 『삼국사기』에 기록되어 역사적 진실은 물론 전승력까지 상실해 왔다.

어찌됐건 '패배한 영웅'은 종종 역사적 진실이 왜곡되기 십상이다. 궁예는 왕건에게 정권을 내어준 실패한 왕이므로 훗날, 5백년 고려의 신성함을 강조하는 사가(史家)들의 적대적 표적이 되었음은 자명한 일이다. 거기에 구전까지 합쳐져 궁예의 일생은 종잡을 수 없으리만치 수많은 허구들이 덧칠되어졌을 것이다. 김부식이 『삼국사기』를 통해 그의 일생을 기록할 때까지 약 2백여 년간 사람들의 입에서 입으로 오르내리면서 이 패배한 영웅은 전설로 이어져 극적 흥미만을 더해갔던 것이다.

그가 진골출신이건 아니건 간에 신라의 왕자였다는 전제가 있어야만 훗날의 패배는 한 인간의 추락을 더욱더 심화시키는 효과를 얻게 된다. 이처럼 궁예라는 인물은 출생부터 비극적인 결말을 예고하는 듯한 부정성을 띤 채로 시작된다.

조동일은, 이러한 이야기는 왕건의 아버지인 작제건과 괴내깃도·바리공주·홍길동·금방울·유충렬·숙향·양소유·옥련 등에도 공통적으로 나타나고 있다.[51] 주몽·탈해·궁예·작제건(또는 홍길동까지)은 실제로 있었던 역사적 인물일 터인데, 일생이 모두 실제로 서로 같았을 수 없지만 일생이 같은 이유는 '같도록' 꾸며냈기 때문이라는 것이다. 괴내깃도·바리공주·금방울·유충렬·숙향 등의 가공적 인물의 경우에는, 더더욱 같은 일생으로 지어낸 것이 분명하며, 꾸며내거나 지어내는 방식은 고대신화에서나 후대의 소설에서나 기본적으로 일치했다고 보았다. 역사적

---

51) 조동일, 『민중영웅이야기』, 문예출판사, 1992, 25쪽. 조동일은 역사적 인물이나 전설적 인물뿐만 아니라 고대소설과 신소설에 나타난 인물까지도 분석해 놓았다.

인물이든 가공적인 인물이든 일정한 유형에 맞추어서 형상화했다는 의견이다.

그러나 바리공주의 경우는 그 결말이 해피엔딩으로 끝나고 있고, 홍길동은 결말이 확연히 드러나지 않고 있다. 다만 출생의 고난과 부모에 의해 버려져 어디론가 떠나거나 자취를 감추고 만다는 점에서 궁예의 유년기와 유사점이 있다고 하겠다. 바리공주와 홍길동의 서사 구조를 살펴보면 다음과 같은 유사점이 발견된다.

「바리공주」

가) 왕의 딸이며, 어머니는 왕비이다.

나) 일곱째 공주로 태어났다.

다) a. 태몽에 용이 나타났다.

    b. 자랄 때 '한 자를 가르치면 열 자를 통하고' '천지지간 만물 지중 모를 것이 가히 없나이다'라고 했다.

라) a. 딸이어서, 왕비가 뒷동산에 버렸다.

    b. 왕이 나라라 망했다 하면서 옥함에 넣어서 바다에다 버렸다.

마) a. 청학, 백학, 까막까치가 보호했다.

    b. 석가가 비리공덕할미 부부에게 데려다 기르도록 했다.

「홍길동」

가) 홍 판서의 아들이다.

나) 시비 춘섬을 어머니로 하여 서자(庶子)로 태어났다

다) a. '총명이 과인'했다.

    b. 도술을 지녔다.

라) 나라와 가문을 위태롭게 할까 염려해 가족들이 자객을 시켜 죽이려했다.

마) a. 자객을 죽이고 살아났다

b. 정처 없이 길을 떠났다.[52]

궁예·바리공주·홍길동 등의 영웅형 이인들의 초년기는 불행하기 짝이 없다. 이는 '민중적 영웅'의 서사구조 중에서 가장 비극적이라 할 수 있는 '아기장수설화'의 전형성이 그대로 나타나고 있음을 발견할 수 있다. '아기장수설화'는 태어나자마자 그 비범함으로 역적이 될까 염려하는 부모의 손에 죽임을 당하는 이야기로서 전형적 '아기장수설화'의 내용은 다음과 같다.

> 옛날, 평택 잔다리[世橋里] 어느 농가에 아이가 하나 태어났다. 어찌나 영리한지 세 살에 못하는 말이 없고 심부름도 잘했다. 어느 날 이웃 마을 초상집이 있어 아이의 부모가 가는데 아이도 따라나섰다. 돌아오는 길에 아이가 금방 없어져 이상히 생각했는데 집에 와 보니 먼저 와 있었다. 심상치 않은 일로 생각한 부부가 그날 밤, 자는 아이의 옷을 벗겨 놓고 보니 양 겨드랑이에 날개가 돋아 나고 있었다. 놀란 부부는, 이를 그냥 두어서는 큰일이 나겠다고 생각하여 가위로 날개를 잘라냈다(혹은 인두로 지졌다). 그랬더니 아이의 울음소리가 천지를 진동하고 흘러나오는 피는 방안에 가득 괴었다. 아이가 죽은 후, 하늘에서 번개가 번쩍이면서 백마(白馬)가 내려와 펄쩍펄쩍 뛰며 울다가 죽었다. 그 말의 무덤이 있는 곳이 지금의 '말무덤재'다.[53]

위의 논고에서 '아기장수설화'의 구조는 ① 출생 ② 장수로서의 초인성 노출 ③ 부모나 군사 등에 의한 피살 ④ 용마출현과 자진(自盡)으로 구성되는 것이 거의 공통적이라 할 수 있다고 설명하고 있다.

부모가 자신이 낳은 아이를, 그것도 예사로운 아이가 아니라 놀라

---

52) 조동일, 앞의 책, 20쪽.
53) 이혜화, 「아기장수 전설의 신고찰」, 『한국민속학』 16, 1983. 3, 269쪽.

운 능력을 지녀서 위대한 성취가 약속된 자식을 역적이 될까봐 제 손
으로 죽이거나 죽이게 하고 만다는 이야기가 바로 널리 알려져 있는
'아기장수 이야기'다. 이 이야기가 언제부터 생성되었는지, 또 어떤
것이 원형적 모델인지는 모르나 지역적으로 두루 퍼져 있어서 그만큼
널리 알려진 이야기이며 근대 산업사회로의 전환으로 전통적 삶의 모
습이 거의 사라진 오늘까지 전해지고 있어서 그만큼 생명력이 질긴
이야기라 할 것이다. 민중의 삶이 얼마나 힘들고 고단했으면 탁월한
능력을 지니고 태어난 자식을 지레 자신의 손으로 죽이고 말았을까
하는 점에서 비극적 아기장수 이야기는 늘 주목의 대상이 되어 왔다.
그러므로 '아기장수설화'는 기본 유형을 토대로 수많은 부류의 이야기
를 생산해내었다.

　힘과 비범함을 지닌 형과 날개가 달린 형 등 다양한 유형을 양산해
온 '아기장수설화'는 역사적 현실의 거듭된 경험들을 통하여 짧지 않
은 시간을 두고 천천히 형성되고 변이하여 나갔을 것이다. 변이는 곧
전승과정을 통해 또 다른 면모를 지니게 되고 그것이 복잡한 유형들
을 재생산하면서 아기장수 이야기는 오늘날 많은 고전문학도들의 관
심의 초점이 되기도 한다. 이 설화는 우리 민족의 피해의식과 비극적
삶이 접합해 낳은, 민중영웅 설화의 가장 근접한 설화로 인정된다.

　구비 전승되는 설화나 민담 속에서는 어려운 생활을 이어가는 과거
의 농민 혹은 민중들이 가질 수 있었던 생존전략의 차원이 나타나기
도 한다. 이야기 속에서 세상이 어떻게 구성되어 있는가를 간접적으
로 말하고 있으며, 또 그 이야기는 그들에게 세상에 대처하는 전략을
제공해주기도 한다. 세상은 권력자의 편이며, 자신들의 편이 아니라
는 점을 분명히 하고 있다. 자신들에게 유리한 것을 놓아두면 더 큰
화를 입을 수 있기 때문에 애초에 그 싹을 잘라야 한다는 인식이 바

로 증거이다. 아기장수는 미천한 집에서 태어났지만, 평민들이 가져서는 안 될 특별한 힘을 가지고 있어서 문제가 되었다. 역적으로 몰려서 모두가 죽을 것이라는 신념을 가지고 있었던 것이다. 신분사회에서 상인이나 천인들은 신분의 이동이 거의 불가능하였으며, 더구나 그 신분적 제한에 대한 반발도 금지된 것이었다. 그것을 그대로 수용하는 인식이 널리 퍼져 있었음을 알 수 있다.[54]

다른 한편 아기장수의 죽음은 부모뿐 아니라 가족이나 친지, 지역 공동체의 동의 및 결의로 이루어지는 경우도 있다. 즉 집단 살해의 성격을 띤다고 하겠다. 이렇게 아기장수의 신성(神性)이 집단의 안정과 보존을 위협하는 요소로 인식되고 있다는 점과 아기장수에게 폭력이 가해진다는 점에서 이 설화는 집단의 안정을 유지하려는 희생양 메커니즘의 성격이 강하다.

그러므로 '아기장수설화'는 민중적 영웅의 이야기 가운데 가장 비참한 이야기로 설정되어 왔다. 태어나자 바로 역적이 될까 염려한 부모나 이웃사람들에게 피살되고 있으니 참으로 안타까운 일이라 할 것이다. 어쩌면 민중의 영웅이 될 수도 있는 궁예가 태어나자 바로 끔찍한 수난을 겪었다는 점은 '아기장수설화'에서 그 화소를 적절히 차용했다고 볼 수 있다. 그러나 아기장수의 참혹한 패배를 엄청난 승리 가능성으로 바꾸어 놓은 이야기의 영광스러운 주인공은 바로 이인형 인물의 여러 유형 중에서도 조동일이 주장한바 '진인(眞人)'의 경우에 해당된다. 아기장수가 아니더라도 탁월의 능력을 지니고 태어나 끝내 뜻을 이루지 못한 채 피살되고 만 민중적 영웅이 한둘이 아닌데 '진인'은 그렇게 패배를 겪고도 다시 살아남아 승리 가능성을 최대한 고

---

54) 함한희, 「구비문학을 통한 문화연구방법」, 『구비문학과 인접학문』, 도서출판 박이정, 2002, 330쪽.

양시키자고 설정한 인물이기 때문이다.

진인은 소설에서 다룬 홍길동과 흡사한 면이 있다. 홍길동은 어린 나이에 스스로 집을 나가 자취를 감추었고 바다를 건너 섬으로 갔으며 군사를 거느려 나라를 차지했다. 이러한 사실은 「홍길동전」이 진인이야기의 수용이면서 변형이라고 이해할 수 있는 가능성을 시사해 준다 하겠다. 장수나 진인이 나타나야 한다는 기대가 계속되던 차에 태어나자 자취를 감춘 아이가 있었다는 풍문이 돌면서 그 아이가 진인이라는 추측이 생겼고, 민란이 일어나게 된 고조된 분위기가 추상적인 기대와 구체적인 근거를 결합시키는 데 결정적인 작용을 한 것이다. 진인이야기는 이처럼 역사의 맥락 속에서, 되풀이 되어온 구조를 되찾으며 거듭 성립된 것이다.[55]

그렇다면 궁예 이야기에 '아기장수설화'와 같은 유형이 발견되는 까닭은 무엇인가. 그것은 바로 그가 민중의 피해의식을 한 몸에 지니고 태어났음을 의미하는 것이다. 궁예의 출생 서사구조가 '민중적 영웅' 중에서도 '아기장수설화'를 따르고 있다는 것은 당시 혼란기의 민중들에게 그가 '민중영웅'임을 확신케 하는 데 큰 역할을 담당한다.

드라마에서는 '아기장수설화'의 비참함이 매우 크게 강조되어 있어 초반부터 시청자들의 이목을 끌었다. 그러나 궁예는 '아기장수설화'에서 끝나지 않는다. 그가 아기장수의 참혹한 패배를 진인의 가능성으로 바꿔놓으며 '민중적 영웅'으로서의 흡인력을 갖게 된 것에는 구출자의 존재가 있었기 때문이다.

"구출양육자를 만나서 죽을 고비에서 벗어난다"는 서사구조와 함께 궁예는 자칫 '아기장수'가 될 뻔했던 죽음의 위기 속에서 극적 회생을 하게 된다. 궁예를 구출한 사람은 다름 아닌 비자(婢子)로 표현되는

---

55) 조동일, 『민중영웅이야기』, 문예출판사, 1992, 97~98쪽.

유모였다. 모자를 모두 살해하라는 어명을 뒤로하고 궁예는 유모의 손에서 자라게 되는 것이다. 구출 과정에서 궐 밖으로 내던져진 아이를 받다가 유모는 손가락으로 아이의 한쪽 눈을 찌르게 된다. 구출 상황에서도 궁예는 피비린내를 풍기며 비참하게 살아난다.

이는 출생 시 '아기장수 설화'의 유형을 따르는 '바리공주'의 경우와 소설 「숙향전」에서 보이는 숙향의 어린 시절과 같다 할 수 있다. 바리공주는 아버지의 버림을 받고 버려진 후 청학·백학·까막까치에 의해 보호되며 비리공덕 할미부부의 손에서 자라게 된다. 또한 숙향은 부모가 죽은 후 용녀와 화덕진군(火德眞君), 마고할미의 구출로 살아남는다.[56]

영웅 설화의 서사구조에 있어서 구출양육자의 중요성은 그에 의해 반드시 훗날 출생의 비밀이 알려진다는 점에 있다. 주인공은 이로써 야망을 품게 되고 자신이 보통사람과는 다르다는 것을 내면에 깊이 새기게 되며 이러한 면에서 주인공은 본격적으로 영웅의 면모를 갖추어나가게 되는 것이다.

설화와 마찬가지로 드라마에서도 구출양육자는 언제나 비밀의 열쇠를 쥔 사람으로 등장한다. 만약 그가 죽게 되면 어디에든 제2의 구출자가 기다리고 있으며, 주인공은 반드시 그를 찾고자 하는 일에 전념하게 된다. 이처럼 구출양육자의 존재는 주인공에게 새로운 전기를 마련해 주는 동시에 극적전개에 있어 견인차 역할을 하고 있다. 위기에 빠져있던 궁예가 새로운 전기를 맞아 영웅으로 변신하는 부분을 드라마는 다음과 같이 묘사하고 있다.

---

56) 조동일, 위의 책, 23쪽.

「**태조 왕건**」(제3회)

신#29/마당 별채 근처 어느 방

(궁예, 가까이 가면 유모가 떨며 황금의 봉황노리개를 쥐어준다.)

유모: 잘 간수……하거라…….

궁예: 이게 무엇입니까?

유모: 시……신라……왕실의……증표니라……. 와……왕실의 증표…….

궁예: ?

유모: 잘 듣거라. 너는 왕실의 사람이니라……. 왕자님……이시니라.
　　　그 때문에……우리는 쫓기는 것……이니라…….

궁예: (놀라서) 어머니!

신# 48/동 세달사 대웅전

범교: 지금부터는 부질없는 세상사 다 잊거라. 다 털어버리거라.
　　　너는 부처님의 제자가 되는 것이니라. 세속의 일들이 다 무
　　　슨 소용이더냐. 부처님께서도 세상을 버리고 부처에 이르셨
　　　거늘…….

(궁예는 입술을 앙다물고 있다. 그 궁예의 모습으로 카메라가 들어
가면)

궁예: (마음의 소리, 에코) 아니옵니다. 나는 신라의 왕자이옵니다.
　　　언젠가는 그것을 찾겠사옵니다. 잃어버린 것을 꼭 되찾겠사
　　　옵니다.

　궁예는 자신이 왕자라는 사실과 어머니인 줄만 알았던 이가 유모였
음을 알게 되면서 충격에 빠진다. 그리고 유모의 죽음과 함께 홀로
남겨진 궁예는 세달사(世達寺)[57]의 주지인 범교를 찾아 떠난다. 범교

---

57) 김혜원, 「신라하대의 미륵신앙」, 『성대사림』 8, 성균관대 사학과, 1992년 2,
　　22~23쪽. 세달사는 강원도 영월지방으로 보이는데 이곳은 본래 화엄종 사찰이
　　었다. 고려시대 전기에는 흥교사(興敎寺)라 불리웠는데 의천이 "興敎寺禮神琳祖
　　師影"이라는 찬을 쓴 것을 보면 세달사는 고려시대 전반기까지도 화엄계 사찰로
　　있었던 것으로 보인다.

는 경문왕의 절친한 친구이자, 궁예가 죽음의 위기에 빠졌을 때 자신과 유모의 도주를 도와준 사람이었다. 궁예는 큰 비밀을 안은 채 훗날을 도모할 은신처를 세달사로 정하고 중이 된다. 그러면서 자칫 '아기장수'가 될 뻔한 궁예의 유년기는 무사히 암흑 같은 터널을 빠져나온다. 그가 늠름한 대장부로 자랄 수 있었던 데에는 신라의 왕자라는 신표가 그를 지탱해주고 있었기 때문이다.

2) 청년기 - 〈금척신화〉

태어날 때부터 순차로 벌어진 사건이 문제되고, 일생을 이루는 이야기 단락을 정리해볼 수 있는 인물이 영웅이다.[58] 궁예는 이렇게 태어나자마자 위기를 겪게 되며 그 위기 때문에 세상 밖으로 나가지 못하는 인물이 된다. 그러나 영웅은 언젠가 반드시 세상으로 나와 자신을 위기에 빠뜨렸던 것들과 한판 승부를 가리게 된다. 그러면서 "은둔하면서 세상으로 나오기를 연마한다"는 서사구조를 따른다.

이와 같이 궁예도 세상과의 대결을 위해 칼을 갈며 은둔하게 되는데 그의 은신처는 세달사다. 그가 세달사로 가서 승려가 되었던 것은 신분 노출의 은폐도 그렇거니와 경제적 궁핍에서 헤어나기 위함도 큰 목적이었다.

궁예는 자신의 희망을 이룰 수 있는 아무런 힘을 갖고 있지 못했을 것이다. 거처도 끼니도 해결하지 못하던 궁예가 사회적 지위 향상을 도모할 유일한 방편은 사원으로의 출가였을 터이고 당시 전국 각지에서 교육 기관으로서의 역할을 담당하였던 곳이 주로 사원이었음을 감안해 볼 때 사원은 그에게 가장 적합한 곳이었다.

---

58) 조동일, 앞의 책, 89쪽.

어찌됐건 귀족적 영웅은 어디서나 고통 후엔 반드시 영광의 승리가 올 것임을 예상할 수 있지만 민중의 영웅은 신분적 제약과 함께 고난에서 시작되고 있음을 알 수 있다. 그러나 궁예는 절대로 고난을 고난으로 생각하지 않았다. 여기엔 그에게 희망을 갖게 하는 무엇인가가 있었기 때문이다.

「태조 왕건」(제4회)

신#19/숲길
(종간과 궁예. 그렇게 걷다가 갑자기 하늘을 본다. 산까치가 요란한 울음을 울며 날아와 그들 머리 곁을 한참이나 맴돈다. 그리고는 무언가를 툭 떨어뜨리고 간다. 두 사람 보다가 궁예가 그것을 주워든다. 그것은 작은 옥 조각이다. 종간이 옆에서 함께 보다가 흠칫 놀란다. 거기에는 임금 (王)자가 새겨져 있다. 두 사람 서로를 본다.)
궁예: ······?
종간: 임금 왕자가 쓰여 있지 않습니까? (떨며) 보세요. 임금 '왕' 자예요.
궁예: ······?
종간: 세상에 이런 일이? 까치가······까치가 이런 것을 물어오다니요.

신라의 왕자라는 신표와 함께 궁예를 영웅으로 자라게 하는 또 하나의 증표가 있다. 바로 까치가 물어다 준 옥 조각에 임금 '왕(王)'자가 씌어져 있었던 것이다. 궁예는 이를 보고 자신이 '천하의 주인이 될 것'이라고 믿게 된다. 종간은 처음부터 궁예를 큰 재목이 될 것임을 알아보았노라고 고백하면서 궁예가 왕이 된 후까지 변함없이 궁예의 오른팔이 되고 있다.

이는 '금척(金尺)신화'의 한 유형으로 주로 제왕의 등극에 관련된 것이다. 설화로만 존재하는 것이 아니라 여러 예술 분야의 모티프로서 다양하게 변용되어 왕조의 정당성과 왕실 및 통치자의 동질성을 확인하게 해준 신화적 체계로 존립해 왔다.[59] 이 '금척신화'의 유형은 구비설화에서 좀더 자세하게 나타난다. 최상수의 『조선지명전설집』에는 다음과 같은 금척리(金尺里) 전설이 채록되어 있다.

경주군 서면 금척리로 들어가는 큰길 양편에 크고 작은 옛무덤이 널려 있으니 큰 무덤이 스물 넷, 작은 무덤이 열넷, 모두 서른여덟이나 된다. 신라시조 박혁거세왕의 어느 날 밤 꿈에 한 신령이 나타나서 손에 가졌던 금자를 왕에게 주면서 "이것을 왕위의 표적으로서 영구히 자손에게 전하라 그리고 만일 백성 가운데 병든 사람이 있거든 이것으로 쓰다듬어 낫게 하라"고 하였다.

이상한 꿈에서 깨어나 보니 왕의 머리맡에는 과연 한 척이 넘는 금자가 하나 번쩍거리고 있었다. 그리하여 신라나라에서는 국보로서 소중히 감추어 두었는데 어느 사이에 그런 보물이 있다는 것이 당나라 황제의 아는 바가 되었다. 당나라 황제는 일부러 사신을 보내어 그 금자를 신묘하게 찾아내어 오도록 엄명을 하였다. 그러나 신라왕은 왕위에 표적으로 계승하는 국보를 내어 줄 수는 없으므로 여기에 여러 수십 개의 무덤을 만들어 그 어느 한 곳에다 숨겨버렸다. 그리하여 당나라 사신이 아무리 찾아내어 가려도 찾지 못하게 되었으므로 당나라로부터의 어려운 문제는 면했으나 곤란하게 된 것은 실제로 숨겨두었던 그 무덤은 과연 어느 것이었는지 이것은 나중에 있어서 모르게 된 것이다. 그 때문에 결국 나라도 망하게 되었다고도 전해 내려오고 있다. 이런 일이 있은 후로 그 옛 무덤

---

59) 강진옥, 「구전설화 유형군의 존재양상과 의미층위」, 이화여대 박사논문, 1980, 논문개요 참조. '금척신화'에 관한 연구로는 강진옥의 박사논문이 유일하며 이에 첨부해 몇몇 논저가 있으나 모두 강진옥의 논문을 부연 설명한 정도에 그치고 있음을 밝혀둔다.

들을 '금척원'이라 부르고 그 동네를 '금척리'라 부른다고 한다.[60]

오늘날에도 경주지방을 중심으로 하여 전승되고 있는 이 이야기는 금척원의 유래담으로서 신라시조와 금척의 관계를 설명하고 있다. 따라서 금척원이 명확한 증거물로 결부되어 전승되고 있다는 점, 그것이 소재했다고 얘기되는 지역이 금척리로 불려 왔다는 점이 증거가 되어 『동경잡기』의 기록이 전대부터의 구비전승을 바탕으로 해서 이루어졌음을 알 수 있게 해 준다.[61]

즉 금척은 하늘로부터 내려온 신인이 주었다는 점에서 천신이 하사한 왕권 상징물이고 국가의 법과 질서를 의미하는 것과 동시에 사람의 질병을 다스리는 기능을 가졌다는 점에서 장차 보위에 오를 이에게 수여되는 신성스런 징표라 하겠다.

즉 ① 신라 시조가 미천할 때 ② 꿈에 한 신인이 나타나 금척을 주며, "이것을 왕위의 표로 드리니 자손대대로 길이 전하소서. 그리고 백성 중에 병이 들어 앓는 사람이 있거든 이것으로써 몸을 재면 즉시

---

60) 최상수, 『조선지명전설집』, 연학사, 1947, 27~28쪽, 서대석, 「한국신화의 역사적 전개」, 『구비문학연구』 제5집, 1997. 12. 31, 한국구비문학회 사이트에서 참조하여 재인용.

61) 강진옥, 앞의 논문, 27쪽. "이 '금척신화'는 정사라고 할 수 있는 『삼국사기』나 『삼국유사』에서는 전혀 언급되지 않다가 조선조에 와서야 비로소 기록을 통해 그 모습을 드러낸다. 그렇다면 이 이야기는 조선조에 와서 만들어진 것이 아닌가 하는 의문이 제기된다. 실상 이야기의 배경을 이루는 가장 오랜 시대는 박혁거세의 등극을 얘기한 신라인데도 그에 관한 현존기록은 『동경잡기』에서야 비로소 발견할 수 있기 때문이다. 『동경잡기』는 고려 때 동경이던 경주의 내력을 적은 책인데, 작자연대 미상으로 전해 내려오던 『동경지』를 증수하여 현재의 이름으로 간행한 것은 1669년이라 한다. 이는 그 후 1711년, 1845년 두 차례의 증보간행을 거쳐 현재의 체제에 이른 것이다. 그러므로 증보과정에서 보충된 내용이 상당수 있다 하더라도 처음의 골격을 이룬 내용에 이 '금척' 관계기사가 들어 있을 가능성은 매우 크다."

나으리라"고 하다. ③ 잠을 깨어보니 손에 금자가 들려 있었다.[62]

이야기의 골자는 현재는 비록 미천한 지경에 처해있기는 하나 능력과 야망을 가진 인물에게 하늘이 금척을 수여한다는 것이며 이는 곧 통치자로서의 자질 인정과 함께 나아가 주인공은 건국시조가 된다는 것을 의미한다. 또한 '금척신화'는 조선조가 개국되면서 이성계 신화로 편입되어 이성계를 천명(天命) 받은 군주로 부각시킴으로서 조선왕권의 신성성을 부여하는 기능을 한다.[63]

조선왕조 이성계의 '금척신화'는 설화뿐 아니라 악장(음악, 문학), 당악정재(무용, 음악, 문학), 용비어천도(그림), 한시(漢詩), 나아가 금척대훈장이라는 훈장의 이념에까지 관여하게 되는데 첫 번째로 나타난 것이 태조 즉위 2년에 정도전에 의해 제정된 '금척'이다. 이는 이성계의 재질과 덕망, 식견을 칭송하며 백성의 희망이 이미 그에게 쏠려 있으므로 하늘에서 금자를 내려주었으니 태조의 등극이 곧 하늘의 뜻이라는 내용을 바탕으로 한다.[64]

하늘의 살피심이 심히 밝으심이여
길몽이 금자에 맞았도다.
깨끗한 사람은 늙었고
강직한 사람은 고지식하니
덕있는 사람이
이에 적합하도다.
상제가 우리의 마음을 헤아리심이여
국가를 정제하게 했으니

---

62) 장덕순, 『설화의 분류』, '조선읍지난'에 실려 있는데 강진옥이 앞의 논문 12쪽에서 재인용.
63) 서대석, 앞의 글, 한국구비문학 사이트 참조.
64) 강진옥, 앞의 논문, 31쪽.

꼭 맞은 그 증험은
천명을 받은 상서로움이로다.
아들에게 전하여 손자에게 이르니
천억 년까지 미치리로다.[65]

이 가사는 이성계의 꿈에 신인이 나타나 금척을 주며 나라를 바로 잡
으라고 했으므로 천명이 있음을 깨달아 왕이 되기로 결심했다는 내용
이다. 현실도 아니고 꿈에 나타나 준 금자에 얽힌 이야기를 이렇듯 큰
의미를 부여하고 있다는 것에서 '금척' 이야기가 흥미 위주의 단순한
이야기라기보다는 역사와 사회사상적인 '상징성'을 갖고 있다 하겠다.
'금척'은 꿈도 많고 미래에 대한 가능성이 충천한 청년기에 주로 나
타나고 있다. 궁예도 마찬가지다. 궁예는 박혁거세의 '신라신화'적 요
소를 매우 가까운 시대에 차용하고 있다. 더구나 그는 꿈에서가 아니
라 바로 현실에서 그것도 길조로 알려져 있는 '까치'가 떨어뜨려준 '왕'
자가 새겨진 옥 조각으로 그 징표를 삼고 있는 것이다. 옥은 예로부터
왕의 상징이었다. 『삼국사기』에는 상아 조각에 씌어졌다[66]고 했지만
드라마에서는 옥으로 설정하고 있다. 아무래도 상아보다는 옥이 더 한
국적이라는 세밀함이 보인다. 물론 상아도 힘과 권력을 상징하는 것임
은 말할 것도 없다.
그런데 위의 '금척원 전설'에는 중국에서 금척을 요구하여 이를 안
주려고 땅에 묻어 숨겼다는 내용이 추가되어 있다. 통치권의 상징물
이라면 금척은 당연히 후대 왕에게로 전수되어야 한다. 그러나 금척
이 전수되지 않은 것은 통치권이 사라졌다는 의미가 된다. 중국에서
금척을 요구했다면 중국에는 금척이 없었다는 말이고 이는 하늘로부

---

65) 「금척사(金尺詞)」, 『악학궤범』권 4, 강진옥, 앞의 논문, 31쪽에서 재인용.
66) 정구복, 『새로 읽는 삼국사기』, 동방미디어, 2000, 172쪽.

터 통치권을 인정받지 못한 국가라는 의미이며 즉 신라만이 유일하게 하늘에서 인정한 국가라는 의미가 된다. 중국이 신라에 금척을 요구한 것은 하늘로부터 받은 통치권의 정통을 차지하겠다는 말이고 이는 지상의 정통 왕권을 유일하게 갖고 있는 신라에 대한 중대한 도전이다. 신라가 끝까지 금척을 빼앗기지 않았다는 것은 천상에서 받은 유일한 통치권은 신라만의 것이라는 뜻이다.[67]

그러나 문제는 금척을 숨겨두었던 그 무덤이 과연 어느 것이었는지 나중에는 아무도 모르게 된 것이다. 그 때문에 결국 나라도 망하게 되었다고 전해 내려오고 있다. 그런데 이렇듯 '나라가 망하게 된' 유형의 이야기가 드라마 「태조 왕건」에서도 똑같이 일어난다. 궁예뿐 아니라 비슷한 유형의 신표를 왕건도 갖게 되는 것이다. 그것은 바로 『도선비기』라는 책이다.

「태조 왕건」(제18회)

신#28/도선의 방

도선: 허허허허……다 정해진 하늘의 이치를 행할 뿐일세. 나무관세
　　　음보살……(책을 주며) 오늘부터 이 책을 읽게나.

왕건: 무슨 책이옵니까?

도선: 읽다보면 알 것이야. 사람들은 이 책을 도선비기라 하지.

왕건: (크게 놀라며) 도선비기?

－중략－

도선: 사람들은 비기라 하지만 자연의 이치와 조화를 적어놓은 것
　　　뿐일세. 이 책은 보는 사람에 따라서 다 달리 보이지. 오로
　　　지 선택받은 자만이 제 뜻을 알 수가 있어. 창생을 구할 길
　　　이 여기에 있으니 한자도 버리지 말고 다 마음에 담아 넣
　　　게나.

---

67) 서대석, 앞의 글, 앞의 사이트 참조.

왕건: (감격하여) 대사님!

『도선비기』[68]는 보는 사람에 따라 다 달라 보이는 책이라 하고 있으며 '오로지 선택받은 자만이 제 뜻을 알 수 있고 창생을 구할 길이 있는 책'이라고 소개되고 있다. 그런데 이 책을 받은 왕건은 크게 감격하고 있다. 궁예가 '왕'자가 새겨진 옥 조각을 신표로 수여받았다면 왕건은 당대 최고의 승려인 도선[69]에게 '창생을 구할 자'만이 읽을 수 있는 『도선비기』를 수여받고 있다. 불교를 숭앙하는 국가에서 최고의 승려에게 받게 된 이 신표는 대단한 것이었다. 그런가 하면 궁예는 그 말년에 어쩐지 모를 석연치 않음으로 불안해하고 있는데 그것은 민중들에 의해 신표를 빼앗기는 불길한 예감이었다.

---

68) 「태조 왕건」 제18회 대본의 해설에 따르면 "도선비기. 숱한 관심과 화제를 뿌리면서 천여 년 동안 입에서 입으로 전해 내려온 예언서의 이름이다. 도선이 지었다 하여 도선비기라 한다. 책의 내용은 오늘에 전하여지지 않고 있지만 미루어 짐작하건데 풍수지리와 그에 얽힌 인간의 운명에 대하여 쓰여 진 듯 하다. 이것을 지금 왕건이 전해 받고 있는 것이다. 이 때의 일을 고려사절요에서는 다음과 같이 적고 있다. "태조의 나이 열일곱이 됨에 도선이 다시 와서 보기를 청하고서 당신은 백륙(百六 - 음양서에 말하는 백육 년 만의 액운)의 운세를 만났으니 말세의 창생들이 공을 기다립니다 하고 군사를 쓰고, 진을 설치하며 필요한 지리와 천시를 읽는 법, 산천에 제사지내는 법과 감통하는 법, 그리고 보우하는 이치를 말하여 주었다."

69) 도선(827~898): 그는 풍수사상과 지리도참설에 입각한 왕조의 교체를 이전부터 예언하고 있던 승려 중 대선사로 풍수설에 입각하여 땅의 기운인 지기(地氣)에 대하여 논하였으며, 지기의 강세에 따라 그에 걸맞은 사찰이나 탑 건립이 이루어져야 한다고 주창, 그의 '비보사탑설(裨補寺塔說)'에 근거하여 수많은 절과 탑이 건립될 정도였다. 일찍이 왕건이 17세 되던 해(893)에는 도선대사가 왕건에게 군사 쓰는 법, 군대의 진 설치법, 하늘의 때를 읽는 법 등을 가르치기도 했다고 전한다.

「태조 왕건」(제70회)

신#30/황궁 어느 전각 안

염 상: 도대체 어느 놈이 이런 황당무계한 것을 감히 황궁의 벽에
　　　　붙였단 말이냐?

군사1: 놈들의 신원은 끝내 알 수가 없었사옵니다.

염 상: (그를 보며 더욱 놀란다) 세상에……아니, 천하의 이렇게 불
　　　　경하고 겁이 없는 놈이 있는가? 폐하께서 거짓 미륵이시
　　　　라……? 이게 무슨 소린고? 궁예는 거짓 미륵이며……신라
　　　　의 왕자 출신이고……그 황실에서 버림을 받아 도망치다가
　　　　외눈박이가 되었다……?

모두들: ……?

염　상: 세상에……(덜덜 떨며) 이런 괴문서가 돌다니?

　　신라의 왕자였다는 사실이 오히려 더 큰 화근이 되고 있음을 볼
때, 그가 고이 간직했던 신라왕자의 징표는 더 이상 그의 편이 아니
었다. 고구려 유민들인 고려인들이 신라출신의 왕을 용납하기란 어려
웠을 것이기에 이러한 소문은 궁예에게 치명적인 것으로 다가왔다.
게다가 『도선비기』를 손에 넣은 왕건의 불교적 신표가 훗날을 예언하
듯 중요한 것이라면 반면 '미륵'을 자처하던 궁예에게는 어쩐지 불교
가 떠나는 듯한 불안함이 스며들게 된다. 바로, 숨겨둔 금척이 하나
둘 그 위력을 상실하는 순간이기도 한 것이다.

「태조 왕건」(제86회)

신#/ 대전[70]

궁예: 석총이는 죽어가면서 내게 말했지. (흉내 내듯) 거짓 미륵이
　　　　시오! 이제 그대의 세상이 다 되었소이다. 이미 다른 미륵

---

70) 드라마 작가의 집필은 촬영현장에서 수없이 수정과 첨삭이 이루어지므로 위 대
　　본에는 신 표시가 명확하지 않다.

이 일어나 내일의 세상을 준비하고 있소이다. 거짓미륵이
여!! 저주를 받을 것이외다. 하늘의 저주가 있을 것이외다.

왕건: ……폐하……
궁예: (다시 술을 마시며) 그런데, 말이야, 아우.
왕건: 말씀하시오소서.
궁예: 그 석총이가 한 말 말이야. 내 세상이 다 되었다고 하였어.
    그리고 이미 다른 미륵이 일어나서 내일을 준비하고 있다는
    게야. 그게 누구일까? 그 다른 미륵 말이야?
왕건: ……?
궁예: 그 다른 미륵……?

그 다른 미륵이 바로 왕건임은 자명한 일이다. 이처럼 '금척신화'는
드라마 「태조 왕건」의 곳곳에서 왕권강화의 이념적 배경이 된 '건국신
화'로 작용하고 있고 왕의 탄생과 멸망을 예견하는 장치로 크게 작용
하면서 시청자들의 흥미를 고조시켜 나가고 있다.

어쨌건 궁예의 청년기는 바로 왕의 탄생을 목전에 두고, 까치가 물
어다 준 옥 조각에 의지하여 하루하루 세상에 나갈 일을 손꼽아 기다
리게 하는 든든한 배경이 되어 주었다.

3) 장년기 - 〈민중영웅설화〉

궁예가 독자적으로 활동하기 시작한 것은 세달사와 결별을 하고 죽
주의 기훤(箕萱)이라는 도적에게 의탁한 뒤였다. 기훤은 당시 북원 일
대를 장악하고 있던 양길(梁吉)과 버금가는 인물이면서 탄탄한 기반을
갖고 있었다.

신라하대에 자주 보이는 '적(賊)'이라는 용어는 단순히 '도(盜)'라는
의미로 사용되지 않았다. 진성여왕의 난정과 흉년 등으로 생활에 지친

농민들의 반란집단으로 추정되기도 하고 도둑의 무리와 유랑민 등을 규합, 반신라적 기치를 내건 이들을 칭하기도 한다. 또, 호족까지 포함하여 신라왕실과 적대관계에 있었던 모든 무리를 포괄하고 있다. 요컨대 궁예와 견훤세력의 주체는 '적'으로 칭한 농민반란군을 끌어들여 세력을 확장한 것으로 볼 수 있다. 특히 후삼국이 성립될 무렵, 이들 집단은 이미 일정한 성을 근거지로 군사권과 행정권을 갖는 반신라적·독립적 세력으로 군림하고 있음을 알 수 있다.[71]

그러나 세달사에서 은신하며 세상을 향해 칼을 갈던 궁예는 세상으로 나간 후 처음으로 기훤이라는 인물에 의해 좌절감을 맛보게 된다. 기훤은 어찌된 일인지 궁예라는 인물을 업신여기고 있다. 그러면서 힘겨운 유청년기를 보내야했던 궁예에게 "다시 위기에 부딪힌다"는 서사구조를 부여한다.

「태조 왕건」(제9회)

신#33/기훤의 산채(성안)

기훤: 왜들 저 난리들인가?

기훤 부장: 선종이란 스님이 의원 노릇을 하고 있다 하옵니다.

기훤: 허, 무예가 출중하다 하여 이곳에 있게 하였는데 싸울 생각
　　　은 아니 하고 의원이 됐어?

원회: 본분이 승려이니 어쩌겠사옵니까? 우리에겐 의원도 필요하니
　　　좀더 두고 보시지요?

기훤: 무슨 소리? 지금은 의원나부랭이나 다쳐서 쓸모없는 병신들
　　　은 필요가 없다. 싸울 장수가 더 소중해. 알아듣게 일러주
　　　어라.

---

71) 이재범, 「후삼국시대 궁예정권의 연구」, 성균관대 박사논문, 1992, 17~18쪽.

「**태조 왕건**」(제11회)

신#28/기훤의 처소

기훤: 그런데 그 미륵부처님들은 왜 아직 아니 오느냐?

신원: 워낙이 병자들과 다친 군사들이 많아서 쉬이 몸을 빼지 못하
　　　는 모양이옵니다.

기훤: 핫하하하……재미있는 일이야. 이 시대는 미륵보다는 영웅을
　　　원해. 그만한 무예가 있다면서 병자들 고름이나 짜고 있다
　　　니, 딱한 일이구나. 다음 전투에는 나를 따라나서라고 일렀
　　　는데 그 말은 전하였느냐?

신원: 예, 장군. 그리하겠다고 하였사옵니다.

기훤: 허허허……그래야지, 그래야 호걸이 되는 게야. 미륵이라, 사
　　　람들이 그자들을 하늘에서 온 미륵이라 한다지?

　　드라마에서는 기훤이란 인물이 전형적인 도적으로 등장한다. 훔치
고 빼앗고 그리고 죄 없는 아이를 죽이며 아녀자를 희롱한다. 이에
궁예가 하는 의로운 행동에 대해 늘 불만이다. 결국 궁예는 그런 도
적의 무리에는 자신이 적합지 않은 것으로 판단하게 되고 떠날 채비
를 하는데 마침내 기훤은 그의 난폭한 행동에 불만을 품은 부하에 의
해 죽임을 당하고 만다.

　　그러나 역사가들은 기훤이 궁예를 업신여긴 이유에 대해 여러 학설
을 펴기도 한다. 일테면 기세가 한창 오르고 있던 기훤은 궁예가 세
달사 생활시 고급승려가 아닌 미천한 재가화상(在家和尙)72)이었다는

---

72) 재가화상은 가사를 입지 않고 계율을 지키지 않으며, 흰모시의 좁은 옷에 검정색
　　 깁으로 허리를 묶고 맨발로 다니는데, 간혹 신발을 신은 자도 있다. 거처할 집
　　 을 자신이 만들며 아내를 얻고 자식을 기른다. 그들은 관청에서 기물을 져 나르
　　 고 도로를 쓸고 도랑을 내고 성과 집을 수축하는 일 등에 다 종사한다. 변경에
　　 경보가 있으면 단결해서 나가는데 비록 달리는 데 익숙하지 않기는 하나 자못
　　 씩씩하고 용감하다. 군대에 가게 되면 각자가 양식을 마련해 가기 때문에 나라
　　 의 경비를 소모하지 않고서 전쟁할 수 있게 된다. 듣기로는 중간에 글안이 고려

점을 알고 있는데도 의인인 체하고 있음을 못마땅해 했다는 설도 있고, 창과 칼만이 모든 것을 결정한다고 판단했던 기훤이 궁예의 이상(理想)을 수용할 만한 식견이 부족했음에 기인한다고도 하나, 막 청년기에 접어든 앳된 나이의 궁예가 노회한 기훤에게 그리 중요한 인물로 비춰졌을 리 만무하기 때문에 이와 같은 논의는 별 타당성이 없다 하겠다. 그저 꿈 많은 청년 궁예의 이상이 현실의 벽에 부딪힌 첫 번째 사건이었다는 점이 중요하다 할 것이다.

충돌과 갈등이 없는 극은 극이 아니다. 집단과 집단 사이에는 언제나 충돌을 빚고 있으며 이러한 충돌은 투쟁과 투항, 반항과 침략, 단결과 분열, 자유와 전제(專制) 등의 모순투성이다. 개혁세력은 역사 발전에 반드시 필요한 신생·진보·정의의 사회세력을 대표하며 기성 및 퇴조 세력은 사회 발전을 저해하는 부패·사악한 세력을 의미한다. 영웅설화에서 비극 충돌은 언제나 매우 감동적인 영웅의 고난사를 뜻하는 것[73]이므로 기훤으로 인한 궁예의 좌절은 시사하는 바가 크다.

그것은 세상으로 나온 궁예에게 첫 번째 시련이었다. 유년기와 청년기가 남들과는 달랐던 궁예가 난세를 구하고자 세상 밖으로 나왔을 때 처음 만난 인물이 하필 기훤이었던 것이다. 사실 기훤의 '적(賊)'으로서의 행위는 민중과 더불어 사는 '적'이었다고는 하나 궁예의 눈에 비친 기훤은 그의 기대와는 전혀 다른 인물이었고 그러면서 또 한번 세상에서 배반을 당하고 있다. 그러나 이곳에서 궁예는 '진실은 반드

에 패전한 것도 바로 이 무리들의 힘이었다고 한다. 그들은 사실 형벌을 받은 복역자들인데, 이족(夷族)의 사람들은 그들이 수염과 머리를 깎아 버린 것을 가지고 화상이라고 이름 한 것이다. (『고려도경(高麗圖經)』 권18 석씨 재가화상 조), 이재범, 앞의 논문 23~24쪽에서 재인용.
73) 이병호, 「곽말약의 역사극 창작과 이론 소고(小考)」, 『육사논문집』 제44호, 1993. 6, 28쪽.

시 통하는 법'이라는 것을 깊이 깨닫는다. 그것은 진실로 최선을 다하면 반드시 이에 화답을 하는 것이 '민중'이라는 깨달음이다. 그것은 참으로 소중한 깨달음이었다. 만일 이 깨달음이 없이 처음부터 승승장구했다면 궁예는 어쩌면 기훤과 같이 현재에 만족하는 인물로 끝나버렸을지도 모른다.

고난에서 시작되는 것은 '민중영웅형'의 일관된 구조이다. 이는 계속 비참하게 패배해 온 민중들의 염원이 가져 온 역사적 경험의 반영이기도 하다. 궁예는 고난과 좌절로 점철된 초년에서 20대 후반을 보내고 마침내 북원의 양길에게 의탁하여 본격적인 민중영웅의 길로 들어선다. 궁예의 시작은 바로 민중의 고난과 그들이 끊임없이 기다려 온 구세주에 대한 기대감으로 시작되었다.

영웅을 욕망하는 민중들의 욕구는 난세에 처할 때에 가장 크게 작용하고 있다. 민중들은 세상이 어지러울수록 영웅이나 현인이 출현하여 외적을 물리치고 나라를 바로 잡기를 간절히 희망한다. 민중이 고대하던 영웅이 나타나 주지 않을 때에, 그들은 영웅을 대신할 초인간적 능력의 소유자를 환상처럼 그리워한다. 이 때, 바로 애꾸눈의 궁예가 나타난 것이다. 궁예의 사람됨을 첫 눈에 알아 본 양길은 곧 그에게 수천의 병력을 붙여 주었다.

마침내 "승리자가 되기 위해 위기를 투쟁적으로 극복한다"는 민중영웅의 서사단계를 밟으며 궁예는 두 가지를 실천하여 민중의 관심을 한 몸에 받게 된다. 하나는 미륵신앙이고 또 하나는 반신라적 태도이다.

▌불교적 영웅설화의 면모

미륵신앙은 백성을 하나로 결집시키는 데 더할 나위 없는 수단이었다. 이는 제정일치로 일관해 온 고대국가의 편린이다. 선사시대부터 인류가 가지고 있었던 공통적인 특징은 샤머니즘적 특성이었다. 예컨 대 나라가 일어나려면 하늘이 시조(始祖)를 내려 보내주었다든지, 왕이 죽을 때에는 자연의 징조가 있다든지, 자기의 소원을 이루려면 주위의 자연 산천에 제사를 드리고 정성껏 기원을 해야 한다든지, 나라가 망하려면 이상한 자연 변이 현상이 나타난다든지 한다는 믿음이 바로 그것이다. 이런 자연 현상에 대한 인간의 무지로부터 비롯된 것임도 사실이지만 그보다는 오랜 사회적 통념의 영향이 더 크다고 할 수 있다. 궁예는 불교에서 바로 이러한 속성을 발견하게 된다. 고단한 민중들에게 현실을 타개해주기 위해 미륵신앙을 갖고 등장한 궁예의 이미지는 드라마로 윤색되어 강렬한 이미지를 준다.

「태조 왕건」(제1회)

신#21/궁예 진영

(함성이 이어진다. 마치 부처님을 마주하듯 군사들은 하나로 동화되어 두 손을 치켜들며 열광하고 있다. 제장들과 종간도 보고 있다. 그들은 마치 홀린 듯 감동처럼 열정적으로 말하고 있는 궁예를 본다. 그에겐 절대적인 위압감과 위엄이 보인다.)

궁예: 죽음을 두려워하지 말라. 그대들이 흘린 피는 절대 헛되지 않을 것이니라. 그대들의 생과 사를 부처님께서 맡고 계시느니라. 어찌 죽음을 두려워하랴.

(함성이 또다시 터져 나온다.)

궁예: 나는 미륵의 현신으로 왔느니라. 미륵부처가 하실 일을 내가 맡았느니라. 그대들을 위해 죽을 것이며 그대들을 영원한 피안으로 이끌 것이니라. 진군하라. 부처님께서 그대들의 등 뒤에 서 계시느니라.

당시 궁예는 원주군 치악산의 석남사(石南寺)를 거점으로 세력기반

을 형성하였다. 이렇게 원주 지역을 거점으로 인근 지방에까지 세력
을 확장한 그는 다시 기수를 돌려 명주(강릉) 지방으로 들어가니 군사
가 3천5백 명으로 늘어나며 큰 호응을 받아 장군으로 추대된다. 이에
주목을 끄는 것은 궁예가 명주지역으로 기수를 돌린 것은 반신라적
기운이 농후한 명주지역 즉 김주원(金周元)계의 세력을 의식한 것으로
판단된다.[74]

　또한 당시 명주지방에는 진표(眞表)의 포교활동 이래 진표계(眞表
系) 미륵신앙이 유행하고 있었다. 궁예는 이미 세달사에서 조신(調信)
으로부터 미륵신앙에 대해 전수를 받았으므로[75] 자신과 처지가 같은
민중들에 대하여 미륵신앙을 바탕으로 획기적인 세력 규합에 성공할
수 있었다. 진표는 물고기·자라 등 축생에 이르기까지 광범위한 계층
을 대상으로 포교하였고 명주 일대에서 민중들을 기근에서 구해준 은
인이었다. 이런 정황으로 볼 때 궁예는 진표계 미륵신앙만이 세력규
합에 성공할 수 있다는 것을 알게 되었을 것이며 이의 실행으로 인해
민중들에게 제2의 진표로 인식되기에 이르렀다. 이러한 선행(先行) 구
도자가 있었기에 궁예는 가는 곳곳마다 민중들의 호응을 얻었고 민중
의 영웅으로 대접을 받기에 이른다. 이 부분을 드라마 「태조 왕건」은
다음과 같이 극화하고 있다.

---

74) 문수진, 「고려의 건국과 후삼국 통일과정」, 성균관대 박사논문, 1992, 28쪽.
　　문수진은 여기에서 "김헌창의 아버지 김주원(金周元)과 김교신(원성왕)의 왕위 계
　　승전에서 김주원이 패하여 경주로부터 명주로 퇴거당했고, 이곳에 김주원이 세력
　　기반을 구축해 놓았기 때문에 궁예는 반신라적 김주원계 세력권내의 주민들로부터
　　큰 호응을 받았다"고 기술하고 있다.
75) 김혜원, 앞의 글, 24쪽.

「태조 왕건」(제18회)

신#4/군영 회의장

원　회: 군량미를 나누어 주다보니 이미 바닥이 보인다 들었사옵니
　　　　다.

궁　예: 알고 있소이다. 그러나 중요한 것은 그런 것들이 아닙니
　　　　다. 우리가 무엇으로 적을 이길 수 있는가 하는 그것이
　　　　외다.

모두들: …….

궁　예: 백성들은 우리를 부처님의 군대로 압니다. 그렇소이다. 나
　　　　나 그대들이 모두 부처가 되어 저들과 하나가 되지 않으
　　　　면 저 명주성은 물론이고 어떤 일도 이룰 수 없을 것이
　　　　외다. 백성이 굶으면 나나 그대들도 굶고 저들이 아파 신
　　　　음하면 함께 아파하고 울어주어야 합니다. 그것만이 명주
　　　　성을 취할 수 있는 확실하고도 최선의 방법이올시다.

모두들: (숙연하고)

궁　예: 백성들이 우리의 주인이올시다. 그 점들을 명심하시오.

　궁예는 살아있는 부처였다. 가뭄과 굶주림, 그리고 전란에 시달렸
던 백성들에게 있어서 그는 단비와도 같았고 구세주와도 같았다. 그
러므로 궁예는 불교적 영웅의 면모도 아울러 갖고 있는 셈이다. 불교
적 영웅은 현생 못지않게 내세·전생의 세계 등 비현실적인 세계의 자
의적 구성이 우세할뿐더러 신화나 설화 등 구비문학적 요소가 인물을
그리는 데 주요한 장치로서 활용되고 있다. 즉, 인간의 모습보다는
신에 더욱 가깝게 묘사됨으로써 반신반인(半神半人)으로 그 상이 확정
되는 경향이 있다. 궁예는 출생 당시 벌써 이가 있었고 석가는 태어
나자마자 걸었다. 이는 바로 불교적 영웅의 요소라 할 수 있다.
　열전·민담·설화에서의 영웅 중에서 불교적 영웅은 그 활약상에 더욱
비중을 두고 그가 베푸는 이타적 행위를 조명하기에 힘씀으로써 도덕

적 영웅의 면모가 두드러지게 반영된다. 도의 완성은 개인적인 의미로 끝나지 않고 범우주적인 끈을 형성해 '깨달은 자'의 마땅한 몫을 찾아 나선다. 곧 신적 위치에 이른 그들이 다시 내려와 인간의 고통·위협·공포·기아 등을 쫓아내 주는 것을 통해 영웅상은 이루어진다고 믿는다.[76] 그것은 곧 보시의 정신에서 시작된다.

결국 미륵신앙을 등에 업은 궁예는 명주에서 규합된 세력을 바탕으로 894년 자립할 수 있게 되었고 점차 패서지방(浿西地方)[77]으로 진출, 898년에는 수도를 철원에서 송악으로 옮기고 팔관회를 개최하기에 이르는데 이 때 지난날 자신이 의지했던 양길이 궁예의 강성함을 듣고 노하여 습격을 준비하게 된다. 이에 궁예가 먼저 탐지하고 크게 격파하는 사건이 일어난다.[78]

양길은 궁예에게 왕이라는 최고의 권좌를 준비해준 사람이었다. 드라마에서 양길은 궁예의 인물됨을 미리 파악하고 그의 딸인 '미향'과의 혼인을 계획한다. 드라마에 있어 남녀관계는 시청률을 붙잡는 또 하나의 관건이므로 드라마 「태조 왕건」은 인물 설정에 각별한 촉각을 드러내면서 양길의 딸을 끌어들이고 있다. 양길의 딸 미향은 부친인 양길이 궁예에게 격파 당한 후 국모로서는 부적합하다는 주변의 판단과 함께 버려지는 여인이다. 그는 후에 미쳐서 불에 타 죽는 것으로 설정되었다. 드라마 속의 미향은 궁예에게 있어서 다음과 같은 여인이다.

---

76) 김승호, 「불교적 영웅고」, 『동국대 한국문학연구』, 동국대, 1989. 12, 329~354.
77) 이곳은 지금의 평양 이남지방으로 고구려의 유민들이 살고 있었으며 이들을 회
유하기 위하여 궁예는 왕건 등 호족세력과 함께 송악에 도읍지를 두었다.
78) 정구복, 앞의 책, 173쪽.

「태조 왕건」(제20회)

신#3/궁예의 거소 안

허월: 갑자기 하늘에서 선녀가 내려오셨나?

미향: …….

허월: 그대는 누구신가? 행색을 보니 시중이나 드는 아랫사람은 아
　　　 닌 것 같고 ……?

궁예: 세상이 짝이 되라고 맺어준 여인이올습니다.

허월: 그렇다면 안해란 말인가?

궁예: 허허허……그리들 말을 합니다마는 글쎄올습니다.

허월: (발작적으로 웃음) 핫하하하……이런 일이 있는가? 아니 미륵
　　　 도 여인을 안는단 말인가?

궁예: 주고받는 것이 모두가 보시가 아니겠사옵니까? 남에게 베풀
　　　 수만 있다면 무엇을 못하겠습니까?

허월: 베풀려고 하는 일이다……? 마치 참 부처가 된 듯한 말일세
　　　 그려.

　궁예는 여인을 다루는 데 있어서도 불교적 영웅다운 면모를 보인
다. 더욱이 민중영웅으로 아직은 확고한 위치를 확보하지 않았으므로
그는 철저히 승(僧)의 입장에서 여인을 멀리하고자 한다. 보통의 인간
에게도 확실히 여성이란 도를 얻고자 할 때 장애의 대상으로 여겨질
수 있다. 승의 경우에는 더 말할 나위가 없을 것이다. 그러나 궁예는
속세에 머물면서 여자와 결혼하게 되었고 자식까지 얻게 된다. 하지
만 그러한 사실에 대해 처음부터 자신의 의지가 개입되지 않았고 오
히려 철저하게 보시의 입장에 선 자발적 행위였다고 스스로 믿고 있
다. 나아가 그 일은 미륵으로서 할 수 있는 가장 적극적인 선행이라
는 주문까지 건다.

　그러므로 이 드라마에는 수많은 여인이 나오지만 궁예의 여인은 단
두 명으로 설정되고 있다. 보시의 차원에서 맞이한 미향과 정권의 확

대를 위해 맞아들인 왕후 강씨(康氏)다. 그러나 미향이나 강씨나 모두 비극적인 최후를 맞고 있다. 미향도 비참하게 죽었으며, 왕후 역시 궁예에 의해 죽임을 당한다. 더욱이 왕후로 등장했던 강씨는 극의 전개를 위해 왕건의 약혼녀로 설정되어 있다. 텔레비전에서 처음으로 연화라는 이름을 갖게 된 강비의 설정은 다음과 같다.

「태조 왕건」(제116회)

신#4/국문장

해설: 연화, 이는 극중의 이름이다. 실록에는 그녀의 이름이 강씨
　　　라고만 되어 있다. 신천 출신으로서 지역적 범주로 보면,
　　　송악의 왕건과는 아주 가까운 패서지역 사람이다. 우리가
　　　여기서 황후 강씨와 훗날 태조가 되는 왕건의 사랑 이야기
　　　를 담은 것은 철원지방에 내려오는 짧은 한 토막 민간 구전
　　　설화에 의존한 것임도 아울러 밝혀둔다.

드라마에 여인이 부재한다는 것은 있을 수 없는 일이니만큼 제 아무리 민중영웅이자 불교적 영웅의 모습을 하고 있는 궁예도 드라마에서는 삼각관계의 주인공이 되고 있다. 미향·궁예·강비의 삼각관계와 궁예·강비·왕건의 삼각관계는 어느 곳에도 기록되지 않은 이야기로서 철저히 작가에 손에 재창조를 거친 인물들이라 할 수 있다. 철원지방에서 내려오는 짧은 구전설화를 각색했다는 것이 작가의 변이다. 철원지방은 궁예에 대한 수많은 설화를 간직하고 있는 곳이다. 특히 민중영웅으로서의 면모보다는 포악한 인물로서 표현되고 있는 설화가 많은데 강씨가 왕건의 정혼녀였다는 것도 궁예를 '포악한 군주'로 부각하기 위한 일로 보아진다. 왕건의 정혼녀를 궁예가 가로챘다는 것이야말로 왕건을 동정하는 일에 큰 몫을 담당하기 때문이다.

그러나 『삼국사기』 등 사록에는 궁예의 여인이 거의 등장하지 않는
다. 실제로 왕건의 경우를 보면 그는 29명의 부인을 두고 있다. 이는
『고려사』 후비열전(后妃列傳)에 등재된 숫자이므로 실제로는 이보다
더 많은 부인이 있었을 가능성이 높다.[79] 견훤의 경우에 있어서도 대
체로 마찬가지여서 『삼국사기』를 비롯한 사적에는 적잖은 부인의 존
재가 확인될 뿐만 아니라 그 소생들 사이에 치열한 왕위쟁탈전을 전
개하고 있는 사실도 살펴볼 수 있다.[80] 이렇게 왕건과 견훤의 부인이
많았던 이유는 당시 실세로 존재하고 있었던 호족들과의 연합을 능동
적으로 꾀하고자 한 노력으로 이해되고 있다. 특히 왕건의 경우에는
그의 통일정책의 하나로 그의 탁월한 영도력과 결부시켜 평가하기도
한다.

이와 같이 혼인을 통하여 정책적으로 유리한 고지를 점할 수 있는
당시의 정치적 상황에서 궁예와 같은 정략가가 이를 간과하였을까 하
는 점은 의문이 아닐 수 없다. 그만큼 궁예에 대한 이야기는 기록이
남아있지 않은 채 전설화되어 있음을 볼 수 있다.

불교적 영웅은 대개가 석가모니적 생의 규격화된 전형성을 갖고 있
다. 인간적 측면보다는 신성성의 확대가 바탕이 되므로 전체 이야기
는 영험성과 신통력을 둘러싼 엄격과 고매만이 드러날 뿐 상대적으로
지상적 삶이 부실하게 나타나고 있음은 피할 수 없는 일이다. 특히
화자들은 성(聖)과 속(俗)의 이원적 가름을 분명히 앞세워 불교적 영
웅이 비속한 세계로 접근해 가는 것을 극력 저지했음을 알 수 있

---

79) 이재범, 앞의 논문, 114쪽.
80) 정구복, 앞의 책, 192쪽. 여기서 "견훤은 아내를 많이 취하여 아들 10여 명이 있
    었는데 넷째아들 금강(金剛)이 키가 크고 지략이 많아 견훤이 특별히 사랑해 그
    에게 왕위를 전해 주려고 하자 그의 형 신검(神劍), 양검(良劍), 용검(龍劍)이 이
    를 알고서 걱정과 번민을 하였다"고 기록되어 있다.

다.[81] 그러므로 궁예는 비록 강씨를 왕후로 맞아들이긴 했지만 여인에 관한 한 모든 것을 초월한 사람처럼 행동한다.

「태조 왕건」(제40회)

신#26/연회장

연　화: 이 곳 명주에 폐하의 아드님이 계신다는 이야기를 들은 적
　　　　이 있습니다. 북원부인(미향)이 낳은 그 아이 말입니다.

김순식: ……!

(순간 분위기가 찬물을 끼얹은 듯 조용해진다. 왕건은 놀라는 표정
이고 궁예는 여전히 덤덤하다.)

왕　건: (놀라며 E) 폐하께 아드님이 계셨단 말인가?

연　화: 제가 잘못 알고 있는 것입니까? 그렇습니까?

김순식: 그게……저……

은　부: …….

궁　예: 그만 두시구려. 지금 그 이야기를 하실 때가 아닌 것 같
　　　　소.

연　화: 폐하의 혈육이면 신첩에게도 자식이 되는 것이 아니옵니
　　　　까? 어찌 관심을 갖지 않을 수 있겠사옵니까?

궁　예: 허허허……허나 이미 속세와 절연하고 불가에 입문을 한지
　　　　오래요. 굳이 속세의 인연을 다시 들추어서 무엇하겠소?

　　드라마에서 궁예는 전적으로 '남성의 가치'를 위해 그려진 것이기 때문에 여성에 대한 그의 시각은 매우 가부장적이라 할 수 있다. 그러므로 이 드라마에서 궁예의 여인은 모두 부수적인 존재로 등장한다. 흔히 영웅, 그 신화적 주체는 인간이며 남성으로 구축된다. 그는 문화의 능동적인 원칙이며, 구분의 시도자이며, 차별의 창조자이다.

---

81) 김승호, 앞의 글, 345쪽.

여성은 삶과 죽음같이 인생의 전반적인 것에는 걸맞지 않다고 여기는 것이다. 여성은 작은 공간, 진부한 생각, 반항, 모체와 물체의 하나의 구성요소에 지나지 않다고 생각하기 때문에 신화적 메커니즘은 '인간'을 '남성'으로 생산해내게 된다.[82] 그러므로 궁예는 여성에 대해 얼마든지 가학적이어도 무방한 것이다.

더불어 궁예의 이야기 전승에는 승(僧)을 부각시키고자 으레 여성과 관련된 화제는 배제하려는 의도가 짙게 배어있다. 까닭에, 궁예에게 있어 속세에서의 여성과의 접촉은 잠시 있었던 일이고 수행 중에 맺은 인연은 그저 '보시'였다고 표현하면 그만인 것이다. 더구나 그가 아내를 맞이했으면서도 '불가에 입문했다'고 표현하는 것은 아직도 민중영웅으로서 수행할 일이 많이 남아있음을 의미하는 것으로 여자와의 염문으로 민중 영웅의 이미지를 흐트러뜨리고 싶지 않은 내면의 의지가 굳건하다 하겠다. 이는 모두 설화의 구비전승자들이 궁예에게서 여자를 제외하고 전했음을 확인케 하는 일이다. 궁예는 이처럼 자신의 모든 영웅적 행보를 불교에서 찾았으며 미륵으로서 취할 수 있는 모든 행동을 실천해 나가는 데에 성공적인 결과를 거두고 있다.

▌반(反)신라적 응징과 복수

궁예가 민중의 호응을 받게 된 이유 중 또 하나는 반신라적인 민중의 뜻을 고양시키며 이를 국지로 삼은 것도 큰 비중을 차지하고 있다. 궁예가 자칭 '왕'이라 하고 국호를 고려라 했던 때는 901년, 그의 나이 30세였다.

---

82) K. U. 핸더슨·J. A. 마제오, 『텔레비전과 사회, 그 함축적 의미』, 백선기 옮김, 한울아카데미, 1990, 132쪽.

궁예가 국호를 고려라고 정한 이유는 그의 점령지역이 대부분 고구려의 고토(故土)였으므로 이 지역에 토착하고 있던 유민들의 가슴 속에는 고구려가 깊이 자리 잡고 있었을 것이다. 그러므로 점령된 지역을 하나의 국가단위로 결속시키는 정치 이데올로기적 목표가 더욱 크게 요구되었을 것이며 고려라는 국호는 고구려 유민들을 하나의 공동체의식으로 묶어 두고 이탈을 방지할 목적에서 택한 것이었다. 그러므로 고려라는 국호는 궁예에 의해 자발적으로 사용된 것이라기보다는 궁예정권에 깊이 관여한 고구려유민들의 영향력의 결과로 보인다. 따라서 고려라는 국호의 제정은 이미 자신의 세력기반의 중추부를 형성하고 있는 패서지방의 호족세력을 의식한 데서 취해진 결과였을 것이다.83) 즉, 궁예는 고구려유민들을 회유하고 하나의 국계로 굳건히 묶기 위해 전면에 철저히 반신라적 의지를 내세웠다. 이로 인해 궁예는 왕위에 오를 수 있었으며 국호도 고려라 당당히 칭할 수 있었다.

그러나 궁예의 친고구려·반신라적 행동에 대해 드라마는 그의 부친이 신라의 왕이었고 어렸을 때 자신을 내버린 조국에 대한 원한 때문으로 규정짓고 있다. 역사적으로는 그 태생이 정확하게 규명되지 않은 궁예지만 아버지가 신라의 왕이었다는 설정은 평범한 인물보다 더욱더 큰 동정심과 함께 보다 더 흥미로운 이야기로 급상승시키는 효과를 갖게 한다. 그것이 바로 설화가 갖는 흡인력이라 할 것이다.

더구나 드라마에서의 현실감은 직접적인 방식으로 현실을 반영하는 것이 아니라 '구성된 환상'이기 때문에 시청자들로 하여금 '자신도 모르게 빠져들게' 하는 서사구조를 갖고 있다.84) 그렇기 때문에 드라마는 뚜렷한 인과관계에서 극적인 요소를 찾는 설화의 서사구조와 더욱

---

83) 이재범, 앞의 논문, 54~55쪽.
84) 김윤희, 앞의 논문, 9쪽.

더 유사하다. 특히 사극은 역사적 사실로써 다른 드라마보다 비유와 상징성이 강하기 때문에 '출생의 비밀'과 같은 암시로 시작하게 되면 그 암시를 풀어나가는 데 주력하게 되고 이로써 시청자들과 비밀을 함께 공유하며 또 다른 흥미를 첨가하게 되는 것이다.

이러한 이유로 인해 그는 지난날 자신을 철저히 유기한 신라 경문왕에 대한 증오심과 함께 "과거 신라가 당나라에 군사를 청하여 고구려를 멸하였으므로 평양의 옛 도읍이 무성한 잡초로 꽉 차있으니 내 반드시 그 원수를 갚겠다!"면서 일찍이 남쪽으로 순행할 때 흥주(興州, 경북 영주시 수흥면) 부석사에 이르러 벽에 그려져 있는 신라왕의 화상을 보고 칼을 뽑아 찔렀는데 그 칼자국이 지금도 남아있다[85]고 한다. 또한 신라를 멸도(滅都)로 칭하고 신라로부터 오는 사람을 다 베어 죽이면서까지 고구려가 신라에 패망한 뒤 민중의 내심에 작용해 왔던 국계의식(國系意識)을 고무시켰던 것이다.[86] TV 드라마는 특히 신라왕의 화상에 칼을 들이댔던 사건에 크게 의미를 부여하고 있다.

「태조 왕건」(제42회)

신#/부석사 경내
(주지가 그 전각의 문을 연다. 모두들 안을 들여다본다. 궁예도 안을 본다. 과연 신라왕 차림의 그림이 한점 벽에 걸려 있다.)
궁　예: 이 분은 신라의 어느 임금이오?
주　지: 예, 소승이 듣기로는……신라 48대 임금이신 경문대왕의 화상이라 했사옵니다.
궁　예: (놀라) 뭐라? 경문……대왕? 경문대왕?
－중략－
궁　예: (증오처럼) 경문대왕이……라……경문대왕……!

---

85) 정구복, 앞의 책, 174쪽.
86) 문수진, 앞의 논문, 29쪽.

(돌연 궁예의 눈빛이 증오로 빛난다. 갑자기 은부의 칼을 빼어든
다. 궁예가 실성을 했는가. 사람들은 그런 궁예를 놀라서 보고 있
다.)
궁   예: 경문대왕이라고……이 그림이 경문대왕이라고 했겠다? 경
         문대왕?
모두들: …….
왕   건: 폐하……?
궁   예: 이런 나약한 임금이 대왕은 무슨 대왕이란 말인가!
(궁예는 은부의 칼을 들어 그림을 친다. 칼은 그림을 뚫고 들어가
나무기둥에 반쯤 박혀버린다. 모두들 크게 놀라며 경악한다. 궁예
가 그 칼을 빼려 하지만 빠지지 않는다. 다시 그대로 칼을 놓고 타
오를 듯한 눈빛으로 그림을 본다. 그림에서 피가 흐르기 시작 한
다. 모두들 놀란다.)

민중영웅의 특징 중에서 충과 효가 없다는 점은 매우 중요한 일이다.
이미 아버지라는 존재는 아들을 불행에 빠뜨리는 구실이나 하는, 극복
되어야 할 낡은 권위의 상징이다. 따라서 아버지에 대한 효성은 있을 수
가 없다. 성공은 아버지에 대한 도리의 실현과는 무관하다. 이는 궁예와
마찬가지로 주몽·탈해·홍길동에 이르기까지 공통적으로 나타난다.[87] 그
러므로 궁예는 이처럼 과감히 아버지의 화상에 칼을 들이밀 수 있다.

또한 이들은 기존질서에 관한 한, 기존질서를 부정하므로 싸움을
전개하고 나중에 스스로 왕이 된다는 점에서 충에 대한 개념도 없다.
이들에게 있어 충효란 존재하지 않던 가치관이라는 것이다. 주몽·탈해·
궁예는 기존의 왕을 물리치고 자기가 왕이 되는 것을 일생의 과업으
로 삼았다. 따라서 충이라는 덕목을 존중하지 않는다.

드라마에서 궁예는 신라로 돌아 와 나라를 살려달라는 '위홍'의 간

---

87) 조동일, 『민중영웅 이야기』, 문예출판사, 1992, 44쪽.

곡한 당부를 철저히 내치면서 기존질서인 신라에 대한 충성을 철저히
거부하고 있다.

「**태조 왕건**」(제7회)

신#6/별채

위홍: 내겐 우리 가문과 왕실밖엔 없느니라. 그것을 지키려고 너를
　　　죽이려고 했고 세인들의 욕을 얻어먹어가며 어린 임금인 조
　　　카를 취했느니라. 허나 이제 나도 지쳤다. 더 이상 나라를
　　　지켜줄 왕손도 없으니, 아무도 없어…… 서라벌에 있거라.
궁예: (한참 보다가) 허허허. 모처럼 인정 있는 말을 들었습니다.
　　　허나 나는 나의 길이 있습니다. 미륵의 세계 말입니다. 자,
　　　저는 이만 일어납니다.
위홍: ……답답한 놈이로구나. 옥좌를 버리고 가는구나.
궁예: (일어나며) 산으로 가시오. 아직도 늦지는 않았습니다.

　자신을 버린 아버지와 자신을 버린 국가에 대한 충효란 고대의 영
웅에게는 존재하지 않던 가치관이다. 옥좌를 준다 해도 그것은 이미
자기가 추구하는 바와는 거리가 멀다. 영웅은 그 모든 것을 딛고 새
로운 역사를 열어가고 싶어 하는 인물이기 때문이다. 오히려 고대의
영웅은 충효에 의해 제약되지 않아 진취적이고 자유로울 수 있었으며
기존질서를 부정하는 데 과감할 수 있었다. 그러므로 조선시대 이후
충효를 내세우는 영웅소설은 양반의식을 방영했다 할 수 있고 양반의
지배체제의 유지에 기여하는 구실을 했다고 볼 수 있다. 만일 충효가
가장 바람직한 가치로 되어 있으면 인간의 활동은 무엇이든 충효를
지향할 수밖에 없고 기존질서를 부정하고 새로운 것을 모색하는 정신
은 약화될 수밖에 없다.[88]

　바로 이런 민중영웅의 특징이 궁예로 하여금 자유롭게 아버지의 화

상에 칼을 들이댈 수 있게 하였고, 신라에 대한 '충'의 개념과 결별할 수 있도록 하게 한 것이다. 그러면서 점차로 민중의 영웅으로서 확고한 위상을 각인시키기에 이른다.

그러나 일단 어느 지점에서 성공을 거둔 영웅은 반드시 퇴락하기 마련이다. 성공한 영웅이 '패배한 영웅'으로 떨어지게 되는 분기점은 바로, 충성심에 대한 개념이 역설적으로 나타나는 데에 있다. 자신이 세운 나라에 대해서는 충성개념을 엄격히 강요하기 시작한다는 점에서 민중들은 또 혼란에 빠진다. 궁예가 후에 실패한 영웅이 되는 결정적인 이유, 그것은 역사는 똑같이 되풀이되고 있다는 점을 간과한 데에서 비롯되었다.

4) 말년기-〈패배한 영웅설화〉

승리한 인물은 자신의 승리를 확대 재생산하여 통치 이데올로기화한다. 곧 자신의 승리는 하늘의 뜻이며, 하늘의 뜻을 거역하고 자신에게 대항한 인물은 패배할 수밖에 없음을 이야기함으로써 자신의 통

---

88) 조동일, 앞의 책, 50쪽. 조동일은 이 책에서 "운명론은 사회적 불만이든 빈곤에서 오는 불만이든 운명으로 돌리고 위안을 받으면 마침내 사라지기 마련이므로 유교에 근거를 둔 충효윤리와 선·불교로 다채롭게 분장된다"고 했다. 그리고 "운명론은 서로 어긋나면서도 공존하고 상보적인 구실을 해왔다. 따라서 영웅이야기는 충효윤리나 운명론을 고취하게 되자, 주몽에서 홍길동까지 면면히 내려온 창조적인 역사의식에 충만한 진취적이고 주체적인 영웅의 모습이 결정적으로 쇠퇴하고 말았고 이제 영웅은 영웅 아닌 영웅으로 되어 보수적인 사고의 대변자가 되었다."고 적고 있다. 즉 그는 「금방울전」이나 「유충렬전」 등의 소설에 이르면 주인공의 모든 행위가 충효에 의해서 제약되며 충효는 조선시대 양반이 특히 역설한 도덕률로서 왕을 정점으로 하는 지배체제를 보호하기 위한 불가결한 행동규범이었다고 말한다. 적대자를 역적이란 이름으로 물리치고 왕에 대한 충성을 인정받아 영달하자는 주제는 당쟁으로 분열된 양반의식의 반영이라 볼 수 있다는 것이다.

치 행위를 정당화하고, 자신에게 저항하는 것은 하늘의 뜻을 거역하는 것이라고 선전한다.[89]

그러나 백성들은 이 같은 통치자들의 이데올로기에 당할 대로 당해 온 존재들이다. 새로운 영웅이 탄생했다 해도 시간이 흐르면 상황은 이전대로 돌아가고 있음을 인지하게 된다. 그리고는 이를 해방시켜줄 메시아를 또다시 기다리게 된다. 궁예가 어린 시절에 축출을 당해야만 했던 것도 통치자들의 횡포였다. 그러나 승리자는 언제나 지난 역사를 되풀이하게 되는데 이는 패배한 영웅이라면 누구나 걷는 길이라 할 것이다. 그러므로 궁예설화는 "과격한 혁명성 때문에 민중의 호응을 더 이상 얻지 못한다"라는 퇴락의 서사구조를 갖기 시작하고 민중은 통치 이데올로기의 허구성을 비판하면서 숨어 있는 영웅, 현실의 모순을 해결해 줄 민중영웅 출현에 대한 기대를 반복하게 된다.

궁예가 패배한 영웅이 되고 마는 이유에는 세 가지가 있다. 첫째, 호족세력과 마찰이 빚어지면서 왕권이 흔들리자 불교에 더욱더 집착, 미륵관심법을 무분별하게 사용했다는 점이며 둘째, 이로써 민심이 떠나자 야기된 정신적 불안감이었다. 그리고 셋째는 마침내 사회가 극심한 분화기를 맞이하고 있었다는 점이다.

▌불교에 대한 무분별한 집착

사실 궁예는 중앙통치조직에 있어서 신라적인 요소에서 벗어나 혈연이 아닌 직능화 된 능력 위주의 관계조직을 확립하여 고대사회를 종식시키려고 했던, 사회혁명가로 평가할 수 있다.[90] 궁예는 고구려유민의 세력을 모아 왕이 되었지만 거기에 그치지 않고 자신의 정치적 야망이

---

89) 임성래, 「영웅설화 연구」, 『연세대 매지논총』, 1998, 97쪽.
90) 이도학, 『궁예·진훤·왕건과 열정의 시대』, 김영사, 2000, 128쪽.

었던 북벌과 자주 외교를 적극적으로 추진하고 백성들을 평안하게 다스리고자 노력했다. 각 도서가 궁예에게 투항하고 백제와의 싸움에서 승승장구하던 시기로 대동방국을 건설하겠다는 꿈에 부풀어 있었다.

그러나 궁예는 그의 통치이데올로기에 반발하면서 지하운동을 다시 펴는 민중에 의해 독화살을 맞는 등 급격한 변화를 겪는다. 독화살 테러를 받은 후부터 송악이 왕건에게 장악되기 시작, 궁예는 누구도 믿을 수 없는 상황에 처하게 되었음을 깨닫게 된다. 철원으로 수도를 이주(904년)하고 관심법을 사용하기 시작한 것도 이 시기다.

「태조 왕건」(제69회)

신#10/황궁 대전

(책을 보면서 궁예는 몇 장을 넘기다가 어느 한 곳에 시선이 머문다. 그리고 점점 눈을 크게 뜬다. 다시 지난 장을 되짚어 넘긴다.)

궁예: 관심법……? (그리고 궁예는 얼마를 더 보았을까? 뭔가를 크게 깨달은 듯 경이로운 표정으로 고개를 끄떡인다.)

궁예: (E) 관심법이라……그렇지, 도를 깨닫고 일정한 경지에 이르면 참 나를 돌아 볼 수 있다고 하였다. 옳은 말이다. 나를 돌아본다? 나를 볼 수 있다? 그리고 이 경지를 넘어서면 나뿐만 아니라 삼라만상을 다 볼 수 있는 것이 아닌가? 나를 본다……. 그리고 상대를 본다. 그리고 천하를 본다……. 그렇다. 이것은 전혀 어려운 일이 아니다. 볼 수 있는 것이다. 고요히 입정(入定: 수행과정 중 참선에 들어 있는 상태)에 임해 있으면 참으로 깨달은 자는 다 볼 수 있는 것이다. 이것이 관심법이 아닌가? 관심법이라……관심법이라…… 내가 이걸 왜 여태 관심을 두지 않았을꼬? 관심법이라…… 관심법…….

관심법을 발견한 궁예는 천하를 얻은 것처럼 흥분하고 있다. 관심법은 점차로 자신의 정치적 야망에 반기를 드는 이들에게만 이용되기 시작했고 이는 궁예를 지켜주는 무기이기도 했다. 이것으로 궁예는 신정적 전제주의를 더욱 강화하여 스스로 신격화하기에 이른다.

「태조 왕건」(제82회)

신#31/또 다른 길

(궁예 일행이 오고 있다. 그 화려함이 극에 달해 있다. 카메라 향해 오고 있는 궁예의 얼굴, 어느 정도에서 스톱 모션되며)

해설: 궁예! 이 무렵의 기록을 『삼국사기』에서는 다음과 같이 적고 있다. "궁예는 스스로 미륵부처라 일컫고 머리에는 금 고깔을 쓰고, 몸에는 방포를 둘렀으며, 밖에 나갈 때는 늘 흰말을 탔는데, 비단으로 말갈기와 꼬리를 꾸몄다. 그리고 두 아들을 신광청광보살이라고 하였으며, 동남동녀들로 하여금 나부끼는 일산과 향과 꽃을 받들고 앞에서 인도하도록 하였다. 또한, 비구승 이백여 명을 시켜 찬불가를 부르며 뒤따르게 하였다"라고 되어 있다. 그 행렬과 규모가 얼마나 대단하였는가를 말해주고 있는 것이다.

마침내 궁예는 스스로 불교 경전 20여 권을 지었는데, 그 말이 요망하여 모두 바른 말이 아니었으며, 때때로 반듯하게 앉아 불법을 강설하였다. 중 석총(釋聰)이 이를 평하였다. "모두 사특한 설, 괴이한 말로서 교훈이 될 수 없다." 궁예가 이를 듣고 노하여 철퇴로 쳐 죽였다.[91] 그리고 그가 지은 불경을 잘못되었다고 생각하거나 자신이 하는 일을 옳지 못하다 생각하거나 그런 생각을 가진 자들을 용서하지 않을 것이라고 못을 박는다.

그러나 궁예의 불경은 질곡과 수탈에 허덕이는 백성들에게 꿈과 희

---

91) 정구복, 앞의 책, 175쪽.

망을 심어주고 궁극적으로 그들을 해방시킬 수 있는 일종의 '해방신
학' 같은 내용으로 짜여졌을 것으로 보인다. 궁예의 왕국은 새로운 교
리에 의한 새로운 시대를 열고 있는 듯 여겨졌다. 하지만 궁예의 불
교는 기존 상식과 통념을 뒤엎는 파격성을 지니고 있었으므로 정통
불교의 승려들이 이에 불만을 품지 않을 수 없었다. 당시 불교계를
대표하는 석총이 궁예의 불교를 반발하고 나서면서 정통 불교와 궁예
식의 불교가 충돌하고 있음을 보여준다. 이는 바로 '불교를 등에 업
고' 난세를 구한 궁예가 비판의 대상이 되고 있음을 암시하는 일이다.
궁예는 자신을 반대하는 정통 불교에게 철퇴를 가하듯 석총을 죽이고
만다.

「태조 왕건」(제80회)

신#5/철원 야단법석 장

아지태: 저 자를 끌어내라, 내군들은 무엇 하느냐?

궁　예: 놓아두어라, 계속 해 보거라. 이 마군이야.

석　총: 본래 옳은 말은 귀가 아프고, 좋은 약은 입에 쓴 법이옵니
　　　다. 폐하, 미륵은 그만 두시고, 먼저 인간이 되시오소서.

궁　예: (웃으며 일어난다) 그렇다. 언제 어느 곳이든 성스럽고 좋
　　　은 일에는 마가 낀다고 하였다. 그냥 끌어 낼 것이 아
　　　니다. 저 자는 지금 마군이의 더러운 입으로 중얼거리
　　　고 있다. 내군은 무얼 하느냐? 저 입을 철퇴로 으깨어
　　　주어라.

내　군: 예, 폐하.

(그대로 달려가 철퇴로 입을 친다. 얼굴이 으스러지면서 무너져 내
리는 석총.)

궁　예: 저 놈을 때려 죽여라!

궁예는 자신의 통치 이데올로기를 거부하는 사람들을 누구나 '마군이'라고 부르며 쇠몽둥이로 비참하게 때려죽이는 일에 한 치의 거리낌이 없다. 민중의 마음을 헤아리고 민중들과 함께 고락을 나누던 그 불교가, 왕이 된 후부터는 전대미문의 전제권력으로 재등장하게 된 것이다. 그가 저술한 불경은 궁예의 꿈과 이상이 담긴 것으로 지상에 유토피아를 건설하려는 염원을 서술한 것으로 보이나, 알려지고 있지는 않다.

그러나 점점 궁예는 민중을 억압하는 일만이 정권을 유지할 수 있다는 전형적인 전제자의 속성을 드러내기 시작한다. 석총을 죽인 후부터는 더욱 더 오만불손해지고 기괴한 언행이 많아졌으며 남녀노소를 막론하고 백성들을 가차 없이 죽이는 잔혹성을 발휘하게 된다. 그럼으로써 차츰 민심과의 괴리를 더욱더 자초하고 말았다.

▌불안강박증으로 인한 난폭성

궁예는 왕을 칭하고부터 잇따라 국호와 연호를 바꾸었다. 갑자(904)에는 국호를 마진(摩震)이라 하고 연호를 무태(武泰)라 하였으며 그 뒤 다시 연호 무태를 성책이라 하고 신미(911)에 성책 연호를 수덕만세(修德萬歲)라 고치고 국호를 태봉(泰封)이라 하였다.[92] 궁예가 이처럼 국호와 연호를 자주 바꾸는 일은 불안증에 사로잡힌 강박증 환자가 의식에 떠오르는 불안을 애써 부정하려는 경우와 같았다. 궁예는 자신의 예지력과 복점(卜占)에 대해 상당한 자부심을 지니고 있었다. 이로 인해 국호나 연호를 바꾸어서 심기일전을 꾀했던 것이며 이는 강박행위의 일종으로 설명되기도 한다.

즉 궁예가 내세웠던 미륵관심법은 지배층에 대한 자신의 통제를 강

---

92) 정구복, 앞의 책, 175쪽.

화하려는 의도와 깊은 관련이 있었던 것으로 보아지는데 날이 갈수록 미륵관심법은 궁예의 불안증과 결합되어 수많은 사람들을 죽이는 데 쓰이고 있다. 그러면서 점차 "난폭해진다"는 패배한 영웅의 전철을 밟게 된다.

일단 궁예의 난폭성은 그가 왕권을 얻는 데 큰 힘이 되었던 미륵신앙과 큰 관련을 맺는다. 그러나 궁예의 행위를 '불교적 영웅'으로 해석할 때 이는 일반적 해석과 상당히 다르게 전개되기도 한다. 불교 쪽에서의 생에 대한 해석은 지상적 삶 자체가 생의 해석에 온전한 대상이 아니라는 사고, 곧 윤회·전생적 사고가 개입하면서 생을 파악하는 데 일반인들과 사상적인 차이를 나타나게 된다.[93]

궁예가 불교적 영웅의 일면을 갖고 있음을 감안하면 그는 정신적 세계의 고양된 부분을 염원하고 타인까지 그 세계로 인도하려는 것을 임무로 삼았음이 틀림없다. 이와 같은 불교적 영웅들이 갈구하고 누리는 공간은 인생의 드러나는 측면이기보다는 드러나지 않는 후면이며 이들의 시간은 상대적일 수 있다. 그러므로 속인들은 도저히 그의 행동을 이해할 수 없게 된다. 여기에서 일상인과의 괴리감이 싹트게 되는 것이다. 비록 궁예가 난폭하게 변하긴 했지만 저간에는 그런 내면도 작용하고 있다 할 수 있다. 삶을 바라보는 모든 일이 일상인과 차이가 나므로 궁예는 마침내 모든 행위가 불안심리로 나타나게 되고 현실 부적응을 겪을 수밖에 없다 하겠다.

바로 이런 면에서 궁예에게는 난폭한 군주라는 오명이 씌워진다. 특히 그 난폭성은 자신의 부인을 자신의 손으로 죽이고 있다는 데에서 최고조를 이룬다. 그것도 자신의 아들을 둘이나 낳아 준 부인의 음부(陰部)를 불에 달군 쇠로 지져 죽인다는 것이다. 그리고 두 아들

---

93) 김승호, 앞의 글, 331쪽.

까지 죽이기에 이른다. 그러므로 궁예는 단지 그의 비(妃)와 두 아들을 모두 죽이고 마는 난폭한 전제자로 남게 된 것이다. 『삼국사기』는 궁예의 여인을 오로지 강비 한 사람에게만 집중하고 있다. 이렇듯 강비만이 사료에 등장하게 되는 것은 궁예에게 무고하게 죽은 부인의 예를 들어 궁예가 덕을 잃은 군주라고 하는 점을 강조하기 위한 일임이 틀림없다.[94]

「**태조 왕건**」(제116회)

신#4/국문장

해설: 그녀가 죽은 것은 실제로 서기 915년, 단기로는 3248년의 일이다. (중략) 황후 강씨가 죽을 때의 모습을 삼국사기 궁예 편에서는 다음과 같이 적어 놓고 있다. "황후 강씨가 궁예왕이 그릇된 일을 많이 하는지라 정색을 하고고 간하자 왕이 미워해 말하기를 네가 다른 사람과 간통을 하니 웬일이냐? 라고 하였다. 이를 강씨가 부인하자, 왕은 내가 신통력으로 다 보았다, 라고 하면서 뜨거운 불로 쇠방망이를 달구어 죽였다. 그리고 드디어는 그 화가 두 아들에게까지 미쳤다."라고 되어 있다. 그러나 학계 일각에서는 황후 강씨가 궁예왕의 전제정권에 대립하다가 해를 입지 않았을까 하는 시각으로 보는 견해가 있다. 즉, 황후를 앞세운 패서 지역의 호족들이 궁예와 맞서다가 해를 입은 것으로 보고 있는 것이다.

　그러나 역사학 쪽에서 볼 때[95], 궁예가 '난폭해졌다'고 하는 데에는

---

94) 이재범, 앞의 논문, 117-118쪽.

95) 조인성, 「태봉의 궁예정권 연구」, 서강대 박사논문, 1991, 102쪽. 이 논문에서 조인성은 이기백의 말을 빌어 "궁예가 호족들의 세력을 무시하고 중앙집권적인 전제주의 행정기구를 지니고 있었다고 생각하기는 어려울 것이다. 그러므로 불교신앙에 바탕을 둔 궁예의 관념적인 전제주의 경향은, 그렇기

호족세력과의 결별이 가장 큰 이유가 되고 있다. 이미 논의한 바와 같이 궁예정권은 고구려 유민을 포섭하기 위해 패서지방에서 호족연합정권으로 출발하였다. 따라서 궁예도 처음에는 호족들의 이해관계를 도외시하기는 어려웠을 것이다. 반면 그들의 이해관계를 무작정 존중만 한다면 후백제나 신라와의 전쟁을 원활히 수행하기가 어려웠을 것이다. 이에 따라 궁예는 호족세력의 전면부각을 억제하려 했다. 그러나 그의 노력에도 불구하고 왕권의 강화는 여의치 못한 면이 많았다. 그러므로 호족연합정권으로부터 벗어나 왕권을 전제화 하려고 했던 궁예의 노력이 호족들의 반발에 부딪히자 궁예가 자신을 신격화함으로써 그들에게 대응하려 했던 것으로 이해된다.

비록 사료 상으로는 강비의 출신성분에 대한 언급이 없다 할지라도 강비가 중부지역의 거대한 호족세력의 하나였던 것으로 추측되기도 하고 왕건의 선조인 강충(康忠)과 관련지어 해석하려는 노력도 보이고 있다.96) 이러한 점은 모두 강비의 배경이 막강하였다고 이해될 수 있는 근거가 되는데 그렇다면 강비는 신천의 호족출신이라 할 수 있다.

궁예는 건국에 있어 패서지역의 호족세력과 왕건가(家) 등으로부터 힘입은 바가 컸으나 더 이상 고구려 유민의 뜻을 좇는 정책만으로는 부족하여 904년 철원으로 환도를 단행, 청주(淸州) 세력을 끌어들인다. 이에 따라 패서 호족세력의 영향력이 감소되었을 것으로 보인다. 이러한 점을 고려하면 패서 호족세력은 궁예를 적대시하기 시작했을 것이며 강씨는 바로 그들 호족세력과 밀접한 관계를 유지해 왔던 바

때문에 더욱 절실하였던 것으로 생각된다"고 쓰고 있다. (이기백, 「귀족적 정치기구의 성립」, 『한국사 5 고려귀족국가의 사회구조』, 국사편찬위원회, 1975, 10쪽의 주10.)
96) 이수건, 「후삼국시대 지배세력과 사성(仕姓)」, 『한국 중세사회사 연구』, 일조각, 1984, 171쪽, 이재범, 앞의 논문, 118쪽에서 재인용.

궁예에게 도전세력이 된 것임이 틀림없다. 따라서 부인 강씨의 도전을 계기로 반궁예세력에 대한 일대 숙청이 단행되었고, 그것이 일시적이 아니라 지속적으로 추진되었으리라는 점이 어렵지 않게 예상된다.[97]

결국 궁예는 불교세력과 호족세력으로부터 철저히 외면을 당하면서 위기감이 절정에 이르게 되는 것이다. 이러한 점에서 드라마는 강씨를 왕건가와 결부시켜 처음부터 왕건의 약혼녀로 설정해 놓았다고 할 수 있을 것이다. 이러한 배경을 놓고 생각할 때 TV 드라마는 여러 가지 정황을 두루 섭렵하여 그 인과관계를 절묘하게 상정하고 있음을 알 수 있다.

궁예가 '난폭해졌다'고 표현되는 것은 바로 긴 기간 동안의 숙청작업과 함께 미륵관심법을 구가하던 신정정치의 허와 실이 그대로 노출되었기 때문이다. 호족세력과 불교계가 오랜 세월 반궁예세력을 형성해 왔음에 궁예는 더욱더 심각하게 독재자가 되어간다. 궁예가 강씨를 죽이고 있는 드라마의 장면을 살펴보자.

「태조 왕건」(제116회)

신#4/황궁 의형대 밖(낮)

신광: 아바마마, 어마님을 살려 주시오소서. 살려 주시오소서, 아
　　　바마마.

궁예: (말이 없다).

청광: 어머님을 살려주시오소서, 어마마마를 용서하시오소서, 아바
　　　마마.

두 형제: (함께) 아바마마, 용서하시오소서. 아바마마……
(여전히 신료들이 보고 있다. 궁예는 한동안 그렇게 계속 애원하는
두 아들을 보다가 주장자를 바닥에 쿵쿵 내려친다.)

---

97) 조인성, 앞의 논문, 109~111쪽.

궁예: 나라 법을 시행하는 자리이다. 태자들은 닥치지 못할까? 너
　　　희들 또한 죄인으로 이곳에 나와 있느니라. 자, 이제 시간
　　　은 다 되었다. 말 하라. 더 할 말이 있으면 해보라.
(그러자, 연화는 천천히 다시 왕건을 본다. 두 사람의 시선이 교차
된다. 가만히 보면 연화의 손에는 처음부터 목걸이가 쥐어져 있었
다. 그것은 어릴 적에 왕건이 사다준 목걸이이다.)
－중략－
궁예: 형 행하라! 그 더러운 것들을 모두 불로 태워 버려라.

　드라마적 서사구조에는 어차피 남녀관계가 중심선이 되는 경우가
많으므로 방영초기 강씨를 왕건의 약혼녀로 설정한 정황은 결말에서
거듭 확인된다. 하지만 남녀의 애정관계를 떠나 해설에서 "황후를 앞
세운 패서지역의 호족들이 궁예와 맞서다가 해를 입은 것으로 보고
있다"98)라고 인물 설정의 의의를 밝히고 있음을 볼 때, 이 드라마는
강씨와 호족세력과의 관계 속에서 근거를 추정하고 드라마적인 사건
전개와 감각으로 재창작되었다고 볼 수 있다. 결국, 궁예는 자신의
정권을 유지하기 위한 '욕망의 화신'으로서의 지배적 성격99)을 갖게
된다.
　그러므로 철원 등지에서 구전되는 궁예 이야기는 출생·폭정이나 포

---

98) 「태조 왕건」 제116회 신#4의 해설.
99) 최상식, 『TV 드라마 작법』, 한국방송작가협회 교육원, 1991, 76쪽.
　　"극에 있어 작가가 가장 먼저 해야 할 일은 주인공의 여러 가지 성격적 특질 중
　　에서도 가장 두드러지게 나타나는 지배적 특성이 무엇인지를 포착하고 그것
　　을 확실하게 부각시켜야 하는 것이다. 지배적 특성은 성격의 요지 또는 성
　　격의 중심이라 불리는 것으로서 그 인물을 특징짓는 가장 핵심적인 부분을
　　이야기한다. 주인공에게 이러한 지배적 특성을 부여해 놓는 것은 작가로서
　　여러 가지 이점을 가질 수 있다. 우선 성격을 확실하게 부각시킬 수 있으며
　　그러한 성격의 특성을 이용하여 드라마의 갈등국면을 더욱 고조시킬 수도
　　있고, 주인공을 비극의 구렁텅이로 빠뜨릴 수도 있게 된다"며 지배적 성격
　　에 대해 최상식은 설명한다.

악한 성격·패배의 예언·패배·풍수죽음 등과 관련된 이야기 유형들이 주로 전설화되어 있다. 그런데 궁예의 출생담을 비롯, 왕이 되기 이전의 이야기들은 전설 전승의 관건인 증거물의 부족으로 구전이 미약하고 왕이 되고 난 이후의 이야기들은 거의 지명전설의 형태를 갖추면서 전승력을 지닌다. 유형과 전승내용은 여럿이지만 대부분 구전자료들의 성격은 한 방향으로 수렴된다. 수렴되는 지점은 '궁예의 부정적 형상화'이다.[100) 부정적인 면을 부각시킨 전설의 예를 들어보면 다음과 같다.

「거꾸로 낸 대문」

가) 궁예 시절 철원주민들은 대문을 길 반대편에 냈다.
나) 궁예의 학정으로 길에 다니는 관원들이 보기 싫어서였다.
다) 그런 집들을 본 적이 있다.

대문을 거꾸로 낸다는 것은 한마디로 '세상이 싫다'는 것을 상징적으로 드러낸 것일 텐데, 단지 '싫다'는 소극적인 의미 이상의 궁예정권의 학정에 대한 저항의지마저 담겨 있다고 볼 수 있는 이야기이다.

「젖을 잘라 먹은 궁예」

가) 궁예는 계집질과 폭군 노릇으로 유명하다.
나) 왕건을 피해 명성산으로 갈 때 궁녀들도 데리고 갔다.
다) 목맨다는 궁녀들의 젖을 잘라 먹었다.[101)

궁예에 대한 전설은 상당히 엽기적이기까지 하다. 그런데 이런 이야기들은 궁예 당대에 형성된 것이라기보다는 패망 후에 만들어져 지

---

100) 조현설, 「궁예이야기의 전승양상과 의미」, 앞의 사이트에서 참조.
101) 조현설, 앞의 글, 앞의 싸이트.

역에 널리 구전되는 이야기라 할 수 있을 것이다.

비록 태어나서 왕위에 오르기까지의 궁예의 일생이 '민중영웅'의 전형적인 모습을 띄고 있다 해도 민중의 뜻을 억압한 채 혼자만의 '이상국가'를 실현한다는 것은 불가능한 일이 아닐 수 없다. 결국 궁예정권은 918년 홍유 등이 주동하였던 정변에 의해 무너지게 된다.

역사적으로 볼 때, 부인 강씨사건 이후 궁예는 자신에게 반대하는 세력에 대한 감시와 숙청을 지속적으로 추진하였지만 그것은 오히려 반궁예세력을 확산시키고 그들의 반궁예적인 성향을 더욱 강화시키는 결과를 낳게 되었다. 이들은 패서지역의 호족세력과 강비의 죽음에 자극을 받은 호족세력, 그리고 왕건의 친족세력들로 파악된다.[102]

정변 당시, 궁예는 국민들이 적극적으로 가담하고 있었으며 궁문에 이미 만 여명이 미리 대기하고 있었다는 사실을 듣고 어찌할 바를 몰라 했다[103]고 전한다. 당시 상황에서 만여 명의 숫자는 결코 작은 숫자가 아니었을 것이다.[104] 한 때는 궁예의 적극 지지자였으며 최측근의 장군들이었던 그들이 모의자로 변신하였다는 점에서 궁예는 이미 모든 것을 포기하고 있다.

왕건은 궁예세력 내의 모든 갈등 요소, 즉 궁예가 미륵사상을 표방함으로 인해 새로운 세상을 만들고자 노력했으므로 자신들의 입지를 잃게 했다고 생각하는 유학자 세력들의 불만, 불교세력 내의 사상적 갈등요소, 전쟁이 점차 줄어들면서 중앙정치조직으로 흡수되지 못하고

---

102) 문수진, 앞의 논문, 49쪽.
103) 『고려사절요』 1 태조즉위전(太祖 卽位前), 조인성, 앞의 논문, 113쪽에서 재인용.
104) 조인성, 앞의 논문, 117쪽. 거사에 가담한 자들의 면면을 살펴보면 당시 궁예가 가장 아끼던 장수들로 홍유(洪儒), 배현경(裴玄慶), 신숭겸(申崇謙), 복지겸(卜智謙), 환선길(桓宣吉) 등이었으며 이들은 대부분 군마(軍馬)를 전담하는 지휘관이었고 남보다 뛰어난 담력과 장대한 신체조건, 재력(才力)을 갖춘 이들이었다.

도태되는 군인세력들을 회유포섭하여 궁예정권을 붕괴시킬 수 있었다. 이러한 역사적인 사실 위에 설화가 가미하면서 궁예는 "끝내 뜻을 이루지 못하고 패배한다"는 패배한 영웅의 종말을 맞게 된다. 궁예의 최후를 드라마에서는 다음과 같이 전하고 있다.

「**태조 왕건**」(제120회)

신#37/궁예가 있는 곳

궁예: (미소 지으며) 부디 대업을 이루시게. 내가 못 다한 모든 것을 아우가 이루어야 할 것이야. 아우가 말이야.

왕건: 폐하……? 형님폐하……?

궁예: 은부장군은 뭘 하는가? 이제 그만 갈 때가 되지 않았는가?

은부: 예, 폐하. 용서하시오소서.

(무슨 일인가 하고 모두 보는데, 어느새 은부는 칼을 뺐다. 그리고 눈 깜짝 할 사이에 궁예를 벤다. 그야말로 찰나이다. 제장들의 손이 모두 검을 잡는 사이, 또 다른 기합소리와 함께 금대가 은부를 베었다. 이 또한 놀랄 일이다. 모두들 보는데, 금대는 스스로 자신의 복부를 찔렀다. 베면서 동시에 자신을 찌른 것이다.)

왕건: 폐하, 형님폐하!

궁예: (아직은 그대로 앉아 웃으며) 아우, 부디 성군이 되시게. 성군이…….

(궁예는 그렇게 미소 짓다가, 고개를 꺾는다. 왕건이 참지 못하고 흐느낀다. 해설이 이어진다.)

해설: (중략) 고려사 실록에서는 그가 지금의 평강군인 옛 지명 부양현에서 혁명 이튿날 보리 이삭을 베어 먹다가 백성들에게 맞아 죽었다고 기록되어 있다. 그러나 그만한 삶을 살아온 그가 어찌 보리 이삭을 베어 먹다가 맞아 죽었을까? 역사의 기록을 승자의 입장에서 쓴 것이라는 것을 생각하며, 드라마로서 다시 상상을 더 해 엮어 본 것이다. 아무튼 한 시대, 그 시대를 풍미했던 한 영웅의 기록은 이렇게 그 한 장

이 마무리되었고, 그리고 새로운 역사가 다시 시작된다.

『삼국사기』에도 궁예는 "산속으로 도망쳤으나 곧 부양 백성들에게 살해당하였다"[105]고 기록되어 있다. 그러나 드라마는 궁예에게 좀더 영웅다운 죽음을 부여한다. 그간 궁예가 시청자들에게 보여 준 것이 남성미 넘치는 영웅적 카리스마였기 때문에 그 종말 역시 남성다운 면모를 저버리고 싶지 않았기 때문일 것이다. 또한 패자의 종말은 승자에 의해 언제나 가혹하게 기록되곤 하는 경향이 있으므로 TV 드라마「태조 왕건」은 현재의 역사 속에서 과거를 객관적으로 보고자 함을 목적으로 했기 때문에 굳이 기록을 따라갈 필요성을 느끼지 못했던 것이다. 비록 '패배한 영웅'이지만 그가 난세의 영웅이었음은 틀림없는 사실이기 때문이다.

▌집단적 영웅에서 개인적 영웅으로의 변화

그렇다면 왜 신화시대 이후에는 신성시된 영웅보다는 인간의 모습을 한 패배한 영웅이 등장하게 되는 것일까. 거기에는 영웅 설화의 서사구조가 후대로 접어들어 사회적 분화와 맞닥뜨려지면서 새로운 면모를 보이고 있다는 점에 그 원인이 있다고 본다.

영웅상의 문학사적 전개 또는 시대적 변화를 밝히는 데 있어서 우선 주목해야 할 사실은 '집단적 영웅'이 차츰 '개인적 영웅'으로 바뀐다는 것이다. 주몽과 탈해가 '천제자'나 '영웅'이라고 하는 것은 그들의 부족 전체가 천신족이고 영웅적이라는 뜻이다. 그들은 부족의 지도자로서, 부족을 대표하는 집단적 표상이었던 것이다. 그 시기에는 부족장과 부족민 사이의 계급적인 격차 같은 것은 아직 두드러지지 않았으며 상층 문화라 할 만한 것도 따로 성립되지 않았으니 의식의 분열도 심하지

---

105) 정구복, 앞의 책, 179쪽.

않았다. 군신의 주종관계가 성립되어 있으면서도 공동체적 유대가 아직 강하게 남아있는 '영웅시대'의 영웅이 주몽과 탈해다.[106]

　그러나 신라 말, 고려 초는 고전적인 영웅의 시대는 아니다. 계급의 사회적·문화적 분화가 격심하던 때이다. 그러나 '스스로의 진통 속에서 새로운 사회질서를 수립하는', '자기능력을 자각하였고 그 역사적인 과제를 수행하는' 민족적 경험[107]의 시기였기에 영웅이 출현할 수 있었으며, 계급분화가 격심했다는 조건에 따라 영웅의 성격이 새롭게 결정되었다.

　궁예는 그 시기 도적으로 출발한 영웅이다. 여기서 도적이란 앞서도 거론되었다시피 바로 농민반란군이라 할 수 있고, 신라의 지배층에 대한 민중적 반항의 결집이라 할 수 있다. 그러기에 도적의 두목인 궁예는 민중의 영웅이라는 집단적 표상이다. 그는 왕이 되기 이전에는 '민중의 영웅'이었지만 일단 왕이 된 후에는 '민중의 영웅'이 아니라 난폭한 전제자였고, 오직 자기를 신성시하기를 강요하며 개인으로 활약하는 영웅이었다. 그러기에 쫓겨났고 백성에게 피살되었다. 요컨대 궁예는 민중의 영웅이라는 집단적 성격과, 그것과는 다른 개인적 성격을 아울러 지니고 있었다.[108]

　중요한 것은 영웅의 성격이 '집단적'일 경우에는 어떠한 괴이한 행동도 괴이하게 여겨지지 않는다는 것이다. 집단무의식의 소산물로 간주되는 신화의 개념에서 집단적 영웅이란 전형성의 표상이기 때문에 전혀 기이하지 않다. 그러나 개인적 영웅이 도술을 부린다든가 난폭한 행동을 하게 되면 점차 영웅의 전형성을 상실해감에 따라 괴이하

---

106) 조동일, 『민중영웅이야기』, 문예출판사, 1992, 36쪽.
107) 김철준, 「후삼국시대의 지배세력의 성격에 대하여」, 『이상백 박사 회갑기념논총』, 을유문화사, 1964, 조동일의 위의 책 37쪽에서 재인용.
108) 조동일, 앞의 책, 37쪽.

게 여겨지게 된다. 궁예의 '미륵관심법'이 신화시대의 영웅에 의해 취해졌다면 전혀 이상할 일이 없지만 사회적 분화와 계급의 형성이 활발하던 시대에 취해졌으니 그것은 석총이 말한 바대로 '사특하고 괴이한 것'이 되고 마는 것이다. 그러기에 궁예는 아직은 사회적으로 완전치 못한 혼란기를 살면서 영웅이면서도 영웅적 인격에 부응하지 못한 모습으로 모순 된 삶을 살다간 인물이다.

신화를 바탕으로 한 희랍극에서 신들이 겪게 되는 비극적 상황은 바로 그들의 악행 때문이 아니라 지극히 인간적인 약점 때문에 생긴다. 다시 말해서 희랍극의 주인공들은 그가 숙명적으로 지니고 있는 성격상의 결함과 잘못된 판단의 결과에 의해서 몰락하게 되며 바로 집단적 영웅의 모습이 아니라 개인의 성격 때문에 패배하고 만다.

아리스토텔레스는 '비극은 보통보다 나은 인간을 모방하는 것이며 희극은 보통보다 못한 인간을 모방하는 것'이라고 하였다. 희랍시대의 사람들은 비극 속에 등장하는 나보다 나은 주인공(귀족영웅)의 모습을 통해서 자신의 인격을 가다듬었고, 희극 속에 등장하는 나보다 못한 주인공(바보·도착된 인간·편집광)에게 한껏 조소를 보내면서 만족감을 느꼈다. 그러나 그 시대의 주인공들은 소위 위대한 선인(善人)이었거나 위대한 바보였기 때문에 서민대중들이 진정으로 공감할 수 있는 대상이 아니었다. 연극에 보통 사람들이 등장한 것은 헨릭 입센(Henrik Ibsen)의 사실주의 극에서 비로소 실현될 수 있었다. 그 이후에야 사람들은 드라마를 통해서 참으로 공감할 수 있는 자신들의 주인공을 갖게 된 것이다.[109]

이처럼 드라마 「태조 왕건」은 '패배한 영웅'의 서사구조를 차용하여 궁예라는 인물의 출생과 성장과정, 그리고 성공과 실패를 사회적 요

---

109) 최상식, 앞의 책, 23쪽.

구와 변화, 민중의 욕구 등에 초점을 맞추어 충실히 그려내었다. 즉
드라마 속의 궁예는 '남성적 가치의 제고'라는 시대적 요구에 따라 영
웅 만들기를 위한 드라마로 출발, 마침내 보통사람의 고뇌를 함께 나
누는 인간적 모습으로 최후를 맞이했기에 시청자들의 공감을 얻을 수
있었던 것이다.

제3장

●

영웅 드라마의 의의

그간 선사시대에 살던 사람들, 즉 '원시적인' 사람들의 사고방식은 두 가지 형태로 해석돼 왔다. 하나는 원시적 사고를 다소 조잡한 자질로 간주하는 것이다. 그들의 사고는 전적으로 삶의 기본적인 욕구에 의해 결정되었다는 설명이다. 또 하나는 그들의 사고는 열등한 것이라기보다 오히려 현대와는 근본적으로 다른 종류의 사고라고 생각하는 것으로써 현대보다는 강렬한 감정과 신비스런 상상에 의해 결정되었다는 것이다. 그러나 레비스트로스는 이와 같은 견해를 철저하게 반박하고 있다.[110] 그는 "원시적인 사람들은 그들을 둘러싸고 있는 주위세계를 이해하려는 욕구 또는 욕망에 의해 움직이며 그들의 목적을 성취하기 위해 그들은 여느 철학자 또는 어느 정도까지는 여느 과학자가 해왔던 것과 마찬가지로 지적인 수단을 가지고 행동했다"고 주장한다.

즉 선사시대에 살던 사람들은 신화 속의 인물을 통해 자신들이 처한 세계에 대한 치밀한 사고체계와 행동양식을 부여하고 진정한 삶의 의미를 찾았다는 것이다. 조선시대를 배경으로 한 사극에 익숙하던 시청자들은 그 이전시대를 살고 간 인물들의 삶을 그려낸 드라마 「태조 왕건」을 보면서 그들의 생각과 판단력이 현대를 사는 우리보다 결

---

110) 클로드 레비스트로스, 『신화와 의미』, 이끌리오, 임옥희 옮김, 2000, 39~41쪽. 레비스트로스는 말리노프스키(Bronislaw Malinowski, 1884~1942)의 실용주의적 개념과 레비브륄(Lucien Lévi-Bruhl, 1857~1939)의 정서주의적인 개념을 예로 들어 반박하고 있다.

코 단순하거나 열등하다고 보지 않는다. 또한 고대인들이 결코 신비스러운 상상력만을 일삼지 않았다는 것도 알게 된다.

이러한 관점에서 볼 때 영웅은 지난 시대의 삶을 살다간 인물로만 끝나는 것은 아니다. 모든 영웅들의 마음속에는 '고귀한 태생'이라는 신성이 자리 잡고 있으면서도 언젠가는 죽을 수밖에 없는 비극적 현실의 제약과 스스로를 파멸시키고 마는 인간적 결점도 함께 갖고 있다. 이러한 점은 한 시대를 풍미하다가 간 영웅에게서만 찾을 수 있는 것이 아니다. 보통사람으로 태어난 인간에게도 집단적 무의식에 의한 영웅적 환상은 존재한다.

이를테면 영웅은 민중을 움직인 '힘 있는 개인'의 이야기이기는 하나 자신의 사명이 분명해지기 전에는 반드시 유년시절부터 시련을 겪어야만 하는 존재로 시작한다. 그러면서 스승·조언자·가족·친구·적들을 만나면서 영웅이 되어가는 생성과정을 겪는다. 그 후 영웅은 스스로 영웅이 되고자 선택했지만 그 선택에 속박되어 자유와 부담감을 동시에 느끼게 된다. 더구나 그에게는 처음부터 아버지라는 권력에서 멀리 떨어져 자신만의 새로운 이상향을 만들어가야 하는 절대적 사명감이 부여되어 있다.111)

'여인발복'의 경우도 마찬가지다. 남성적 영웅형과는 그 결말이 다르긴 하지만 아버지라는 권위로부터 떨어져 나온 여인이 자신보다 모자란 남편을 만나 결국은 남편이 보지 못했던 금을 캐어 부자가 된다는 이야기는 영웅아의 탐색담과 같다.

이처럼 최근의 TV 드라마가 영웅의 등장에 몰두하는 것은 시대상황과 함께 현실을 살아가는 사람들의 욕망 때문이라 할 수 있다. 즉 영웅 이야기가 인기를 얻게 되는 시대는 언제나 삶이 힘들어지는 순

---

111) J. F. 비얼레인, 『살아 있는 신화』, 배경화 옮김, 세종서적, 2000, 322쪽.

간이라는 것이다. 자신의 이상이 혹독한 현실 속에서 좌절되어가는 것을 느껴야 하는 현대인에게 영웅 이야기는 언제나 큰 위로가 되어준다. 인간은 영웅 이야기와 자신이 걸어 온 삶을 동일시하기를 좋아하며 그들에게서 자신의 거울을 보기 원하고 거기에서 삶의 해답을 찾고 싶어 하기 때문이다. 그래서 별 현실감 없는 사극의 영웅형 인물들을 현실에 대응해 보려는 이율배반적인 모순을 행사하는 것이다.

그러나 모든 사극이 영웅을 극화하지는 않는다. 우리나라 TV 사극의 경우, 1960~1970년대에는 주로 전설을 극화하는 수준이었고 반면 1980년대는 실록 중심으로 사극이 진행되었다. MBC의 「조선왕조 500년」이 그 한 예라 할 수 있다. 1990년대는 정사에서 야사로 옮겨가던 시기로 「임꺽정」이나 「홍길동」 등이 드라마화 되었다. 그런데 2000년 들어와서는 주인공에 변화가 생겼다. 왕과 귀족의 드라마에서 서민들과 평민들로까지 다양화되면서 「다모(茶母)」(MBC, 2003), 「대장금」(MBC, 2003) 등의 사극이 인기를 얻게 되었다.[112] 2000년대 이후 TV 드라마에 변화가 생긴 것은 확실하다.

지금까지 사극에서 서민들과 평민들은 한갓 드라마의 에피소드를 위해 존재하는 종적인 인물들에 불과했다. 그러나 2000년대 사극에 등장한 보통사람들은 이제 왕이나 귀족의 전용이었던 영웅의 역할을 대신하며 시청자들의 눈높이에서 영웅의 이미지를 제공한다. 그리고 점차 삶이 힘들고 어려운 보통사람들에게 영웅에 대한 대리만족과 환상을 심어준다.

드라마 「태조 왕건」의 궁예 역시 갈 곳 없이 유리걸식하다 세달사

---

112) 「허준」, 「상도」, 「대장금」 등을 연출한 MBC 이병훈 프로듀서의 평가다. 「다모」는 특이하게도 조선시대의 여형사가 주인공이며 「대장금」은 상궁이나 나인, 의녀 등 역사에서 주목받지 못했던 인물들이 주인공으로 등장하여 영웅적 서사구조를 보여주면서 화제를 모았다.

에서 머리를 깎고 중이 되었던 보잘것없는 인물이다. 비록 그가 신라의 왕자였다고는 하나 이는 전설로서 존재하는 얘기일 뿐 역사적으로도 확인된 바 없으므로 궁예는 천애고아로 밖에는 볼 수 없다. 귀족 출신의 왕건과는 그 출신부터 다르다. 그런 점에서 시청자들은 왕건보다는 궁예에게 큰 관심을 보였던 것이다.

무엇보다 중요한 것은 한 드라마의 주인공이 귀족이냐 평민이냐가 아니라 드라마 제재의 현실반영 여부가 중요하다. 그리고 개인으로 남겨진 현대인에게 신화 속의 영웅을 통해 잠시라도 자신이 처해진 세계와 사고방식, 그리고 삶의 방식을 이해하도록 하는 것이 중요하다.

우수한 사극은 과거의 사실을 통하여 현재의 모든 시청자들의 심금을 울리며 민중을 계발하고 교육하여 현실을 인식케 할 수 있다. 작가가 그려내는 역사 속의 영웅은 바로 오늘의 영웅에 대한 기대이며 작가가 경계하는 고대의 패배한 인물형은 바로 현실을 징계하는 일이라 할 것이다.

Part. Ⅳ
마 무 리

수많은 드라마들 중 어떤 드라마는 한 가지 설화만으로 이야기를 이끌어나가고 있고, 또 어떤 드라마는 설화의 차용과는 전혀 상관없이 전개되기도 한다. 그런가 하면 어떤 드라마는 수많은 설화들이 복합적으로 차용되어 있기도 하다. 이 논문은 설화적 요소가 비교적 뚜렷하게 전개된 드라마를 선정하여 연구한 결과물이다.

그 중에서 드라마「위풍당당 그녀」와「태조 왕건」은 수많은 설화들이 거미줄처럼 얽혀져 있어 각 에피소드들의 연계가 한 드라마를 어떻게 형성해 가는지 살펴보는 데 적절한 연구대상이 되어주었다.

본고가 연구한「위풍당당」의 여주인공은 '계모설화'와 '진가쟁주설화', '대모설화'의 에피소드를 거쳐 마침내 '여인발복'적 인물로 규정됨을 알 수 있었다. 그러나 '계모설화' 혹은 '진가쟁주설화' 역시 만만치 않은 줄거리였기 때문에 2000년대 사회적인 욕구가 '여인발복'으로의 이행에 큰 영향을 미쳤다는 가설이 훼손되지 않을까 염려되기도 했다. 여전히 여성과 여성의 갈등을 유발하는 '콩쥐팥쥐형'의 강세를 이루고 있다는 것은 페미니즘의 전형을 갖고 있는 '여인발복'의 방해요소이기도 했다. 그러나 점점 나약화되어 가는 '숯구이 총각형' 현대남성의 등장은「위풍당당」의 주된 테마를 '여인발복'으로 확인하는 데 가장 큰 역할을 하게 되었다. 또한 이런 부류의' 드라마가 계속 제작·방영되고 있다는 점에서 한국드라마가 '여인발복형'을 지향하고 있다는 논리는 어느 정도 타당성을 획득하고 있다고 보아진다.

「태조 왕건」의 궁예는 처음부터 아예 설화적 인물이라는 전제 하에 드라마가 진행된 인물이다. 왕건 역시 왕이 된 이후 출생과 성장에 대한 기록이 신비하게 윤색되어 있는 인물이어서 설화적이긴 마찬가지이고, 견훤도 그 태생부터 '지렁이와의 교합 끝에 태어난 인물'이라는 백제계 설화유형을 따르고는 있지만 궁예는 이들보다 더욱 철저히 설화로 남아있는 인물이다. 그러므로 기왕의 설화적 인물을 또 다시 설화의 잣대로 분석하는 일이 과연 의미가 있을지에 대한 뚜렷한 해답을 얻지 못하기도 했다.

그러나 TV 드라마에서 등장한 바 있는 영웅들, 즉 이성계, 임꺽정, 허준, 정난정이나 장녹수, 심지어 김춘삼, 김두한까지도 비록 실존인물이라 하나 설화적으로 철저히 재창조된 인물이므로 이들 드라마를 연구한다 해도 결과는 마찬가지였을 것이라는 점에 착안, 고심 끝에 궁예를 분석대상으로 삼았다. 궁예는 그간 텔레비전에서 한 번도 방영된 적이 없이 첫 등장한 인물이었기에 200회의 방대한 대하사극을 분석한다는 부담감은 있었지만 연구대상으로는 꽤 큰 의의를 지닌 인물이었다.

하지만 연구의 결과는 흡족하지 못한 것도 사실이다. 그간 학계의 연구성과로 보아 광범위하게 퍼져있는 설화들을 유형별로 집대성하고, 각 하위유형이 지니는 특징을 다시 소항목으로 분류하는 작업에는 큰 진척을 보이고 있으나 서사구조나 인물연구는 다소 미흡했다 할 수 있다. 본고 역시 선행연구가 없어 서사구조와 인물의 유형을 분석하는 일이 매우 어려웠다. 한편으로는 우리 민족이 즐겨 구전했던 설화의 유형이 TV 드라마에 얼마나 많이 차용되었는가를 널리 알리기 위한 욕심 때문에 각 설화에 대한 보다 깊이 있는 연구가 이루어지지 못했음도 사실이다.

또한 매스 미디어의 속성과 설화의 사회학적 연계, 설화의 분포와 민중성, 그리고 TV 드라마의 본래적 의의 등 많은 부분들이 동시에 이루어져야 함에도 불구하고 일정 부분에 치우쳐 전반적인 균형이 상실되어 있기도 하다. 이런 점들은 이 논문을 시작으로 앞으로의 연구에서 다시금 점검하고 보완해 나가야 할 사안이라 하겠다.

앞으로 많은 연구들이 이루어진다면 구비문학과 드라마 분야가 상보적 관계를 이루게 되고 나아가 드라마에 대한 문학적 인식도 깊어지게 될 것이다. 인물과 독자 사이를 이어주는 문학적 기능이 사회적 혹은 시대적 욕망이라고 할 때 TV 드라마 역시 사회와 시대상을 반추하는 역할을 충실히 수행해 왔기 때문이다. 물론 TV 드라마의 대중지향적 속성이 심미적인 하향 평준화를 추구해 왔음도 부인할 수 없는 일이다. 그러므로 TV 드라마의 대중성·통속성과 상업적 이데올로기가 맞물려져 고급문화는 감히 엄두도 내지 못한다는 비판론도 무시할 수는 없다.

그러나 이러한 매체비평을 떠나 단순한 기능면에서 볼 때, 드라마는 텔레비전이라는 첨단의 이기를 통해 대중문화가 자리를 잡는 데 큰 역할을 해왔으며 삶이 고단한 서민들에게 위안을 주었던 것도 사실이다. 그러면서 수천 년간 민족에게 즐거움을 주었던 이야기들이 자연스레 전파매체를 통해 안방으로 이동했던 것이다.

분명 우리에게 익숙한 설화의 주인공들은 시대에 따라 다른 옷을 입고 40여 년간 방영된 한국의 드라마에서 무수히 재창조되었을 것이며 앞으로도 그럴 것이다. 그러므로 TV 드라마에 대한 무조건적 비판보다는 이를 더욱더 발전시켜 진정한 삶의 문학으로 정착시켜나가는 것도 현재를 사는 우리들이 해야 할 일이 아닐까 싶다. 이에 드라마 창작자 및 연구자들은 다음과 같이 TV 드라마를 인식하고 연구하는 데 주력해야 할 것이다.

첫째, TV 드라마는 구비문학의 개념을 확대하는 데 지대한 영향을 끼칠 수 있으므로 자료의 보존과 발굴이 선행되어야 한다. 지금까지 구비문학은 설화·민요·무가·판소리·민속극·속담·수수께끼 등으로 분류되어 수많은 연구자들의 노력으로 큰 성과를 얻어내었다. 그러나 그 이상의 전승과 확대에 대해서는 어느 누구도 분명히 장담할 수 없었던 것도 사실이다. 그러므로 TV 드라마가 새로운 구비전승 문학의 장이 되기 위해서는 드라마가 단순히 일회성으로 끝나는 데 그쳐서는 안 된다 할 것이다. 그러므로 수십 년간 각 방송국의 음침한 서고에서 어느 것은 아예 보관되지도 않은 채, 혹은 어느 것은 겨우 몇 회분만 남겨져 곰팡이와 씨름하고 있는 대본들을 정리하고 다시 묶는 작업이 어느 정도 이루어져야 할 것으로 보인다. 사회와 시대상을 반영하며 안방을 찾았던 수많은 대본들이 세상에 빛을 볼 때, 설화의 차용과 변용을 거친 수많은 한국의 드라마들이 후학들에 의해 다시금 구비전승문학으로서의 가능성을 열게 될 것이기 때문이다.

둘째, 구비문학의 개념이 TV 드라마로까지 확대되면 문학은 반드시 영상언어를 수용할 수 있는 역량을 키워야 할 것이다. 기록으로 남겨져 있는 문학과는 달리 드라마는 지문의 역할을 담당해 온 영상이 큰 몫을 담당하기 때문에 대사뿐 아니라 영상언어가 담당하는 기능까지 '읽고 해석하는' 훈련이 반드시 필요하다. 그간 이러한 훈련은 각 방송국이나 유관단체의 사설 아카데미 등에서 드라마 작가 지망생들을 위주로 실시해 왔지만 이제는 학문의 개념으로 적극 수용되어야 할 것이다. 문학으로서의 구비문학, 문학으로서의 TV 드라마를 수용하면 할수록 창작자와 연구자들이 운신할 수 있는 폭은 그만큼 넓어지기 때문이다.

셋째, 문학의 개념이 확대되면 TV 드라마는 새로운 변화를 모색할 수 있어야 한다. 사실, 모든 TV 드라마가 설화의 잣대로 해석할 수 있는 것은 아니다. 최근에는 설화적 요소보다는 리얼리티를 중심으로 드라마들이 전개되어[113] 영웅이나 '콩쥐팥쥐' 대신 이 시대 이 사회 구석구석

---

113) SBS의 「모래시계」(1995)가 1980년대의 광주사태를 중심으로 정경유착 및 폭력 과 권력의 함수 등을 리얼리티라는 프리즘을 통해 보여주어 시청자들의 사랑을 받은 이래, 최근작인 MBC의 「네 멋대로 해라」(2002), 「옥탑방 고양이」(2003) 등은 청춘의 성숙을 그들만의 아픔·고통·세태 등에서 찾으면서 많은 마니아들의 뜨거

에서 호흡하며 살아가고 있는 인간군상들의 면면을 생생하게 그려내기
도 한다. 가공적인 신화적 세계에 열광하여 수많은 드라마를 양산케 했
던 시청자들은 어느덧 이 땅, 이 현실 속에서 생명력을 갖고 살아가는
인물유형에 매료되고 싶어 하는 현실적 욕구를 갖기 시작했다. 구태의
인물과 서사구조에 식상한 현대인들이 차세대를 이끌고 갈 새로운 이야
기를 갈망하는 것은 문학과 시대의 사명이기도 하다.

그러므로 보다 참신한 인물과 이야기를 찾아내는 일은 후세에 또 하
나의 신화적 전형성을 남기는 일이 될 것이며 이는 이전의 것과 합쳐져
더욱 풍성해진 드라마의 풍토를 만들어가게 될 것이다.

운 성원을 얻기도 했다. 「네 멋」과 「옥탑방」은 그다지 시청률은 높지 않았지만 작
품성을 인정받으면서 드라마의 새로운 지평을 열어나갈 것이라는 평가를 받았다.

참고문헌

1. 국내저서

강등학 외, 『한국구비문학의 이해』, 도서출판 월인, 2000.

강준만 외, 『TV－가까이 보기 멀리서 읽기』, 현실문화연구, 1993.

권이상, 『TV 드라마 만들기』, 나남, 1999.

김우룡, 『방송학 강의』, 나남, 1987.

방송문화진흥회, 『영상시대의 방송 소프트웨어』, 한울아카데미, 1996.

배원룡, 『나무꾼과 선녀 설화 연구』, 집문당, 1993.

서대석, 『한국의 신화』, 집문당, 1997.

송효섭, 『설화의 기호학』, 민음사, 1999.

신동원, 『조선사람 허준』, 한겨레신문사, 2001.

원용진, 『텔레비전 비평론』, 한울아카데미, 2000.

유지나 외, 『멜로드라마란 무엇인가』, 민음사, 1999.

이도학, 『궁예·진훤·왕건과 열정의 시대』, 김영사, 2000.

이부영, 『한국민담의 심층분석』, 집문당, 2000.

임재해, 『민족설화의 논리와 의식』, 지식산업사, 1992.

장덕순, 『국문학통론』, 신구문화사, 1960.

장덕순 외, 『구비문학개설』, 일조각, 1970.

정구복, 『새로 읽는 삼국사기』, 동방미디어, 2000.

조동일, 『인물전설의 의미와 기능』, 1977.

———, 『구비문학의 세계』, 새문사, 1980.

———, 『도와 인간과학』, 삼일당, 1981.

———, 『한국설화와 민중의식』, 정음사, 1985.

———, 『삼국시대 설화의 뜻풀이』, 집문당, 1990.

———, 『민중영웅 이야기』, 문예출판사, 1992.

조희웅, 『한국설화의 유형』, 일조각, 1983.

최상식, 『TV 드라마 작법』, 한국방송작가협회 교육원, 1991.

최정호 외, 『매스미디어와 사회』, 나남, 1990.

한국구비문학회 편, 『한국 구비문학사 연구』, 도서출판 박이정, 1998.

한국구비문학회 편, 『구비문학과 여성』, 도서출판 박이정, 2000.

한국기호학회 편, 『몸짓 언어와 기호학』, 문학과 지성사, 2001.

한국방송작가협회 편, 『한국방송작가상 작품집』, 금산기획, 1997~2003.

2. 논 저

강진옥, 「한국전설에 나타난 전승집단의 의식구조」, 이화여대 석사논문, 1980.

강진옥, 「구전설화 유형군의 존재양상과 의미층위」, 이화여대 박사논문,
        1986.

공임순, 「역사드라마의 멜로드라마적 구도와 민족주의의 이율배반성」, 『방송문화연구』, 2001.

김남형, 「역사극의 장르적 특성에 관한 연구-KBS 사극 '왕과 비'를 중심으로」, 서강대 석사논문, 1998.

김대숙, 「아랑형 전설연구」, 이화여대 석사논문, 1982.

김대숙, 「여인발복설화의 연구」, 이화여대 박사논문, 1988.

김대신, 「현대사회와 구비문학 연구」, 『구비문학연구』 15집, 2002.

김동식, 「온달전과 서동설화의 비교연구-결혼모티브를 중심으로」, 성균관대 석사논문, 1988.

김수복, 「아기장수 이야기 연구」, 경북대 박사논문, 1994.

김승호, 「불교적 영웅고」, 『동국대 한국문학연구』 12, 1989. 12.

김영미, 「궁예에 관한 일 연구」, 한양대 석사논문, 1993.

김윤희, 「텔레비전 사극 '태조 왕건'의 서사를 통해 본 남성적 가치와 현재적 해석에 대한 연구」, 이화여대 석사논문, 2002.

김은정, 「콩쥐팥쥐와 신데렐라의 비교고찰」, 『광주교대국어교육연구』 8, 1996. 2.

김혜원, 「신라 하대의 미륵신앙」, 『성대사림』 8, 1992. 12.

김훈순·김명혜, 「텔레비전 드라마의 가부장적 서사전략」, 『언론과 사회』, 성곡언론재단, 1996. 여름.

김훈순·박동숙, 「현실과 상징세계의 여성의 삶-여성 TV 수용자의 인식을 토대로」, 『프로그램/텍스트』 제6호, 한국방송영상산업진흥원, 2002.

남영숙, 「TV 신데렐라 드라마 장르연구-1994년부터 2001년까지 주요화제작을 중심으로」, 이화여대 석사논문, 2002.

노영근, 「소설과 아내탐색 모티프」, 『국민대 어문논총』 21, 국민대학교 어문학연구소, 2002. 2.

노영근, 「'연당전'고」, 『국민어문연구』 제9집, 국민대학교 국어국문학 연구회, 2000. 9.

문수진, 「고려의 건국과 후삼국 통일과정 연구」, 성균관대 박사논문, 1992.

박복만, 「TV 드라마에 반영된 시대상과 장르의 변화에 대한 연구」, 한양대 석사논문, 1997.

박정숙, 「TV미디어에 반영된 한국여성의 성역할에 대한 고찰」, 『여성연구논총』 제16집, 서울여대 여성연구소, 2001. 12.

신동흔, 「삶, 구비문학, 구비문학연구」, 『구비문학연구』 제1집, 한국구비문학회, 1994.

신상운, 「계모설화연구」, 전북대 석사논문, 2000.

심정섭, 「전설의 문학적 구조-아기장수 전설을 중심으로」, 『문학과 지성』 8권 1~2호, 문학과 지성사, 1977.

오세길, 「한국장군설화와 영웅이야기」, 『동아대 국어국문학』 17, 1998. 12.

유권석, 「비극적 영웅담의 구조 분석」, 우석대 석사논문, 1992.

이병호, 「곽말약의 역사창작극과 이론 소고」, 『육사논문집』 제44호, 1993. 6.

이병훈, 「TV 사극의 변천과 특성에 관한 연구」, 한양대 석사논문, 1997.

이영주, 「심청전의 설화화와 그 전승 양상에 관한 연구」, 인하대 석사논문, 2001.

이인경, 「구전 '열(烈)설화' 연구」, 서울대 박사논문, 1999.

이재범, 「후삼국시대 궁예정권의 연구」, 성균관대 박사논문, 1992.

이지영, 「'내 복에 산다'형 민담의 전승변이 연구」, 『서울대 관악어문연구』

15, 1990. 12.

이혜화, 「아기장수 설화의 신고찰―한국적 초인의 비극과 그 배경」, 『한국민속학』 16, 1983. 3.

임성래, 「영웅설화의 연구」, 『연세대 매지논총』, 연세대, 1998.

임재해, 「설화의 존재양식과 갈래」, 『한국민속학』 16, 1983. 3.

──, 「설화에 나타난 여성주의다운 상상력 읽기와 민중의 여성인식」, 『구비문학연구』 제12집, 한국구비문학회, 2001. 6.

정경민, 「여성 이인설화 연구―기혼 여성인물을 중심으로」, 이화여대 석사논문, 2001.

정영아, 「TV 드라마의 사회·문화적 역할에 대한 연구」, 『방송과 문화, 방송연구논총』, 문화방송, 1991.

조인성, 「태봉의 궁예정권 연구」, 서강대 박사논문, 1991.

조정애, 「TV 드라마에 나타난 여성상과 그 의미 분석」, 『방송과 문화, 방송연구논총』, 문화방송, 1991.

주종연, 「한국의 전래민담과 독일 Grimm동화와의 비교연구2」, 『국민대어문논총』 12, 국민대학교 어문학연구소, 1993. 2.

주창윤, 「텔레비전 드라마의 형식과 이데올로기」, 한양대 석사논문, 1987.

주형일, 「역사 재현과 허구의 경계선에 선 드라마 ‘태조왕건’」, 『프로2001.

진은진, 「여성탐색담의 서사적 전통 연구」, 경희대 박사논문, 2002.

최삼룡, 「이인설화 출현의 사상적 배경에 대하여」, 『고려대 어문논집』 18, 안암어문학회, 1977.

최운식, 「쫓겨난 여인 발복설화고」, 『한국민속학』 6, 1973.

한동신, 「텔레비전 연속극에 나타난 여성의 이미지에 대한 연구」, 서강대 석
사논문, 1984.

현승환, 「'내 복에 산다'계 설화연구」, 제주대 박사논문, 1982.

홍석경, 「텔레비전 드라마가 재현하는 가족관계 속의 여성」, 『방송연구
』, 방송위원회, 1997.

황인성, 「역사 드라마 허준의 대중성 확보를 위한 텍스트 내적 전략과 텍스
트 외적 조건에 관한 일 고찰」, 『프로그램/텍스트』 제3호, 한국방송
영상산업진흥원, 2000.

3. 국외저서

Andrew Goodwin·Garry Whannel, 『제도, 텍스트 그리고 수용자－텔레비전
의 이해』, 하종원·김대호 옮김, 한나래, 1995.

Arthur Asa Berger, 『문화비평－주요개념의 이해』, 김기애 옮김, 한신문화사,
2000.

Chatman, Seymour Benjamin, 『영화와 소설의 수사학』, 한용환·강덕화 옮
김, 동국대학교출판부, 2001.

Christine Gledhill, 『스타덤－욕망의 산업』, 조혜정·박현미 옮김, 시각
과 언어, 1999.

Claude L vi-Strauss, 『신화와 의미』, 이끌리오, 임옥희 옮김, 2000.

Edward T. Hall, 『침묵의 언어』, 최효선 옮김, 한길사, 2000.

Gianni Vattimo, 『미디어 사회와 투명성』, 김승현 옮김, 한울아카데미, 1997.

Henry A. Giroux, 『디즈니-순수함과 거짓말』, 성기완 옮김, 아침이슬, 2001.

James Curran 외, 『대중문화와 문화연구』, 백선기 옮김, 한울아카데미, 1999.

J. F. 비얼레인, 『살아 있는 신화』, 배경화 옮김, 세종서적, 2000.

K. U. Henderson, 『텔레비전과 사회, 그 함축적 의미』, 백선기 옮김, 한울아카데미, 1990.

Marx Ruitty, 『유럽의 민담』, 이상일 옮김, 중앙일보사, 1978.

Ronald B. Tobias, 『인간의 마음을 사로잡는 스무 가지 플롯』, 김석만 옮김, 풀빛, 1997.

Ruth Benedict, 『문화의 패턴』, 김열규 옮김, 까치, 1980.

Susanna Walters, 『이미지와 현실사이의 여성들』, 김현미 외 옮김, 또 하나의 문화, 1999.

Thomas Sobchack·Vivian C. Sobchack, 『영화란 무엇인가』, 주창규 외 옮김, 거름, 1998.

Umberto Echo, 『대중의 영웅』, 조형준 옮김, 새물결, 1994.

4. 방송관련 잡지 및 드라마 대본

『방송문화』, 한국방송협회, 1995~2000, 각 월호.

『방송시대』, 한국방송프로듀서연합회, 1995~2002, 각 월호.

『방송연구』, 방송위원회, 1990~2003, 각 월호.

『방송21』, 방송위원회, 1998~2002, 각 월호.

『SBS 매거진』, 서울방송, 1998~2003, 각 월호

『MBC 가이드』, 문화방송, 1998~2003, 각 월호

『월간방송21』, 방송위원회, 1997~2002, 각 월호

『SBS 매거진』, 서울방송, 1999~2003, 각 월호

이환경, 「태조 왕건」, 드라마 대본, 한국방송공사, 1999~2001.

이희명, 「명랑소녀 성공기」, 드라마 대본, 서울방송, 2002.

임희재, 「아씨」, 드라마 대본, TBC, 1972.

정성주, 「아줌마」, 드라마 대본, 문화방송, 2000.

정성희, 「국희」, 드라마대본, 문화방송, 1999.

배유미, 「위풍당당 그녀」, 드라마대본, 문화방송, 2003.

◉ **저자** ◉

● 한소진(韓沼震)

약 력
중앙대학교 예술대학 문예창작학과 졸업
방송작가, 문학박사
중앙대학교 문예창작학과, 국문학과 출강

주요 저서
『숨어서 뛰는 게 더 행복하다』
『방송국 가는 길』
『남자 줄에 서 있는 여자』
『방송구성작가 실기론』

설화의 바다에서 퍼올린 한국 드라마

• 초판 인쇄	2005년 6월 13일
• 초판 발행	2005년 6월 18일
• 지 은 이	한소진
• 펴 낸 이	채종준
• 펴 낸 곳	한국학술정보㈜
	경기도 파주시 교하읍 문발리
	파주출판문화정보산업단지 526-2
	전화 031) 908-3181(대표) · 팩스 031) 908-3189
	홈페이지 http://www.kstudy.com
	e-mail(e-Book사업부) ebook@kstudy.com
• 등 록	제일산-115호(2000. 6. 19)
• 가 격	22,000원

ISBN　89-534-2325-2　93070 (paper book)
　　　　89-534-2326-0　98070 (e-book)